HANS ROSENTHAL

Hans Rosenthal:
Ein Leben für die Unterhaltung

Von Thomas Henschke

SCHWARZKOPF & SCHWARZKOPF VERLAG

INHALT

QUIZSENDUNGEN FAND ICH
SCHON IMMER »SPITZE«

Ein Bekenntnis des Autors

Als Berliner Nachkriegskind des Jahrgangs 1951 bin ich wie viele in meinem Alter mit dem guten alten Radio aufgewachsen. An einen Fernsehapparat war zu der Zeit noch gar nicht zu denken, weil – nach dem völligen Zusammenbruch im Jahre 1945 – »die Bilder auf dem Bildschirm erst einmal wieder laufen lernen mußten«. Außerdem war ein derartiges Gerät noch Ende der fünfziger Jahre für meine Eltern zu teuer, da waren doch andere Anschaffungen viel wichtiger! Und so schloß ich schon äußerst früh meine erste »Radiobekanntschaft« mit Hans Rosenthal, der bereits in den fünfziger Jahren auf den Wellen meines Lieblingssenders RIAS Berlin viele Sendungen betreute und als Spielmeister von »Wer fragt – gewinnt!« in unserer Stadt schon sehr bekannt war. Schon damals begeisterten mich seine Ratespiele und von Stund' an war ich immer am Lautsprecher zu Gast, wenn das Pfadfinderspiel um Worte und Begriffe auf Sendung ging. »Wer fragt – gewinnt!« war seinerzeit fast so etwas wie ein Gesellschaftsspiel geworden, denn ich erinnere mich noch genau, daß wir diese Radiosendung seinerzeit nicht nur als Steppkes auf der Straße nachspielten, sondern sogar in der Schule, zumeist in der letzten Stunde vor den Ferien oder als besondere Belohnung des Lehrers für gutes Betragen der ganzen Klasse.

Als wir uns dann Mitte der sechziger Jahre schließlich doch von den Wirtschaftswunder-Zeiten anstecken ließen und uns einen Fernseher zulegten, blieb ich dem Radio jedoch nebenbei weiterhin treu und hörte den Sendungen meines Lieblings-Spielmeisters zu: »Allein gegen alle«, »Spaß muß sein!«, »Das klingende Sonntagsrätsel«, »Da ist man sprachlos«, »Opas Schlagerfestival«, »Die Rückblende« etc. Und auch auf dem Bildschirm war er dann präsent mit seiner kleinen ZDF-Rateshow »Gut gefragt – ist halb gewonnen!« Ende der sechziger Jahre kaufte ich mir dann von meinem in den Schulferien selbst erarbeiteten Geld den ersten Cassetten-Recorder, und fortan schnitt ich alle Rosenthal-Sendungen auf Band mit. Nun konnte ich mir die Ratespiele so oft anhören wie ich wollte.

Bis dahin hatte ich den Spielmeister jedoch noch nie live auf der Bühne erlebt. Das sollte sich bald ändern, denn ich rief eines Tages beim RIAS an und erkundigte mich nach Eintrittskarten für die Sendungen. Zu meinem großen Erstaunen war der Eintritt für fast jede Veranstaltung in Berlin frei, was mir als Schüler mit nur wenig Taschengeld doch sehr entgegen kam und so ließ ich mich gleich in die Kartei des RIAS-Veranstaltungsdientes eintragen und bekam nun immer automatisch eine Einladung. Am 13.März 1970 besuchte ich die allererste Sendung und erlebte Hans Rosenthal bei seinem Ratespiel »Wer fragt – gewinnt!« im Humboldtsaal der Berliner Urania, in der er wohl die meisten Hörfunksendungen produziert hat. Seitdem habe ich fast keine Berliner Veranstaltung versäumt, sogar meine Urlaubsreisen habe ich mit dem Terminplan der Rosenthal-Sendungen abgestimmt; manchmal schaute ich mir drei öffentliche Hörfunkproduktionen des Spielmeisters in einer Woche an. Als ich später heiratete, hatte ich das Glück, dieses Hobby mit meiner Frau teilen zu können, und so nahmen wir dann auch oft längere Reisen nach Stuttgart, Hamburg oder Wien in Kauf, um einfach dabeizusein! Bis zum Tode von Rosenthal habe ich über 300 Veranstaltungen – Hörfunk- und Fernsehproduktionen zusammen genommen – besucht.

Die Faszination, die von seinen Unterhaltungssendungen ausging, veranlaßte mich dann schließlich auch dazu, nun einmal selbst als Quizkandidat auf der Bühne zu stehen. 1975 war es dann soweit: Als Hörer, der allein fünf schwierige Fragen an eine ganze Stadt stellte, durfte ich bei der größten deutschen Hörfunkreihe »Allein gegen alle« (AGA) mitspielen und den »Geisteswettkampf« mit den Städten Brilon, Peine und Remscheid in drei Spielrunden aufnehmen. Gleichzeitig lernte ich in jenen Tagen nicht nur den Spielmeister Hans Rosenthal etwas näher kennen, sondern auch viele ehemalige »AGA«-Fragesteller, mit denen ich bis heute in Verbindung stehe: Und so treffen wir uns jährlich einmal, um auch nach all' den Jahren noch in Erinnerungen an vergangene Zeiten zu schwelgen, als es noch gute, vernünftige und geistreiche Quizsendungen gab!

Als der beliebte »Dalli, Dalli«-Showmaster – gerade auf dem Zenit seiner Karriere angelangt – dann plötzlich im Februar 1987 verstarb und ich kurze Zeit später mit umfangreichen Recherchen über diesen Mann begann, um eventuell mal daraus ein Buch entstehen zu lassen, da erlebte ich von vielen Seiten her Unterstützung bei meinen Projekt. Ich merkte, daß Hans Rosenthal bei seinem Publikum nicht vergessen war. In Berlin wurde im Bezirk Zehlendorf eine Seniorenfreizeitstätte nach Hans Rosenthal benannt und auch der Platz vor dem ehemaligen RIAS – heute Deutschland-Radio Berlin – trägt nun den Namen des unvergessenen Showmasters.

Aus der von Rosenthal in seiner »Dalli, Dalli«-Sendung initiierten Hilfsaktion wurde schließlich nach seinem Tod die »Hans-Rosenthal-Stiftung« gegründet, die unverschuldet in Not geratenen Menschen auf unbürokratische Weise sofort hilft. Da der Verein sich aus Spenden, Nachlässen und Veranstaltungen finanziert, habe auch ich mir zur Aufgabe gemacht, diese Institution zu unterstützen, und so gehen zehn Prozent meines Autorenhonorars an die Stiftung. Mit dem Kauf dieses Buches ist also gleichzeitig auch eine caritative Maßnahme verbunden. Wenn auch Sie darüber hinaus spenden wollen, so überweisen Sie Ihren Beitrag auf das Konto-Nr. 4444 bei der Berliner Bank (BLZ: 100 200 00).

Am 2. April 2000 wäre Hans Rosenthal 75 Jahre alt geworden: Mit diesem Buch über seine Berufskarriere und mit seinen über 3000 Sendungen und Sendereihen, die er zwischen 1945 und 1987 erfunden, moderiert und geleitet hat, möchte ich ein wenig dazu beitragen, daß der Quizmeister, Regisseur und Moderator Rosenthal unvergessen bleibt. Deshalb widme ich dieses Buch nicht nur allen Freunden und Fans, sondern in erster Linie auch als Dank der Witwe, Frau Traudl Rosenthal, denn ohne sie wäre diese einzigartig verlaufene Karriere von Hans Rosenthal wohl nicht möglich gewesen! Einige persönliche Zeilen von Traudl Rosenthal, die sich gemeinsam mit Ihrem Sohn Gert auch in der Stiftung weiterhin engagiert, sollen das Vorwort zu diesem Buch beenden.

Thomas Henschke

Jeden Morgen ein Frühstücksei ...

Vorwort von Traudl Rosenthal

Beim Lesen des Buches von Thomas Henschke ist mir aufgefallen, mit wieviel Elan und mit welcher Tüchtigkeit mein Mann seinerzeit sein »Zweites Leben« anfing. Denn 1945 waren wir ja fast alle auf dem »Punkt Null«. Jeder konnte sein Glück versuchen. Ich weiß noch, als wir uns im September 1946 im Berliner Rundfunk, damals noch im Haus des Rundfunks in Berlin-Charlottenburg, kennenlernten, versprach mir mein zukünftiger Mann, daß er eines Tages soviel verdienen wird, um jeden Morgen ein Frühstücksei auf dem Tisch zu haben.

Wenn es auch fast ein Sachbuch geworden ist, so spiegelt es doch die Vielfalt an Sendungen wieder. Durch die zahlreichen öffentlichen Veranstaltungen mit Publikum, lernte mein Mann viele Menschen kennen. Auch ich konnte, zwar nicht immer, aber doch oft dabeisein. Es war für uns ein interessantes Leben, wovon ich auch heute noch profitiere.

Thomas Henschke hat, mit sehr viel Interesse am Medium Funk und Fernsehen, und mit viel Engagement dieses Buch geschrieben. Ich wünsche ihm viel Glück auch für weitere Veröffentlichungen!

Traudl Rosenthal

KAPITEL 1

BITTE VERGESSEN SIE NICHT, IHRE ANTENNE ZU ERDEN

Rundfunk in Deutschland

Wenn man unser Leben heute so betrachtet, dann ist es doch manchmal recht verwunderlich, mit welchen technischen Geräten wir tagtäglich konfrontiert werden und wieviele, oft ausgefallene, technische Neuheiten in unserem schnellebigen Zeitalter immer wieder dazukommen. Wer macht sich denn heute noch Gedanken, wie unsere Vorfahren – Mütter, Großväter und Urgroßväter – wohl »anno dazumal« ihren Tagesablauf gestaltet haben? Als es noch kein elektrisches Licht, keine Kaffeemaschine und keine Eisenbahn gab; als man noch gemütlich mit der Postkutsche über Land zuckelte und sich noch nicht zur rush hour in die vollen Züge der hoffnungslos überfüllten Untergrundbahn zwängen mußte. Und es muß damals, in der »guten alten Zeit«, schon recht gemütlich zugegangen sein, wenn man an langen Winterabenden im trauten Familienkreis zusammensaß und die Großmutter eine Geschichte zum Besten gab, die alle zwar schon zigmal vernommen hatten, jedoch immerwieder gerne hörten.

Damals gab es noch keinen Professor Brinkmann, der Punkt 19.30 Uhr via Bildschirm in unsere Wohnstube kam und zwischen Operationstermin und Visite seine streng nach Drehbuch vorgetragenen Lebensweisheiten unters Fernsehvolk brachte; da kämpfte im fernen Denver noch keine Alexis gegen einen gewissen Blake Carrington um die Vorherrschaft im Ölgeschäft, und da war auch noch keine »Adelheid« mit ihrem kriminalistischen Spürsinn à la Miss Marple auf der Suche nach »ihren Mördern«. Da erfuhr man erst oft nach Tagen oder gar Monaten, was so alles auf unserer Erde passiert war: Weder eine Dagmar Berghoff noch einen Wolf von Lojewski konnte man da per Knopfdruck oder Fernbedienung erreichen, um die neuesten Nachrichten aus aller Welt zu erfahren.

Zuweilen wird man sich heute, wenn man noch die Muße findet, dabei ertappen, wie die Erinnerung an die eigene Kindheit und Jugend in einem verklärten Bild erscheint und man eher dazu neigt, das Vergangene in einer Art schwelgerischer Renaissance wiederzuerleben. Die negativen Begleitumstände werden oft verdrängt; man selektiert und erinnert sich nur noch an die positiven Ereignisse. Doch das ist nichts weiter als eine traumähnliche Erholung vom Alltagsstress. Oder möchte jemand ernsthaft tauschen, den ganzen Komfort und Wohlstand aufgeben und wieder so leben wie unsere Vorfahren? Ein Leben ohne Telefon, Auto oder gar Radio?

Gerade unser gutes altes »Dampfradio« gehört zu den wenigen Erfindungen, die unser Leben doch ein wenig erfreulicher gestaltet haben, wenn man von den 12 Jahren des »Tausendjährigen Reiches« einmal absieht. Seit über 75 Jahren tönt es nun schon ohne Unterbrechung durch den Äther. Und wenn man heute die technisch doch sehr aufwendig hergestellten Hörfunk- oder Fernsehproduktionen einmal näher betrachtet, dann kann man sich nur schwer vorstellen, mit welch' einfachen Mitteln man einst begonnen hat.

Die Wiege des Deutschen Rundfunks stand in einem kleinen Ort unweit von Berlin: Königs Wusterhausen im heutigen Bundesland Brandenburg. Die Reichswehr unterhielt dort während des Ersten Weltkrieges (1914-18) eine zentrale Funkstelle, die wenig später von der Reichspost übernommen wurde. Man richtete schließlich einen Funkverkehr zwischen Deutschland und dem europäischen Ausland ein, mit dem man Nachrichten und später auch Berichte von Parlamentssitzungen übertrug. Dann kam man auf die großartige Idee – muß man heute wohl sagen –, sich diese Technik zu Nutzen zu machen und nicht nur Nachrichten und Parlamentsberichte zu übermitteln, sondern auch Musik, Theaterstücke und Hörspiele zu senden: Der deutsche Unterhaltungsrundfunk war geboren.

Am 29. Oktober 1923 startete der Deutsche Rundfunk seinen regelmäßigen Programmbetrieb genau von der Stelle aus, wo heute Berlins neues Zentrum am Potsdamer Platz entsteht:

»Hier Sendestelle Berlin, Vox-Haus, Welle 400! Meine Damen und Herren, wir machen Ihnen davon Mitteilung, daß am heutigen Tag der Unterhaltungsrundfunk mit Verbreitung von Musiksendungen auf drahtlos-telefonischem Wege beginnt.«

Nach der Ansage folgte ein Cello-Solo mit Klavierbegleitung – das »Andantino« von Kreisler –, das von einem gewissen Kapellmeister Otto Urack und einem Herrn Fritz Goldschmidt (am Flügel) gespielt wurde. Zum Abschluß des ersten Programmtages ertönte dann von einer Vox-Platte noch das Deutschlandlied.

Obwohl einige damalige Zeitgenossen den Rundfunk als neue epochemachende Erscheinung würdigten und ihn für genauso bedeutend hielten wie etwa die Erfindung der Buchdruckerkunst, sollte es doch noch eine Weile dauern, bis sich das neue Medium durchsetzte. So wie man einst die deutsche Eisenbahn bei ihrer ersten Fahrt von Nürnberg nach Fürth als »Geschöpf des Teufels« verdammt hatte, standen natürlich auch diesmal wieder viele der neuen Erfindung skeptisch gegenüber. Dem ehemaligen Direktor der bekannten Firma Telefunken und späteren Staatssekretär im Reichspostministerium Hans Bredow war es dann in erster Linie zu verdanken, daß sich das Radio schließlich doch durchsetzte.

Bald traten viele Künstler und Reporter vor das Mikrofon, und aus vielen Wohnstuben hörte man die damaligen Schlager: »Die schöne Adrienne hat eine Hochantenne«, »Ausgerechnet Bananen« oder »Mein Papagei frißt keine harten Eier«. Ludwig Manfred Lommel, einer der bekanntesten Komiker jener Tage, meldete sich als »Paule Neugebauer« mit seinem »Sender Runxendorf«, und Otto Reutter trug seine auch heute noch bekannten Couplets vor: »Der Überzieher« oder »In fuffzig Jahren ist alles vorbei!« Mit dieser letzten Feststellung hatte Reutter – was den Rundfunk betrifft – jedoch Unrecht! Das Medium überlebte, vor allen Dingen auch dadurch, daß es immer lebendig blieb und sich weiterentwickelte. Denn nur allein mit dem Abspielen von Schallplatten konnte man keine weiteren Hörer gewinnen; das war auch einem damals noch unbekannten Mann klar, dessen unverwechselbare Stimme bald jeder im Lande kannte und der die Live-Reportage für das Radio erfand: Alfred Braun. Seine Sendungen waren nicht nur damals sehr beliebt, auch nach dem Zweiten Weltkrieg arbeitete er für den Rundfunk, zunächst als erster Intendant des neugegründeten Sender Freies Berlin (SFB) und später dann wieder als munterer Plauderer bzw. Moderator in vielen SFB-Sendereihen (u.a. im »Spreekieker«).

Zu den Favoriten in der Gunst des Publikums gehörten schon damals die sogenannten Mischprogramme mit populären Schlagern, Chansons, Operettenmelodien sowie heiteren Conférencen und Rezitationen, die auch vereinzelt Kabarettelemente enthielten. Diese Sendungen nannte man dann »Bunte Abende«. Bereits 1924 wurden die ersten Programme dieser Art im Deutschen Rundfunk ausgestrahlt, und neben dem bereits genannten Ludwig Manfred Lommel und Otto Reutter waren auch Künstler wie Lisl Karstadt, Josef Plaut, Joachim Ringelnatz, Roda Roda, Willi Schaeffers oder Karl Valentin dabei. In den dreißiger Jahren verschwand diese Form von Unterhaltungssendungen wieder, u.a. auch deshalb, weil die meist vom Kabarett stammenden Conférenciers in ihren Ansagen und Zwischentexten – für damalige Verhältnisse – viel zu politisch waren. Erst nach dem Zweiten Weltkrieg sollte der »Bunte Abend« seine Wiedergeburt erleben, dann allerdings noch angereichert mit Rätselspielen oder mit dem aus den Vereinigten Staaten zu uns gelangten Quiz. Hier waren vor allem drei Persönlichkeiten sehr erfolgreich, über zwei von ihnen wird an späterer Stelle noch zu berichten sein: Peter Frankenfeld und Hans-Joachim Kulenkampff. Dem Dritten ist dieses Buch gewidmet – nämlich Hans Rosenthal.

Rätsel- oder Quizsendungen, wie sie Rosenthal im Funk und später auch im Fernsehen präsentierte, gab es in dieser Art im Rundfunk der zwanziger Jahre noch nicht. Doch es gab schon literarische Rätselsendungen, in denen z.B. anhand von Textproben nach Romanen der Weltliteratur »gefahndet« oder bei denen

Studiogäste aus Stichworten kurze Geschichten erfinden mußten, die dann später durch eine Hörer-Jury mit Punkten beurteilt wurden.

Das Ende des »Bunten Abends« im Deutschen Rundfunk der Vorkriegszeit fällt auch in die Zeit, als das Radio vor allen Dingen für propagandistische Zwecke genutzt und als Instrument einer Partei, einer Regierung und schließlich eines Staates nach »Führerprinzip« mißbraucht wurde: Die Manipulation und Beeinflussung eines ganzen Volkes – »von der Maas bis zur Memel und von der Etsch bis an den Belt« – wurde zur obersten Maxime erhoben. Die erst einige Jahre zuvor zentralisierte Reichsrundfunkgesellschaft wurde 1933 zum ausführenden Organ des neu geschaffenen »Reichsministeriums für Volksaufklärung und Propaganda«, an deren Spitze Joseph Goebbels demagogisch agierte. Er allein bestimmte nun, was, wann, wie und wo im Deutschen Rundfunk gesendet wurde. Es war die totale Instrumentalisierung des Rundfunks für die nationalsozialistischen Zwecke. Nicht nur die Nachrichtensendungen, sondern auch die Bildungs- und Kulturproduktionen wurden auf die eine nur geltende politische Zielsetzung hin ausgerichtet. Die beispielweise von der UFA produzierten Spielfilme über den »Alten Fritz« (mit Otto Gebühr) sollten die Kontinuität der geschichtlichen und kulturellen Entwicklung – vor allen Dingen des Preußentums – auch unter den Nazis dokumentieren. Und so versuchten die Machthaber den »Propaganda-Apparat« des Rundfunks auch dahingehend zu benutzen, daß sie die Musik von Wagner und Beethoven in besonderem Maße förderten, die Kompositionen von jüdischen Künstlern und Musikern jedoch verboten.

Natürlich waren die Machthaber des Dritten Reiches bestrebt, ihren Einfluß immer weiter zu vergrößern und auch auf andere Medien auszudehnen. Und so ist es wohl auch kein Zufall, daß gerade die Geburtsstunde des Fernsehens in diese Zeit fällt. Als nämlich mitten in die laufenden Experimentalsendungen der Deutschen Reichspost die Nachricht platzte, die BBC würde im

Laufe des Jahres 1935 in England einen ständigen Fernsehprogrammdienst einführen, da packte die ehrgeizigen Nazis der starke Drang, es doch besser machen zu können als die anderen: In großer Eile wurde schließlich das Versuchsprogramm der Reichspost am 22. März 1935 durch einen regelmäßigen Fernsehprogrammbetrieb ersetzt. Damit hatten die Deutschen nun die Nase vorn und waren die ersten auf der Welt, die sich ein Fernsehprogramm anschauen konnten. Weder in den USA noch in Frankreich oder England hatte man bisher dieses Entwicklungsstadium erreicht. Die BBC startete dann erst ein Jahr später – im November 1936 – mit einem regelmäßigen Programm auf dem Bildschirm.

Man hatte nun zwar ein regelmäßiges Fernsehprogramm in Deutschland, doch nur wenige Menschen konnten sich diese neue Errungenschaft auch anschauen. Denn Fernsehgeräte konnte man zu dieser Zeit noch gar nicht kaufen. Die Post hatte deshalb in einigen Berliner Postämtern sog.»Fernsehstuben« eingerichtet, in denen man das Programm allabendlich kostenlos verfolgen konnte. Die erste derartige Fernsehstube wurde am 9. April 1935 im Reichspostmuseum (Leipziger, Ecke Mauerstraße) eröffnet: sie war mit zwei Standgeräten ausgerüstet, etwa 30 Personen hatten dort Platz. Ein Jahr später – zu den Olympischen Spielen 1936 – konnte man in Berlin sogar an insgesamt 25 Stellen die Übertragungen der Wettkämpfe via Bildschirm erleben. Noch während des Zweiten Weltkrieges mietete die Reichspost einen großen Konzertsaal und baute ihn zu einem repräsentativen Fernsehtheater für 620 Zuschauer aus. Gesendet wurde aus einem winzigen, völlig verdunkelten Studio in der Rognitzstr. 5 in Berlin-Charlottenburg, unweit des heutigen Sender Freies Berlin. Es ist zwar nicht genau überliefert, aber man kann wohl annehmen, daß aus einer der Sprecherkabinen auch die erste deutsche Fernsehansagerin, Ursula Patzschke, das Programm auf dem Bildschirm angekündigt hat. Im Hauptberuf war sie eigentlich Postangestellte, ab dem 1.11.1934 fungierte sie nebenbei auch als Sprecherin: Damit war sie die Vorgängerin und gewissermaßen die Ahnfrau aller Fernsehansagerinnen, die beim Deutschen Nachkriegsfernsehen als charmante Visitenkarten die einzelnen ARD-Rundfunkanstalten verkörperten: Irene Koss, Hilde Nocker und Karin Tietze-Ludwig sind nur einige von vielen, die uns durch das Fernsehprogramm führten oder zusätzlich auch noch als »Lottofee« Furore machten.

Als der von den Nazis angezettelte Krieg Europa in Schutt und Asche legte, wurde auch die Entwicklung der Medien in Deutschland unwillkürlich gestoppt, ja – fast um 10 Jahre zurückgeworfen. Und dann sollte – nach 1945 – nocheinmal eine Art von Pionierzeit anbrechen, als eine kleine Schar improvisationsfreudiger Rundfunkleute begann, ein neues, vom Staat unabhängiges Radio- und Fernsehprogramm aufzubauen: Der öffentlich-rechtliche Rundfunk war damit geboren, ein System, um das uns lange viele in aller Welt beneidet haben, und das nun, in Konkurrenz zu privaten Anbietern, beweisen muß, daß es auch weiterhin sein Niveau und seine Programmvielfalt halten bzw. erhalten kann.

KAPITEL 2

SPASS, SPIEL UND SHOW –
MIT KULI & CO

Die Funk- und Fernsehunterhaltung

nach dem Zweiten Weltkrieg

Nach dem Ende des Zweiten Weltkrieges wurden die ersten Radiosendungen in den einzelnen Besatzungszonen von den amerikanischen, britischen, französischen und sowjetischen Militärverwaltungen selbst durchgeführt. Den Deutschen war zunächst jede Ausstrahlung von Programmen verboten, erst nach und nach wurden auch sie an der Gestaltung von Sendungen beteiligt. Die alte zentralisierte Rundfunkstruktur des Reichsrundfunks hatte ebenfalls ausgedient und unter alliierter Hoheit keine Zukunft mehr. Selbst Hans Bredow, der »Vater des Deutschen Rundfunks«, beteiligte sich an der Diskussion über den neuen Nachkriegsrundfunk, räumte aber ein, daß er von seiner ursprünglichen Idee aus der Weimarer Zeit Abschied nehmen mußte: Die Kontrollinstanzen der Post über die technischen Anlagen und die des Staates über das Programm waren nach den gemachten Erfahrungen nun nicht mehr tragbar. Nur ein unabhängiger Rundfunk konnte in Deutschland Zukunft haben.

Aufgrund der damaligen Besatzungszonen entstanden so allmählich mehrere Rundfunkanstalten. Die Amerikaner gründeten in den Hauptstädten der späteren Bundesländer ihrer Zone jeweils einen Sender: Stuttgart (Süddeutscher Rundfunk – SDR), München (Bayerischer Rundfunk – BR), Frankfurt (Hessischer Rundfunk – HR) und Bremen (Radio Bremen – RB). Die Engländer gründeten nach dem Vorbild ihrer BBC einen zentralen Sender, nämlich den Nordwestdeutschen Rundfunk, der für Hamburg, Nordrhein-Westfalen, Schleswig-Holstein, Niedersachsen und zunächst auch für den westlichen Teil Berlins zuständig war. Später vollzog man eine Trennung und schuf zwei unabhängige Anstalten, nämlich den Norddeutschen Rundfunk in Hamburg und den Westdeutschen Rundfunk in Köln. Auch die französische und die sowjetische Besatzungsmacht gründeten jeweils nur einen zentralen Sender: den Südwestfunk (SWF) Baden-Baden und den Berliner Rundfunk. 1953 wurde dann im Westteil Berlins der Sender Freies Berlin (SFB) gegründet, und schließlich folgte durch die Wiedereingliederung des Saarlandes im Jahre 1957 noch die Gründung des Saarländischen Rundfunks (SR) mit Sitz in Saarbrücken. Auch RIAS Berlin gehörte zu den Neugründungen nach dem Krieg, doch er nahm eine Sonderstellung unter den Radiostationen ein, die später auch extra betrachtet werden soll.

Während man beim Funk vielerorts bereits mehrere Stunden am Tag sendete und dann nach und nach auf ein Vollprogramm umstellte, war der Bildschirm in Deutschland noch dunkel – von einigen Versuchssendungen einmal abgesehen. Erst 1952 startete das Deutsche Fernsehen, und zwar am 2. Weihnachtsfeiertag mit der ersten großen Unterhaltungssendung »Eine nette Bescherung«. Neben Peter Frankenfeld, der auch durch das Programm führte, waren Stars und Sternchen und alles, was damals im deutschen Schlagergeschäft Rang und Namen hatte, vertreten: Friedel Hensch & die Cypris, Evelyn Künneke, Bully Buhlan, Helmut Zacharias und die kleine »Conny« Froboess mit ihrem wohl größten Schlager »Pack die Badehose ein!« Und wer erinnert sich nicht an den beliebten Sänger mit der unverwechselbaren Baritonstimme, der den »Wein vom Rhein« besang oder »lieber nochmal 20 sein wollte«: Willy Schneider – auch er war bei der Fernsehpremiere dabei. Das alles ist inzwischen genauso Fernsehgeschichte wie die Auftritte von Ilse Werner, der »Frau mit Pfiff« aus alten UFA-Zeiten (»Wir machen Musik«, »Münchhausen«, »Große Freiheit Nr. 7«), und von Margot Hielscher, der Schauspielerin mit Chansonstimme (»Anette«).

Trauben von Menschen standen seinerzeit vor den Radio- und Fernsehgeschäften und schauten zu, wenn die Stars der fünfziger Jahre im »Pantoffelkino« auftraten. Die wenigsten konnten sich in jenen Tagen ein Fernsehgerät leisten, denn rund tausend Mark mußte man dafür auf den Tisch legen. Dieser Preis war vielen Familien zu hoch, und man wartete erst einmal ab. Schließlich gab's ja auch noch freundliche und nette Nachbarn, zu denen man sich einfach selber einlud, um dann mit ihnen gemeinsam in die Röhre zu gucken. Vielleicht sah man dann auch die erste deutsche Familienserie »Die Schölermanns« oder den Mann mit dem karierten Jackett, der u.a. mit dazu beitrug, daß das Fernsehen hierzulande groß wurde – und er mit ihm. Nachdem er bereits Weihnachten 1952 sein Debüt im Nachkriegsfernsehen gegeben hatte, war er nun ständiger Gast auf dem Bildschirm: Peter Frankenfeld. Mit der Sendung »1 : 0 für Sie« (1. Folge: 31.1.1954) bekam er seine erste ständige Unterhaltungsserie, und die schlug sofort ein! Ein regelrechter »Quizvirus« verbreitete sich in der bundesdeutschen Fernsehgemeinde von der Waterkant bis zum Alpenland, wenn Frankenfeld unterwegs war und seine Kinderpropeller ins Saalpublikum schoß. Auch Walter Spahrbier, Postschaffner aus Hamburg-Lokstedt, war schon damals dabei, ehe er bei »Vergißmeinnicht« zum »Glücksboten« avancierte.

Die neue Art von Unterhaltung und Spiel, die Frankenfeld vorher bereits im Hörfunk einige Jahre ausprobiert hatte, war natürlich nicht unumstritten, denn der Showmaster mußte wachsam und dauernd auf der Hut sein. Er kannte ja seine Kandidaten, die zu ihm auf die Bühne kamen, vorher überhaupt nicht und wußte nie, ob sie Lust und Spaß hatten, seinen manchmal recht ausgefallenen Spielideen zu folgen. Doch das machte ja gerade den eigentlichen Reiz der Veranstaltungen aus, denn hätte er, wie viele seiner Nachahmer, seine Mitspieler und Kandidaten vor der Livesendung bereits kennengelernt und entsprechend vorbereitet, so wäre die Spontaneität des Augenblicks und der Spaß am Spiel mit seinen unvorhersehbaren Tücken und Pannen doch verlorengegangen.

Es folgten dann viele weitere Frankenfeld-Sendereihen wie u.a. »Guten Abend«, »Viel Vergnügen«, »Wer will, der kann«, »Toi, toi, toi«, »Peters Bastelstunde«, »Und Ihr Steckenpferd« (1. Folge: 3.5.1963), »Vergißmeinnicht« (1. Folge: 9.10.1964) und schließlich »Musik ist Trumpf« (1. Folge: 22.2.1975). An diesem großen Fernsehwunschkonzert, das nach dem Tode Frankenfelds von Harald Juhnke, dem »Mann für alle Fälle«, zusammen mit Barbara Schöne moderiert wurde, waren neben dem Zweiten Deutschen Fernsehen (ZDF) und dem Österreichischen Fernsehen

(ORF) auch das Schweizerische Fernsehen (SRG) beteiligt. Es war darüber hinaus auch eine der wenigen Fernsehsendungen, wenn nicht die einzige, die gleichzeitig im Hörfunk in Stereo ausgestrahlt wurde, lange bevor das Fernsehen selbst mit streofonen Programmen startete: Vom 3.6.1978 an übertrug nämlich auch RIAS Berlin (1. Programm) das beliebte Wunschkonzert (»Von Ihnen ausgewählt«). Hans Rosenthal, seinerzeit RIAS-Unterhaltungschef, hatte ursprünglich die Idee zu diesem »Hörfunk-Fernseh-Verbund«.

Ein anderer großer Altmeister der Unterhaltung, mit dem Frankenfeld einst den »Frankfurter Wecker« im Hessischen Rundfunk moderierte, war Hans-Joachim Kulenkampff. Von ihm stammte der so treffende Ausspruch: »Es wächst das Hirn nicht mit der Popularität!« Auch Kulenkampff, der eigentlich vom Theater kam und als ernsthafter Schauspieler im Fritz-Rémond-Theater in Frankfurt nach dem Kriege anfing, konnte im Funk und Fernsehen reihenweise Erfolge verbuchen. Nach ersten Versuchen im Hörfunk (»Heiß oder kalt«) moderierte er bereits 1953 sein erstes Quiz auf dem Bildschirm. Mit »Wer gegen wen?«, »Zwei auf einem Pferd«, »Kleine Stadt – ganz groß«, »Einer wird gewinnen«, »Guten Abend, Nachbarn« und »Acht nach 8« wurde er einer großen Zuschauergemeinde zu einem Begriff, und zwar in Deutschland, Österreich und der Schweiz.

Immer wieder machte er lange Fernsehpausen oder gab seinen Abschied als Quizmaster bekannt; dann kehrte er doch wieder auf die Mattscheibe zurück und präsentierte andere Sendereihen mit mehr oder weniger Erfolg: Zunächst moderierte er im ZDF die 6-teilige Reihe »Wer weiß warum« (1992), ehe er am 9.1.1993 – als Nachfolger des ausgeschiedenen Wim Thoelke – das erfolgreiche ZDF-Quiz für gescheite Leute »Der Große Preis« übernahm, allerdings nur für kurze Zeit, weil sich »Kuli« als »Meister der Improvisation« mit dem starren Konzept der Sendung nicht anfreunden konnte! Beim Privatsender RTL gab er ebenfalls nur eine kurze Gastrolle mit dem »Buchclub«, eine Reihe, die aufgrund ihres hohen Niveaus nur wenig Überlebenschancen hatte und dann wegen niedriger Einschaltquoten bald wieder aus dem Programm verschwand. Und auch mit seiner letzten Fernseharbeit hatte Kulenkampff wenig Erfolg: Als er am 1.11.1997 die Sendereihe »Zwischen gestern und morgen« in einigen dritten ARD-Programmen startete, war der »Altmeister der Fernsehunterhaltung« noch voller Hoffnung, schließlich stammte die Idee zu dieser neuen Reihe von ihm selbst. In einer Art Gesprächsrunde, in einer »Quizkussion«, sollte nicht nur ein bloßes Abfragen von Wissen stattfinden, so wie in alten »EWG«-Zeiten, sondern eine geistig-niveauvolle Auseinandersetzung mit Themen des 20. Jahrhunderts. Doch die Mehrzahl des Fernsehpublikums war wenig geneigt und aufnahmebereit für derartige Unterhaltungsexperimente, und so zog sich »Kuli« nach der 3. Folge endgültig aus dem Fernsehgeschehen zurück, verbittert auch darüber, daß selbst beim öffentlich-rechtlichen Rundfunk keine Chance mehr für die Präsentation von etwas niveauvollerer Unterhaltung bestand. Einige Monate später, am 14.8.1998, ist Hans-Joachim Kulenkampff, einer der größten Unterhalter, den das Nachkriegsfernsehen hervorgebracht hatte, gestorben.

»Kuli«, wie ihn alle landauf und landab kumpelhaft nannten, war früher immer ein Garant für qualitativ gute Fernsehunterhaltung gewesen. Sein Erfolgsrezept zu durchleuchten, ist jedoch gar nicht so einfach, denn aufgrund vieler Umfragen ist zwar bewiesen, daß Kulenkampff einst zu den beliebtesten Quiz- und Showmastern zählte, daß die Präsentation seiner Sendungen sich jedoch selten an die Mehrheit der Zuschauer richtete. Kulenkampff hat sich in der Hinsicht auch wenig Mühe gegeben, jedem zu gefallen. Im Gegensatz zu Rosenthal, der immer auf die Feststellung Wert legte, ein »ganz normaler« Bürger zu sein (»Ich bin so, wie mein Publikum mich haben will!«), wollte »Kuli« als Showmaster nie den Eindruck erwecken, »ein Mensch wie du und ich zu sein«. Auch das heute von vielen Moderatoren als kultiviert empfundene hektische, oberflächliche Geschwafel, das sich oft noch durch einen geringeren Wortschatz auszeichnet, lag Kulenkampff überhaupt nicht. Er liebte mehr die intellektuellen und ironischen Zwischenbemerkungen, die er gerne in seine Monologe – meist am Anfang einer Sendung oder im Gespräch mit seinen Quizkandidaten – einbaute. Mit dieser Art der Präsentation richtete er sich zwangsläufig nicht an das Massenpublikum, sondern mehr an die Menschen mit einem höheren Bildungsniveau und an die, die gelernt hatten, mit der Sprache umzugehen. Und nicht selten geriet »Kuli« mit seinen ironischen und süffisanten Äußerungen in das Kreuzfeuer der Kritik. Der Popularität tat dies jedoch keinen Abbruch! Als Kulenkampff bereits im Jahre 1959 »seiner Zeit politisch voraus war« und in seiner Anmoderation die Zuschauer in der DDR begrüßte und dabei nicht die damals üblichen Redewendungen wie »Zone«, »Mitteldeutschland« oder »sogenannte DDR« gebrauchte, da war am Abend der Livesendung und danach die Hölle los: Die Telefone beim Hessischen Rundfunk, der für diese Sendung verantwortlich zeichnete, standen nicht mehr still, und die überwiegend konservativen Kreise beklagten nun die »Anerkennung der DDR« auf dem Bildschirm. Sogar zu Morddrohungen gegen »Kuli« ließ man sich in der aufgeheizten Stimmung des Kalten Krieges hinreißen! Doch das konnte eine Persönlichkeit wie Kulenkampff nicht aus der Ruhe bringen. Er vertrat weiterhin unverblümt seine Meinung und kümmerte sich eigentlich wenig um politische Enthaltsamkeit und Ausgewogenheit in einer Unterhaltungssendung. Als er schließlich zwölf Jahre später in seiner Quizreihe »Guten Abend, Nachbarn« eine Meinungsumfrage präsentierte, die die Entspannungspolitik der SPD/FDP-Regierung Brandt/Scheel stützte, da geriet die schöne heile Welt der Samstagabend-Unterhaltung erneut ins Wanken. »Wer heute noch die Welt in Schubladen ordnen möchte, die abwechselnd zum Lachen, Nachdenken oder auch zur unterhaltsamen Entspannung aufgezogen werden können, der übersieht, daß im Grunde alles Tun und Lassen Politik ist und politische, nämlich gesellschaftspolitische Wirkung hervorbringt«, konnte man in einem ARD-Fernsehkommentar von Wolf Hanke am 20.12.1971 dazu vernehmen. Und weiter wurde ausgeführt: »Gerade das angeblich absolut unpolitische Unterhaltungsprogramm, das die Welt so harmonisch und gut, so harmlos und liebenswert zaubert, vermittelt falsche Werte, läßt Sehnsüchte entstehen, unterbindet die Urteilsfähigkeit und wirkt sich dadurch erst recht politisch aus. Die Dauerberieselung mit der Klischeewelt einer hochentwickelten weltweiten Unterhaltungsindustrie (...) ist auf lange Sicht viel gefährlicher als gesicherte Information, die, weil es das Konzept einer Sendereihe vorsieht, in einer Unterhaltungssendung Eingang finden.«

Nicht nur Kulenkampff hat versucht, die konservative Form der Fernsehunterhaltung zu durchbrechen, auch ein anderer Schauspielerkollege bemühte sich um progressive und informative Sendungen in diesem Genre: Dietmar Schönherr. Gemeinsam mit seiner Ehefrau, der dänischen Schauspielerin und Sängerin Vivi Bach, präsentierte er 24 mal das große Familienspiel von ZDF, ORF und SRG »Wünsch Dir Was« (1. Folge: 20.12.1969). Diese neue Unterhaltungsreihe wollte alte Zöpfe abschneiden, nach den Studentenbewegungen der 68er-Generation neue Akzente setzen und via Bildschirm zum Diskutieren über Probleme in unserer Gesellschaft anregen. Fortan waren das »Wünsch Dir Was«-Team und vor allen Dingen der Moderator Schönherr das Tagesgespräch Nr. 1 in den Schlagzeilen der Gazetten und in den Stammtisch-Runden: Ob es sich nun um den damals als aufreizend empfundenen transparenten »Blusen-Busen-Look« einer Kandidatin handelte, oder um das »Zusammenraffen« von Geldstücken, das von einer Pythonschlange »bewacht« wurde, immer wieder verursachte die Sendung Wogen der Entrüstung. Mit Themen wie »Autoversenken«, »Hundertwassers Dachbegrünung und Hausfassadenmalerei« oder »Manipulation in der Fernsehwerbung«, mit Diskussionen über Wohnkommunen, Sex oder Umweltschutz sorgte die Sendereihe in all den Jahren für so manche Provokation und Konfrontation. Selbst eine rote Nelke im Knopfloch war dem Showmaster nicht erlaubt und wurde von der konservativen Presse als politische Agitation gewertet.

Dietmar Schönherr wollte gern ein progressiver Moderator sein: Eine nichtssagende Unterhaltungssendung ohne Denkanstöße, eine Show nur zur Entspannung mit Spaß und Gaudi in »Bierzeltatmosphäre« oder ein Gala-Abend in verschnörkelter Operettenkulisse, das waren nun gerade nicht die Intentionen, die den österreichischen Schauspieler bewogen hatten, diese Reihe zu präsentieren. Bei »Wünsch Dir Was« wurde auch erstmalig sichtbar, was moderne Fernsehunterhaltung, die sich mit ihren Inhalten an der Gegenwart orientierte, sein kann. Die Aufgaben, mit denen die Kandidaten – die Spielfamilien aus Deutschland, Österreich und der Schweiz – auf unterhaltsame Art im »Harmonie- oder Interviewspiel« konfrontiert wurden, waren Spiele einer großstädtischen Gesellschaft im Zeitalter der modernen Technik.

Für den Zuschauer, der nicht nur die oberflächliche Abendberieselung bevorzugte, war »Wünsch Dir Was« damals sicher eine der gescheitesten, fortschrittlichsten, mutigsten, unkonventionellsten und politischsten Unterhaltungssendungen im deutschsprachigen Raum. Doch scheinbar handelte es sich bei den Befürwortern dieser progressiven Art von Unterhaltung nur um eine Minderheit, denn wie soll man sich sonst die plötzliche Beendigung der Reihe erklären (letzte Folge: 2.12.1972)? Das Team der Sendung, zu dem u.a. Peter Hajek, André Heller und Josef Kirschner gehörten, hatte mit aller Vorsicht versucht, gesellschaftliche Probleme im »Tarnmantel der Unterhaltung« einem breiten Fernsehpublikum bewußter zu machen. Dabei hatte man die Fesseln der wertneutralen, banalen und seichten Unterhaltung einfach abgestreift und eine engagierte Unterhaltungsshow konzipiert, die nicht mit abfragbarem Schubladenwissen arbeiten wollte, sondern den Zuschauer zu Denkanstößen veranlassen und zuweilen auch provozieren sollte. Doch die Mehrheit war wohl der Ansicht, daß eine Verknüpfung von Unterhaltung und Politik nicht in eine Samstagabendshow gehörte. Also doch wieder »der

Schubladengedanke«, den der Kommentator Hanke in seiner Stellungnahme zu Kulenkampffs Sendung schon gerügt hatte. Auch die Zeitungskritiker waren in ihrer Berichterstattung zu »Wünsch Dir Was« nicht immer objektiv und haben mit ihren Schlagzeilen ihren Teil zum vorzeitigen Ende der Familienshow beigetragen. Noch einige Jahre zuvor hatten dieselben Journalisten das Ehepaar Bach/Schönherr noch in den höchsten Tönen gelobt, als Vivi und Dietmar, als das »Farbfernsehpaar« gefeiert, zur Eröffnung des deutschen Farbfernsehens im Jahre 1967 den »Gala-Abend der Schallplatte« in einer mehrsprachigen Conférence dem Fernsehpublikum in 16 Ländern der Welt präsentierten. Als das »Ehepaar« jedoch seine Chance für eine eigene Sendung dann umgehend nutzte und sich nicht mit biederen und braven Ansagen von »Schlager-tra-la-la« oder volkstümlichen Hitparaden begnügte, da waren wohl nicht nur die Zeitungskritiker, sondern auch viele Zuschauer verstimmt.

Nach dem Aus von »Wünsch Dir Was« meldete sich der Westdeutsche Rundfunk (WDR) zu Wort bzw. zu Talk, und der von der Presse als »abgehalfterter Showmaster« bezeichnete Schönherr startete eine der ersten Talk-Shows im Fernsehen: »Je später der Abend« hieß die neue Sendereihe, die zunächst in einigen dritten Programmen und dann auch auf dem ersten Fernsehkanal der ARD (ab 31.12.1973) interessanten, prominenten und weniger bekannten Leuten auf den Zahn fühlte. Der ohnehin für progressive Unterhaltung bekannte WDR in Köln (»Bio's Bahnhof«, »Mensch Meier«, »Boulevard Bio«) war wohl auch der erste Sender, der das Experiment wagte, die in den USA nicht unumstrittenen Talkshows (u.a. mit Dick Cavett) auch zum Bestandteil des deutschen Fernsehprogramms zu machen. Diesem Beispiel sollten viele folgen: »Kölner Treff«, »NDR-Talkshow«, »Leute«, »Freitagnacht«, »3 nach Neun«, u.a.

Das Unterhaltungsangebot in den Rundfunkprogrammen ist heute wie damals verhältnismäßig groß, damit jedoch gleichzeitig den Anspruch einer qualitativen Programmvielfalt verknüpfen zu wollen, würde – vorsichtig ausgedrückt – an der Realität vorbeigehen. Ganz im Gegenteil, rückblickend betrachtet war die Unterhaltungs-Spielwiese einst viel größer und bunter. Heutzutage werden oft ähnlich angelegte Unterhaltungssendungen auf allen Fernsehkanälen, ob privat oder öffentlich-rechtlich, angeboten. Wenn ein Trend beim Publikum ankommt, finden sich gleich viele Nachahmer, die sich an einen Erfolg ranhängen wollen. So geschehen bei den zahllosen volkstümlichen Sendungen, die alle nach dem gleichen Strickmuster und nach bewährter Art in »Häkeldeckchen-Idylle« über den Bildschirm flimmern. Auch die geradezu inflationäre Zahl von Talk-Shows, nicht nur auf privaten Kanälen, zeugt nicht gerade von besonderem Einfallsreichtum oder Kreativität in den Redaktionsstuben der Fernsehsender. Die vielen, manchmal auch schlechten Versuche der Nachahmung einer ursprünglich so erfolgreichen Idee von der »versteckten Kamera«, die einst mit Chris Howland (»Vorsicht Kamera«) begann und die mit der von Paola und Kurt Felix als große Samstagabendunterhaltung so gut in Szene gesetzten Show »Verstehen Sie Spaß?« fortgesetzt wurde, werden letztendlich zu einer Übersättigung des Fernsehpublikums führen. Keine noch so gute Sendung ist gegen eine Kopie gefeit, selbst eine der derzeit größten europäischen Unterhaltungssendungen wie »Wetten, daß...?« im ZDF erfährt nun in einem Gegenschlag der ARD eine Imitation (»Guinness-Show«). »Keine Experimente« lautete ein politischer Wahlslogan vergangener Zeiten; man könnte ihn auch zum Leitmotiv der heutigen Fernsehunterhaltung erheben.

In den sechziger Jahren, als es nur zwei bzw. drei Fernsehprogramme in Deutschland gab und die Einschaltquoten nicht selten die 70 Prozent-Marke erreichten, wurden zwar auch keine großartigen Unterhaltungsexperimente gestartet, wenn man von den Show-Produktionen des Regisseurs Michael Pfleghar (»Klimbim«) einmal absieht, doch die Sendungen waren wenigstens noch etwas abwechslungsreicher, ideenreicher und spannender. Da genügte schon die von allen in voller Ungeduld erwartete Mitteilung einer attraktiven Showmasterassistentin, die mit einem charmanten Lächeln in die Kameras verkündete: »Der Kandidat hat 99 Punkte!«. Die Spannung unter den Zuschauern stieg auf ihren Höhepunkt, man fieberte regelrecht mit, wenn die Mitspieler von zu Hause aus per ferngesteuerter Tele-Armbrust um den »Goldenen Schuß« kämpften. Mit dieser großangelegten Unterhaltungsshow hatte das Zweite Deutsche Fernsehen seinerzeit genau ins Schwarze getroffen, denn sie war nicht nur eine der beliebtesten Fernsehsendungen in den drei deutschsprachigen Eurovisionsländern, sondern auch in vielen anderen Ländern der Welt, wo die Idee des Erfinders der Tele-Armbrust, Hannes Schmid, ebenfalls in eigenständigen Sendungen zum Erfolg führte. Die märchenhafte Konzeption der Sendung unter Einbeziehung des Zuschauers, der aufwendige Showrahmen in der Art alter UFA-Revue-Filme, der Hauch von Las Vegas oder Pariser Lido, trafen wohl genau den Nerv und den Geschmack von Publikum und Presse gleichermaßen.

Der später zum »fliegenden Holländer« beförderte Entertainer Lou van Burg (»Kimme, Korn, ran!«), der schon gleich nach dem Kriege als Ansager auf den Tourneen der legendären Josephine Baker auffiel, war jahrelang der Präsentator vom »Goldenen Schuß« (1. Folge: 4.12.1964). Sein unverkennbares »Wunnebar« klingt bestimmt noch vielen Zuschauern in den Ohren; seine Livesendung aus Monte Carlo (25.8.1966) und das mit der unvergessenen Fürstin Gracia Patricia geführte Interview haben Fernsehgeschichte geschrieben. Und beinahe hätte er auch noch das Deutsche Farbfernsehen eröffnet, doch seine Affären mit der Damenwelt zierten wohl zu oft die Titelseiten der Boulevardpresse und der bunten Zeitschriften, so daß sich das ZDF veranlaßt sah, den Holländer kurzerhand zu feuern. Das war nicht neu für »Onkel Lou«, denn schon einmal war er aus dem Programm geflogen. Damals war es der Österreichische Rundfunk (ORF) und die ARD, die die Zusammenarbeit mit ihm aufkündigten, weil der Verdacht der Begünstigung einer Quizkandidatin nicht widerlegt werden konnte. Nun sah man wiederum in Mainz »Moral und Sitten gefährdet« und schickte den Showmaster in die »Fernsehverbannung«. Diesmal war es eine Verbannung vom Bildschirm im wahrsten Sinne des Wortes, denn keine Rundfunkanstalt in Deutschland war bereit, Lou van Burg eine neue Chance zu geben: So hart waren damals die Sitten! Das tat seiner Popularität jedoch keinen Abbruch; er tingelte durch die Lande und trat in Bierzelten auf. Und sein treues Publikum hielt weiter zu ihm. Erst nach einigen Jahren der Fernsehabstinenz gab es ein Bildschirmcomeback: Mit Evergreen-Galas (»So schön wie heut', so müßt es bleiben!«) und einem neuen Aufguß des »Goldenen Schusses« kehrte Lou van Burg wieder auf die Bildschirme zurück, wo er bis zu seinem Tode ein ständiger und gern gesehener Gast war.

Eine ähnlich kurvenreich verlaufende Fernsehkarriere war einem anderen Entertainer beschieden. Der aus der Schweiz stammende Schlager-, Chanson- und Folkloresänger Vico Torriani (»Siebenmal in der Woche«, »Kalkutta liegt am Ganges«) war zunächst in Personality-Shows wie »Grüezi Vico« aufgefallen, ehe man ihn zum »Hoteldirektor« beförderte und er als sangesfreudiger Koch auch einige wohlklingende Köstlichkeiten wie »Filetto Fantastico« oder »Piccata Milanese« in seinem (Fernseh-)»Hotel Victoria« präsentierte. In der von der Bavaria produzierten Showreihe war auch ein damals noch junger Unterhaltungsredakteur beschäftigt, der sich bereits durch zahlreiche Quiz- und auch Kabarettsendungen einen Namen gemacht hatte, und der hier in den Münchener Fernsehstudios das Handwerk der Fernsehunterhaltung erlernen wollte, bis er selbst einmal im Scheinwerferlicht stehen sollte: Hans Rosenthal.

Noch war die Zeit jedoch für Rosenthal nicht gekommen, noch war Torriani der Star, der im Vordergrund stand. Seine Shows kamen im Fernsehen sehr gut an, und so kam, was kommen mußte: Der zweite Fernsehkanal war in Nöten, denn seine beliebte Unterhaltungsreihe »Der Goldene Schuß« drohte zu platzen. Der in Ungnade gefallene Holländer Lou van Burg mußte schnell durch

einen anderen Moderator ersetzt werden, und man suchte krampfhaft nach einem Nachfolger. Viele wurden gefragt, so auch der
Landsmann Rudi Carrell, der jedoch ablehnte, weil er gerade mit
dem Produzieren von Ideen »am laufenden Band« beschäftigt war.
Kurzerhand erinnerte man sich daran, daß ja die Armbrust irgendwie mit Wilhelm Tell verbunden und dieser in der Schweiz ansässig war. Und wenn man Schweiz sagte, dann fiel einem natürlich
nicht nur Tell, sondern auch Torriani ein! So wurde das »Hotel
Victoria« in der ARD einfach geschlossen, der Schweizer Entertainer vertauschte die Kochmütze mit der Armbrust: In der 25.
Folge des »Goldenen Schusses« (25.8.1967) gab Vico Torriani sein
Debüt und eröffnete damit gleichzeitig das Deutsche Farbfernsehen auf der 25. Deutschen Funkausstellung in Berlin.

Von nun an stand der Schweizer (»Bitte Peter, den Bolzen!«)
unentwegt im Kreuzfeuer der Kritik: Den einen war er zu volks-
tümlich, den anderen wieder nicht schlagfertig genug. Seiner
Beliebtheit tat dies jedoch keinen Abbruch, selbst kleine Unsicherheiten in der Moderation, die er durch seine fremdsprachli-
che Gewandtheit und sein charmant-liebenswürdiges Auftreten
wieder ausglich, verzieh man ihm. Mit der 50. Folge (2.7.1970)
wurde die Tele-Armbrust dann eingemottet, ehe sie einige Jahre
später noch einmal für kurze Zeit im Fernsehen Wiederauferstehung feierte. Für Torriani indes schien der Zenit seiner Karriere
wohl erreicht bzw. überschritten zu sein, denn alle Versuche, ihm
eine neue Show auf den Leib zu schreiben, schlugen fehl (»Schau-
kelstuhl«) oder wurden nur von geringeren Einschaltquoten
begleitet (»Musik kennt keine Grenzen«). Oft sind fehlende Autoren oder schlechte Drehbücher der Grund für Mißerfolge von
Serien und Unterhaltungssendungen im Fernsehen: Diesem
Umstand fiel nun leider auch ein so vielseitiger Künstler wie Vico
Torriani zum Opfer. Bis zu seinem Tod im März 1998 war er häufig in Sendungen seiner Unterhaltungskollegen zu Gast und konnte
mit der unverwechselbaren Interpretation seiner »Pastorella«
sogar noch einmal einen Hit landen!

Einer der »dienstältesten« Moderatoren war Robert Lembke. Wenn er im Jahre 1989 nicht so plötzlich von der Bühne des Lebens abgetreten wäre, so würde er sicherlich noch heute auf der Studiobühne des Bayerischen Rundfunks in München ausgefallene Berufe raten lassen. »Was bin ich?« war die älteste und am längsten laufende Sendung im Deutschen Fernsehen überhaupt, nur die »Tagesschau« und die »Wetterkarte« sind noch älter. Als Lembke im Jahre 1954 diese Reihe startete, konnte niemand ahnen, daß diese an Produktionskosten eigentlich so preiswerte Sendung, die ohne Glanz, Glimmer und Showtreppe auskam, einmal 36 Jahre im Programm sein würde. Viele Zuschauergenerationen erlebten das Rateteam mit Guido »dem Fuchs« Baumann, der selber ab und zu kleinere Unterhaltungsreihen moderiert hat (»Sag die Wahrheit«, »Heiter weiter«), oder man erheiterte sich an der zuweilen recht lustig gackernden Annette von Aretin; auch ein Oberstaatsanwalt war mit von der Partie, der kein Hehl daraus machte, daß er keinen Fernseher besaß, aber beim Beruferaten auf dem Bildschirm durchaus mit Scharfsinn, Prägnanz und Wortwitz überzeugte: Hans Sachs. Desweiteren gehörten Marianne Koch, die Schauspielerin und spätere Ärztin, sowie Anneliese Fleyenschmidt und Ingrid Wendl zum Rateteam. Von Robert Lembke soll übrigens auch der Satz überliefert sein: »ARD bedeutet ›Alle reden durcheinander‹!« So muß man, rückblickend betrachtet, feststellen, daß es gerade für die ARD ein besonderer Glücksfall war, diesen Mann vier Jahrzehnte beschäftigt und auch gehalten zu haben!

Ein gebürtiger Schwabe, der heute in München-Grünwald lebt, wenn er nicht gerade in seiner zweiten Heimat Australien unterwegs ist, und der schon früh durch zahlreiche waghalsige Rollendarstellungen im Film und dann auch im Fernsehen auffiel, wechselte seinerzeit vom Krimi zum Quiz. Das seine Unterhaltungssendungen nie den Stempel »08/15« trugen, war letztendlich auch ein Verdienst seiner präzisen Rundfunkarbeit: »Blacky« Joachim Fuchsberger bewies schon immer, daß er mit Menschen umgehen kann, denn Einfühlungsvermögen und Fingerspitzengefühl gehören nach wie vor zu seinen Eigenschaften. Auch wenn Pressekritiker nicht immer sanft mit ihm umgegangen sind und ihn wohl auch zum vorzeitigen Ende seiner großen Samstagabend-Show »Auf los geht's los« (letzte Folge: 15.3.1986) bewegt haben, »Blacky« gehört zu den Präsentatoren deutscher Unterhaltung im Fernsehen, die Geschichte gemacht haben.

»Nur nicht nervös werden« (1. Folge: 16.7.1960) hieß seine erste Fernsehreihe; später folgten »Der heiße Draht« (1973/75), »Spiel mit mir« (1975/76) und schließlich auch die Talk-Sendung »Heut' Abend«, wo er so unterschiedliche Zeitgenossen wie Hildegard Knef, Maria Schell, Lili Palmer, André Heller, Alfred Biolek und natürlich auch »Hänschen« Rosenthal (Sdg.: 17.5.1985) begrüßen konnte. Besonders glücklich schätzte sich Fuchsberger auch, daß er nach dem Tod seines Kollegen Robert Lembke die Nachfolgesendung »Ja oder Nein« übernehmen konnte. Hier trat dann eine andere seiner Begabungen in den Vordergrund, die er bereits in seinen Reiseberichten über Australien erkennen ließ, nämlich die Fähigkeit, Show und gesellschaftsrelevante Themen mit journalistischer Akribie – die Unterhaltung nicht außerachtlassend – miteinander zu verknüpfen. Leider hat diese Sendereihe dann im ARD-Fernsehen keine Fortsetzung mehr gefunden.

Ein besonderes Exportland, was Künstler angeht, ist unser westlicher Nachbar Holland. Von dort kamen so verschiedene und unterschiedliche Sänger, Schauspieler oder Entertainer wie der UFA-Star Johannes Heesters (»Man müßte Klavier spielen können«), Corry Brocken (»Er sah aus wie ein Lord«), Heintje (»Mama«), Lou van Burg (»Freunde fürs Leben«), Hermann van Veen (»Edith, Edith ... Piaf«), Robert Long (»Homo Sapiens«) und schließlich auch Rudi Carrell. Spontane Einfälle, Gags und unerschöpfliche Ideen sind nach wie vor die großen Stärken des schlaksigen Entertainers aus Holland (»Laß' Dich überraschen!«). Mit der »Rudi-Carrell-Show« begann 1965 seine bundesdeutsche Karriere, und seitdem ist er hierzulande Dauergast auf den Bildschirmen; es folgten Sendereihen wie »Am laufenden Band«, »Verflixte

Sieben«, »Rudis Tagesschau« und »Herzblatt«. Über sich selber sagte Carrell, der eigentlich Rudolf Wijbrand Kesselaar heißt, einmal: »Ich war ein schlechter und fauler Schüler. Mit 16 mußte ich mich entscheiden: Entweder die städtische Müllabfuhr oder Showmaster – da hab' ich mich dann für den Showmaster entschieden!«

Auch das kleine Herzogtum Luxemburg exportierte Stars am laufenden Band, zunächst für ARD und ZDF, und später auch für das Privatfernsehen: Neben Camillo Felgen, dem Chansonsänger (»Ich hab' Ehrfurcht vor schneeweißen Haaren«) und ehemaligen Chefsprecher der »fröhlichen Wellen« von Radio Luxemburg, der die »Schmierseifenolympiade« von »Spiel ohne Grenzen« leitete, waren es vor allen Dingen Jochen Pützenbacher (»Mit Schraubstock und Geige«) und natürlich Frank Elstner, der mit seinen vielen Ideen die Fernsehunterhaltung in Deutschland entscheidend geprägt hat. Die von ihm erfundene Familienshow »Wetten, daß...?« – jetzt mit dem ebenso erfolgreichen Moderator Thomas Gottschalk – gehört noch immer zu den größten Unterhaltungssendungen in Europa. Nach seinem Debüt auf bundesdeutschen Bildschirmen in der zunächst in einigen dritten ARD-Programmen gestarteten Reihe »Punkt, Punkt, Komma, Strich«, die dann als »Montagsmaler« auch im ersten ARD-Programm großen Erfolg hatte, wechselte Frank Elstner zum ZDF und hob am 14.2.1981 seine »Wetten, daß...?«-Idee aus der Taufe, mit der er wohl auch den Höhepunkt seiner Karriere erreichte. Seine späteren Show-Reihen wie »Nase Vorn« und »Elstner und die Detektive« beim ZDF, und die vielen Unterhaltungsprojekte bei RTL (»Rolltreppe«, »Aber Hallo« u.a.) waren leider nicht so erfolgreich; nur die einmal jährlich ausgestrahlte Sendung »Menschen« (ZDF), später u.a. von Günter Jauch fortgeführt, und die RTL-Vorabendserie »Jeopardy« sollten in diesem Zusammenhang noch als erfolgreiche Beispiele erwähnt werden. Trotz vieler Mißerfolge, die Elstner im Laufe der Zeit einstecken mußte, ist er doch einer der kreativsten Unterhalter in Deutschland geblieben, auch wenn er jetzt mehr hinter der Kamera arbeitet und neue Ideen ausbrütet. Er bemüht sich nach wie vor um pointierte Unterhaltung mit anspruchsvollem Niveau; ihm gelang auch als einer der wenigen produzierenden Unterhalter im Fernsehen der Brückenschlag zwischen Information und Show, den man auch als Infotainment oder journalistische Unterhaltung bezeichnet. Elstner vereint darüberhinaus die Qualitäten eines erstklassigen Show-Profis mit denen eines interessierten und neugierigen Talkmasters, eine Eigenschaft, die besonders in der ZDF-Sendereihe »Die stillen Stars« zutage trat, als er Nobelpreisträger in aller Welt interviewte. Daß Frank Elstner für seine Produktivität und Kreativität auf dem Gebiete der Fernsehunterhaltung unlängst mit dem Jahrhundertpreis der »Goldenen Kamera« (Hör Zu) ausgezeichnet wurde, spricht nicht nur für sich, sondern macht außerdem auch deutlich, daß wir auf dem Gebiet der Unterhaltung eigentlich noch viele »Elstners« benötigen.

Wenn man die deutsche Funk- und Fernsehunterhaltung näher betrachtet und analysieren will, dann kann man natürlich unentwegt neue Beispiele von mehr oder minder erfolgreichen Produktionen und Sendungen auf diesem Gebiet anführen. Und auch die Liste der Künstler und Moderatoren, die sich in und um diese Branche verdient gemacht haben, kann fast endlos fortgeführt werden. Wir können im Rahmen dieses Buches jedoch nur eine kleine, nicht repräsentative Auswahl treffen, und haben uns dabei überwiegend auf die Unterhaltungsreihen mit Spielcharakter beschränkt, und da wiederum in erster Linie auf Produktionen von ARD und ZDF, um sie in einen Vergleich zu den zahlreichen Sendungen und Sendereihen von Hans Rosenthal zu stellen.

Natürlich gehörten auch so gegensätzliche Spielshows wie »Drei Mal Neun« (mit Wim Thoelke), »Tele-As« (mit Carolin Reiber und Peter Rapp), »Geld oder Liebe?« (mit Jürgen von der Lippe), »Flitterabend« (mit Michael Schanze), »Was wäre wenn...?« (mit Vera Russwurm und Hans-Jürgen Bäumler) oder »Goldmillion« (mit Wolfgang Lippert) zu den Unterhaltungs-Trümpfen bei ARD und

ZDF. Aber auch die reinen Quizreihen, in denen Spezialwissen abgefragt wurde, dürfen nicht unerwähnt bleiben: »Der Große Preis«, den Wim Thoelke 220 mal im ZDF präsentierte, oder die ARD-Reihe »Alles oder nichts«, die zunächst von Erich Helmensdorfer moderiert wurde, ehe Max Schautzer die Spielleitung übernahm; für die Musikfreunde von Oper, Operette und Musical hatte man im ZDF die Reihe »Erkennen Sie die Melodie?«, die der österreichische Schauspieler und Chansonsänger Ernst Stankovski aus der Taufe hob (später folgten: Johanna von Koczian und Günter Schramm), das Musikquiz »Spaß mit Musik« (mit Elfie von Kalckreuth) und schließlich »Quiz-As« (mit Günter Schramm). Leider gibt es derartige, auf Fachgebiete spezialisierte Quizsendungen zur Zeit kaum noch in den öffentlich-rechtlichen Programmen.

Ein Künstler, der nach über 30-jähriger Tätigkeit in der Funk- und Fernsehunterhaltung noch immer zu den am meisten beschäftigten Moderatoren gezählt werden kann, der sich vom etwas hektischen Schnellsprecher in der »ZDF-Hitparade« (1. Folge: 18.1.1969) zum einfühlsamen, wortgewandten Conférencier im großen Fernsehwunschkonzert »Melodien für Millionen« (1. Folge: 2.2.1985 im ZDF) entwickelte, ist Dieter Thomas Heck. Der gelernte Automobilkaufmann, der zunächst nur das Verkaufen von PKW's im Kopf hatte, fiel in einer Nachwuchssendung von Peter Frankenfeld (»Toi, Toi, Toi« vom 28.1.1959) auf und wurde zunächst als Schallplattensänger entdeckt, ehe er als Ansager und Plattenplauderer im Hörfunk auch deutsche Schlager auflegte und verkaufte. Nach zahlreichen Sendungen beim Saarländischen Rundfunk (Europawelle Saar), Radio Luxemburg und dem Südwestfunk Baden-Baden wechselte er vom Radio zum Fernsehen und wurde schließlich zu einem Markenzeichen des ZDF: Der »Hitparade« folgten so beliebte Sendungen und Reihen wie »Kreuzworträtsel-Spiel« (ZDF), »Die Goldene Europa« (SR) und »Tag des Deutschen Schlagers« (SWF); ferner die ZDF-Spielserie »Die Pyramide« (1. Folge: 16.3.1978), »Schwarz auf Weiß«

(ZDF: 13 Folgen 1988), »So läuft's richtig« (ZDF: 1988/89), »Das ist ihr Leben« (ZDF: 1994 – 96), »Musik liegt in der Luft« (ZDF: Premiere am 2.2.1991 in Offenburg), »Melodien für Millionen« (ZDF), »Das große Los« (ZDF: Premiere am 16.5.1996 in Berlin) und die neueste ZDF-Produktion »Show-Palast«, die im Januar 1999 auf Sendung ging.

Außerdem übernahm Heck nach dem Tode von Hans Rosenthal kurzfristig noch eine weitere Unterhaltungssendung im ZDF: Unter dem Titel »Ihr Einsatz bitte« (1. Folge: 16.4.1987) kämpften zunächst Kandidatenmannschaften und später dann Vereine um den Sieg »Made in Germany«. Der Reinerlös der Sendung wurde der Hans-Rosenthal-Stiftung zugeführt. Dabei wurden beispielsweise im 1. Halbjahr des Jahres 1988 insgesamt 242.160,32 DM für unverschuldet in Not geratene Familien eingespielt. Auch das aus Rosenthals »Dalli, Dalli« so vertraute Gesicht der Assistentin Monica Sundermann konnte man wiedersehen: Sie fungierte nicht nur in dieser, sondern auch in späteren Sendungen von Dieter Thomas Heck als »rechte Hand« des Showmasters.

Mit den »Dinosauriern der Unterhaltung«, wie man Kulenkampff, Frankenfeld und Rosenthal nicht selten bezeichnet hat, begann die große Zeit der Rundfunkunterhaltung in Deutschland nach dem Kriege, dann folgte der sogenannte Fernsehnachwuchs mit neuen Ideen, und nun sind selbst Fernsehlieblinge wie Heck, Schanze, von der Lippe, Schautzer oder auch Gottschalk schon zu Bildschirmgrößen avanciert, die den Vergleich mit ihren Vorgängern und Vorbildern nicht zu scheuen brauchen. Und wieder ist eine neue Generation von Moderatoren und Showmastern herangewachsen und drängt in das Fernsehgeschehen: Thomas Ohrner, Kai Böcking, Ingolf Lück, Reinhold Beckmann, Ulla Kock am Brinck, Johannes B. Kerner sind nur einige von vielen Präsentatoren, die beim Kampf um Einschaltquoten zwischen ARD und ZDF einerseits und den privaten Anbietern andererseits mitmischen wollen. Die Konkurrenz schläft nicht, und im Zuge der Vereinigung der beiden deutschen Staaten sind auch viele neue

Gesichter dazugekommen, die ihre Talente und Begabungen nicht zu verstecken brauchen. Einer der Fernsehlieblinge zwischen Rügen und Erzgebirge hatte schon vor dem Fall der Mauer im »Westfernsehen« seinen Einstand gegeben und sofort auf Anhieb gefallen: Wolfgang Lippert. Von seinen Fans salopp »Lippi« genannt, moderierte der auch als Schlagersänger (»Erna kommt«) bekannte Showmaster über viele Jahre hindurch die Samstagabendshow »Glück muß man haben« beim Deutschen Fernsehfunk (DFF), die sogar noch für einige Jahre die Wende überlebte. Dann fiel er während einer Talkshow im 3. Programm der ARD-Nordkette (NDR/RB/SFB) durch sein flinkes und flottes Mundwerk auf. Die Programmverantwortlichen von Radio Bremen (RB) witterten ihre Chance und verpflichteten den »Berliner Jungen mit der kessen Schnauze« für die neue ARD-Unterhaltungsserie »Stimmt's?«, in der prominente Künstler sowie das Publikum zu Haus und im Studio ausgefallene, verrückte Gegenstände erraten mußten. Und dann kam für »Lippi« die Superchance: Er übernahm die größte europäische Fernsehshow »Wetten, daß...?« (26.9.1992) von Thomas Gottschalk, der sich anderen Aufgaben beim Privatfernsehen widmen wollte. Sein Debüt gelang auf Anhieb, und fortan gehörte Wolfgang Lippert zu den großen Showmastern im deutschen Fernsehen. Doch der Erfolg währte nicht lange, ein knappes Jahr nur, dann mußte Lippert das Feld wieder räumen: Gottschalk kehrte »reumütig« zum ZDF zurück und übernahm die Show mit den ausgefallenen Wetten wieder. Der Star aus dem Ostern mußte dem Star aus dem Westen weichen, und »Lippi« sollte mit neuen Unterhaltungsprojekten betraut werden. Nach dem Aus vom »Großen Preis« (11.12.1993) wurde eine neue Show für die Aktion Sorgenkind gesucht, so gab man Wolfgang Lippert erneut eine Chance: »Goldmillion« hieß die Sendung, mit der man am 22.1.1994 im ZDF startete. Nach »Vergißmeinnicht« (von und mit Peter Frankenfeld), »Drei Mal Neun« (mit Wim Thoelke), »Der Große Preis« (mit Wim Thoelke sowie Hans-Joachim Kulenkampff und Carolin Reiber) war dies die vierte Lotterie-Sendung, die mit der Aktion Sorgenkind verbunden war. Doch das Konzept der neuen Sendereihe kam beim Publikum nicht an, und wiedereinmal machte man dafür – ungerechterweise – den Moderator verantwortlich, so stand Wolfgang Lippert fortan im Kreuzfeuer der Kritik. Als schließlich dann auch noch die Einzahlungen für die Lotterie rückläufig waren, mußte »Lippi« gehen. Eine neue große Show hat Wolfgang Lippert, abgesehen von einigen Einzelsendungen und dem »ZDF-Wintergarten«, bis heute nicht erhalten.

Auch Gunther Emmerlich, der im DDR-Fernsehen die bekannte Sendereihe »Showkolade« moderierte, darf nicht unerwähnt bleiben, denn auch er hatte erhebliche Probleme, seinen Platz in der neuen deutschen vereinten Fernsehwelt nach der Wende zu finden. Zunächst in den höchsten Tönen gelobt, weil er als Sänger von der Semper-Oper in Dresden ein Mann mit vielen Talenten ist, das klassische Fach genauso beherrscht wie den Jazz-Gesang und außerdem noch ein wortgewandter Ansager ist, bekam mit der großen Glücksspiralen-Show »Nimm Dir Zeit« im Jahre 1991 seine große Chance. Doch auch hier wollte man sich mit dem Star von »drüben« nicht anfreunden. Seine Samstagabendshow wurde schon ein Jahr später wieder abgesetzt. Weitere Einzelprojekte standen ebenfalls unter keinem guten Stern, und so moderiert Gunther Emmerlich heute eine volkstümliche Sendereihe für die ARD (»Zauberhafte Heimat«), in der er seine Vielseitigkeit leider nicht voll entfalten kann.

Nicht nur der Rundfunk in der DDR wurde seinerzeit abgewickelt, sondern auch die zahlreichen Präsentatoren und Künstler, könnte man boshaft behaupten, denn nur wenigen gelang es, im deutschen Fernsehen bundesweit Fuß zu fassen bzw. eine angemessene Beschäftigung zu finden. Ob nun das Allroundtalent Karsten Speck, das die DDR-Kultsendung »Ein Kessel Buntes« noch für einige Jahre nach der Wende moderieren durfte, oder Carmen Nebel, die nun überwiegend volkstümliche Sendungen in der ARD präsentiert, ob Dagmar Frederic, die im dritten Programm des

NDR und ORB (gemeinsam mit Dénes Törzs) Wunschsendungen präsentierte und mit zwei NDR-Musikshows in der ARD (»Sommermelodie«) im Jahre 1999 endlich wieder auf Erfolgskurs ist, oder Hans-Joachim Wolfram, dessen Sendereihe »Aussenseiter – Spitzenreiter« (1972 im DFF gestartet) nun ein eher stiefmütterliches Dasein im MDR fristet, allen Künstlern wäre für die Zukunft eine bessere Anerkennung ihrer Qualitäten und Talente zu wünschen und damit verbunden ein entsprechendes Tätigkeitsfeld, das sich in qualitativ guten Sendungen auf dem Bildschirm widerspiegelt.

KAPITEL 3

HANS IM GLÜCK?

Das erste Leben des Hans Rosenthal

Die Unterhaltung im Rundfunk war – wie bereits ausgeführt – schon immer ein sehr streitbares Thema. Und die Geschmäcker sind nun einmal verschieden, denn was die einen so unheimlich gut finden und in den höchsten Tönen loben, das beurteilen andere wiederum als langweilig und nur noch zum Abschalten. Einer jedoch hat es geschafft, einen Großteil der Leute in unserem Lande mit seinen Sendungen nicht nur zu begeistern, sondern letztendlich auch zu überzeugen. Leider war es ihm nicht vergönnt, seinen hart erarbeiteten Ruhm, der ihn in einem eindeutigen Umfrageergebnis zum »beliebtesten Quizmaster aller Zeiten« avancieren ließ, noch lange zu genießen. »Der Schwerstarbeiter der leichten Unterhaltung«, wie er auch von den Kritikern nicht selten bezeichnet wurde, starb bereits mit 61 Jahren: Hans Rosenthal.

Mit seinem Tod – am 10. Februar 1987 – hatte die deutsche Funk- und Fernsehunterhaltung einen Mann verloren, der über viele Jahrzehnte hindurch sein Publikum mit immer wieder neuen Ratespielen und Quizsendungen überrascht hat. Fast jeder – landauf, landab – kannte seinen Namen; die Popularität, die Rosenthal genoß, hätte so manchen Politiker vor Neid erblassen lassen. Der »Hans-Dampf in allen Gassen« war unermüdlich unterwegs und absolvierte als »der Berliner Botschafter der Rundfunkunterhaltung« ein immenses Arbeitspensum, von dem sich heute wohl niemand mehr auch nur annähernd eine Vorstellung machen kann. Ein Funkredakteur behauptete deshalb auch einmal leicht spöttisch in einer Laudatio: »Rosenthal reise nun schon so viel umher, daß er sich irgendwann noch einmal selbst auf dem Flughafen begegnen würde!« Auch die so beliebte Reporterfrage nach dem nächsten Auftritt oder Veranstaltungsort hätte Rosenthal wohl genauso beantwortet, wie es sonst eher Herbert von Karajan zugeschrieben wird: »Ich habe überall zu tun!«

Woher kam eigentlich diese Rastlosigkeit? War sie begründet in seiner Kindheit und Jugend, die überschattet war vom dunkelsten Kapitel der deutschen Geschichte? Oder war er das »Hänschen auf allen Frequenzen« durch die Tatsache, das er die Menschen einfach mochte und liebte, und er nicht anders konnte, als seine ganze Tatkraft in den Dienst der Sache, nämlich der Unterhaltung von Menschen zu stellen? Ich glaube, beides ist richtig. In seiner Autobiographie »Zwei Leben in Deutschland« (Gustav-Lübbe-Verlag, 1980/82) hat Rosenthal seine Erlebnisse und Erfahrungen, die er in unserem Lande gemacht hat, aufgezeichnet: Bis 1945 ein Leben überwiegend im Untergrund, versteckt vor den Nationalsozialisten, geprägt von ständiger Angst und Verfolgung, und nach 1945 ein zweites Leben im (Scheinwerfer-) Licht der deutschen Öffentlichkeit.

Kurz vor seinem Tode erinnerte sich Rosenthal in der Talkshow »Heut' Abend« (mit Joachim Fuchsberger), daß das, was er in diesen beiden, völlig gegensätzlichen, Leben erlebt hat, eigentlich deutsche Zeitgeschichte ist: »Man weiß viel über das damalige Nazi-Deutschland, wie es die Soldaten gesehen haben oder die Leute, die hier frei leben konnten, und schließlich, wie es von außen her betrachtet wurde. Aber über das Deutschland aus der Sicht derer, die hier einst untergetaucht waren, weiß man eigentlich viel zu wenig!« Dies zu ändern, war u.a. auch Rosenthals Intention, als er seine Lebenserinnerungen aufschrieb; ein Buch übrigens, das als Geschichtslektüre in jeder Schule – soweit es das »Dritte Reich« betrifft – unbedingt zu empfehlen ist. Und so beschreibt er, daß er in der Illegalität als einzige Ablenkung eigentlich nur einen einfachen Detektor hatte. Dieses winzige Radiogerät war seine Brücke zur Außenwelt gewesen, und hier hat er dann auch gehört, wie die jüdischen Menschen verleumdet wurden, daß sie die Schuld an dem deutschen Unglück hätten und daß sie alle Verbrecher wären. Damals hatte er nur den einen Wunschtraum: »Wenn ich alles durchstehe, dann gehe ich zum Radio und kläre dieselben Leute auf, daß wir Juden nicht so sind!«

Der Traum ist dann, wie wir alle miterleben durften, auch tatsächlich in Erfüllung gegangen. Doch ehe es soweit war, hatte Rosenthal, der am 2. April 1925 im Jüdischen Krankenhaus in

Berlin-Wedding das Licht der Welt erblickte, noch eine unendlich harte Zeit voller Schicksalsschläge, Entbehrungen und Demütigungen durchzustehen. Früh verlor er seinen Vater, der Bankangestellter war, dann starb seine Mutter an Krebs und ein Jahr später, im Jahre 1942, wurde sein jüngerer Bruder Gert mit dem 21. »Ost-Transport« nach Riga deportiert und in einem Konzentrationslager im Osten ermordet. Rosenthal, der nun den Judenstern und den zusätzlichen Namen Israel tragen mußte, wurde zwangsverpflichtet und arbeitete u.a. als Hilfstotengräber in Fürstenwalde bei Berlin. Da der Ort an der Bahnstrecke Berlin-Frankfurt/Oder liegt, bekam er damals sehr schnell mit, daß »sich irgend etwas in Richtung Osten abspielen mußte, denn meist war die Schranke geschlossen und fast ununterbrochen rollten Züge nach Osten«: Es waren die Züge in die Konzentrationslager.

Dann arbeitete Rosenthal bei einem SA-Mann in einer Blechemballagenfabrik in Berlin-Weißensee, die später noch eine Filiale in Torgelow (Mecklenburg) eröffnete. Mehrere Male entging er nur knapp dem Tode, denn immer, wenn ein neuer Judentransport anstand, war er anderweitig verpflichtet oder sein Name stand nicht auf der Liste. Als die SS im Rahmen der großen »Fabrikaktion« am 27. Februar 1943 auch alle jüdischen Arbeiter aus der Blechemballagenfabrik in Berlin abholte, war für Rosenthal klar, daß der kleine Ort Torgelow, in dem er seit einiger Zeit arbeitete, »keine Oase des Überlebens bleiben würde«. Er mußte sich dem Zugriff der Nazis entziehen, und es gelang ihm eine abenteuerliche Flucht nach Berlin, wo drei tapfere ältere Berlinerinnen sich seiner annahmen und den Vollwaisen in einer Laubenkolonie im Bezirk Lichtenberg versteckt hielten. »Dieser für mich so denkwürdige Tag, an dem ich, der deutsche Junge jüdischen Glaubens, mich in den Schutz der ›Dreieinigkeit‹ begab«, schrieb Rosenthal in seiner Autobiographie, »war der 27.März 1943.« Hätte er zu der Zeit jedoch gewußt, daß er sich über zwei Jahre lang in einem kleinen Verschlag einer Laube verborgen halten müßte, so hätte er wahrscheinlich wenig Hoffnung auf ein Überleben gehabt.

Zunächst wurde er bei Frau Jauch untergebracht, die ihre Lebensmittelkarten mit ihm teilte und ihn wie ihren eigenen Sohn behandelte. Nach dem Tod seiner ersten Lebensretterin fand Rosenthal Hilfe und Unterschlupf bei zwei anderen älteren Damen, Frau Harndt und Frau Schönebeck, die ihn bis zur Befreiung Deutschlands vom Faschismus versteckten.

»Wenn ich heute auf mein Leben zurückblicke«, schrieb Rosenthal, »so waren es diese drei Frauen aus der Kolonie ›Dreieinigkeit‹ (...), deren Hilfe es mir bis heute möglich gemacht hat, nach dieser für uns jüdische Menschen so furchtbaren Zeit unbefangen in Deutschland zu leben, mich als Deutscher zu fühlen, ohne Haß ein Bürger dieses Landes zu sein.« Deshalb hatte Rosenthal in seinem zweiten Leben, wie er es nannte, auch nie irgendwelche Ressentiments gegen Deutsche; er war davon überzeugt, wie er stets mit Nachdruck betonte, daß die Mehrheit der Deutschen keine Nazis waren. Schließlich hatte er den Beweis, daß es auch andere Deutsche gab, die unter Einsatz ihres Leben und durch ihr couragiertes Handeln Juden vor dem Holocaust gerettet hatten. Eine sehr optimistische Sichtweise, deshalb sei in diesem Zusammenhang die Frage erlaubt, wie Rosenthal als jüdischer Mensch im Nachkriegsdeutschland die gesellschaftliche Entwicklung in der Bundesrepublik Deutschland wohl eingeschätzt hat? Konnte er wirklich zufrieden sein mit dem Veränderungsprozeß in seinem Heimatland, daß er nicht verlassen wollte, auch wenn ihn Verwandte in Amerika oder Israel anfangs immer und immer wieder dazu drängten?

Daß viele Deutsche nach 1945 eine Auseinandersetzung mit ihrer Schuld nicht gewagt und die Nazi-Verbrechen einfach verdrängt haben, ist unbestritten und wurde von vielen Autoren und Schriftstellern, vor allen Dingen aber durch das psychoanalytische Werk von Alexander und Margarete Mitscherlich »Die Unfähigkeit zu trauern«, eingehend erörtert. Auch Rosenthal hat bestimmt nicht die Augen vor dieser Entwicklung verschlossen: Antisemitische Ausschreitungen, Verleumdungen und auch Morddrohungen hat er dennoch in Kauf genommen, weil er davon überzeugt war, daß er, als ein Mann des Ausgleichs und der Toleranz anderen Menschen gegenüber, in der Lage war, an einem gesellschaftlichen Klima der Nachsicht und des Verzeihens mitzuwirken. Er wollte den Menschen das Schuldeingeständnis bzw. die Auseinandersetzung mit ihrer Schuld erleichtern, und jede von ihm konzipierte Unterhaltungssendung war eigentlich in dieser Hinsicht ein kleines Versöhnungsfest. Vielleicht liegt hier auch eine weitere Erklärung für seinen unermüdlichen Einsatz in der Rundfunkunterhaltung: Er wollte die Leute schlichtweg überzeugen.

Mit dem Klima der Nachsicht war allerdings nicht gemeint, daß man nun einfach einen Schlußstrich ziehen und die Vergangenheit vergessen könnte. Das war schon deshalb nicht möglich, weil man vielerorts mit ihr konfrontiert wurde. Als beispielsweise der Schauspieler Werner Kraus, der in dem Nazi-Propagandafilm »Jud Süß« von 1940 (Regie: Veit Harlan) fünf verschiedene jüdische Typen in menschenunwürdiger Form verkörperte, Anfang der fünfziger Jahre wieder in Berlin an einem Theater auftreten wollte, da erwartete den Künstler nicht nur ein riesiges Polizeiaufgebot, sondern auch eine riesige demonstrierende Menschenmenge. Zu den Demonstranten gehörte auch Hans Rosenthal, der durch seine Mitwirkung an dieser Protestkundgebung sein Mißfallen zum Ausdruck bringen wollte, wie schnell man in Deutschland »zu vergessen, wenn nicht sogar zu vergeben bereit war«. Die Demonstration wurde übrigens von der Freien Universität Berlin organisiert; einer der damaligen Anführer war Gerhard Löwenthal, der spätere Moderator des »ZDF-Magazins«. Für Rosenthal war die Begegnung mit dem Schauspieler Werner Kraus wahrscheinlich noch in doppelter Hinsicht belastend, weil er während seiner Tätigkeit in der Filiale der Blechemballagenfabrik in Torgelow einmal die Möglichkeit hatte, ins Kino zu gehen, und dort sah er dann den Nazi-Film »Jud Süß«. Noch nie hatte Rosenthal so eindringlich erlebt, wie Menschen mit Hilfe der Propaganda gegen die Juden aufgehetzt wurden.

Als die Alliierten in Deutschland die Hoheitsgewalt übernahmen und der Zweite Weltkrieg in Europa zu Ende war, konnte auch Hans Rosenthal, der nun inzwischen 20 Jahre alt war, endlich sein sicheres Versteck in der Laubenkolonie verlassen und an die Verwirklichung seines Traumes denken: Er wollte zum Rundfunk, um den Menschen endlich die Wahrheit zu sagen! Und so schnappte er sich im Mai 1945 sein Fahrrad, das er über die Wirren des Krieges retten konnte und das ihm noch große, wertvolle Dienste erweisen sollte, und radelte damit zum Berliner Rundfunk, der sein Domizil im heutigen Funkhaus des Senders Freies Berlin (SFB) an der Masurenallee hatte. In dem seinerzeit von den Sowjets betriebenen Sender wurde Rosenthal zunächst als Materialverwalter und Archivarbeiter beschäftigt. Zu seinen Aufgaben gehörte u.a. das Verteilen von Briefbögen, Radiergummis und Bleistiften – gegen Empfangsbestätigung. Eine verantwortungsvolle Aufgabe für den Anfang, sollte man meinen, doch da kannte man den jungen Hans schlecht. »Für die Ausgabe von Bleistiften braucht man keine besondere Qualifikation«, klärte er seinen Chef auf und, seinen ganzen Mut zusammennehmend, überzeugte er schließlich auch seinen Vorgesetzten davon, »daß er sich doch zu mehr berufen fühle«. Scheinbar beflügelte Rosenthal in dieser Situation vor allen Dingen die Tatsache, daß er noch vor einigen Monaten gerade aus diesem Funkhaus die Hetztiraden der Nazis in seinem Detektor mit anhören mußte. Jetzt wollte er Rundfunk machen und seine Ideen in die Tat umsetzen. Und so kam er dann auch tatsächlich aus dem Keller der Materialverwaltung heraus, stolperte drei Treppen nach oben und war fortan Mitarbeiter der Hörspielabteilung, des Zeitfunks und teilweise auch schon der Unterhaltungsredaktion.

Als am 18. Mai 1945 das erste Symphoniekonzert nach Kriegsende im Großen Sendesaal des Funkhauses an der Masurenallee gegeben wurde, sagte der Schauspieler Victor de Kowa (»Wir machen Musik«, »Es muß nicht immer Kaviar sein«) das Orchester der Städtischen Oper Berlin an, und Rosenthal fungierte bereits bei dieser Livesendung als Aufnahmeleiter. Auch bei einer der ersten Hörspielproduktionen des Berliner Rundfunks war er dabei, hier zeigte sich vor allen Dingen Rosenthals überzeugendes Organisationstalent. Die Aufführung des Hörspiels »Nathan der Weise« von Lessing in der Regie von Hannes Küppers drohte zu scheitern, weil es nicht genügend Rollenbücher gab. Sie wurden aber innerhalb weniger Stunden gebraucht; wer sollte sie abschreiben? Fotokopiergeräte gab es damals noch nicht. Keiner wußte einen Ausweg – bis auf einen: Und das war der schon damals sehr ideenreiche und pfiffige junge Aufnahmeleiter Rosenthal. Er bat den Regisseur Küppers, mit der Absetzung des Hörspiels noch ein wenig zu warten. In seiner unnachahmlichen Liebenswürdigkeit flitzte er von einem Büro zum anderen und überredete die Sekretärinnen, jeweils ein paar Seiten zu tippen. Und sein Plan mit dem ökonomischen Verteilerprinzip ging auf: Die Sendung war gerettet und Rosenthal wurde Regieassistent beim Hörspiel.

In der Hörspielabteilung erlernte er auch sozusagen sein Handwerk, das ihm bei seiner späteren Rundfunkkarriere sehr hilfreich sein sollte: Er schaute dem Regisseur bei der Arbeit über die Schulter und notierte fleißig Regieanweisungen; er betreute und beobachtete die Schauspieler und registrierte jeden Tonfall, jede Betonung des Wortes und seiner Silben; er war dabei, als die Cutterin im Schneideraum das Gewirr von Tonbändern und Bandschnipseln mühsam zusammenfügte, und er saß schon damals mit der Stoppuhr in der Hand im Studio. Nur sollten seinerzeit noch keine Begriffe erraten werden wie später bei seinen zahllosen Quizsendungen, hier im Studio des Berliner Rundfunks ging es um die exakte Überwachung der zeitlichen Längen einzelner Szenen und Sequenzen für die Hörspielproduktion.

Dann wurde die erste große Unterhaltungssendung, ein »Bunter Abend«, durchgeführt. Er stand unter dem Motto »Paprika im Funkhaus« (Sendung: 27.5.1945); zu den Mitwirkenden gehörte neben Ingeborg von Kusserow, Bully Buhlan und dem Orchester Horst Kudritzky auch die bekannte und beliebte UFA- Schauspie-

lerin Ilse Werner (»Wir machen Musik«). Rosenthal, der ja als einer
der wenigen ein Fahrrad besaß, wurde gebeten, die pfeifende und
singende Schauspielerin im zerbombten Berlin ausfindig zu
machen und zum Sendesaal mitzubringen. Und so fuhr er los, einmal quer durch die zerstörte Stadt, zur Gustav-Freytag-Straße im
Villenviertel Grunewald, und kehrte tatsächlich mit Frau Werner,
die vorne auf der Fahrradstange Platz genommen hatte, zum Funkhaus zurück. In ihrer Autobiographie erinnert sich Ilse Werner
(»So wird's nie wieder sein«, Verlag Michael Jung, Kiel 1991), daß
sie eigentlich eher mit gemischten Gefühlen zu dieser Veranstaltung kam, denn hier im gleichen Sendesaal fand doch immer das
»(Wehrmachts-)Wunschkonzert« des Großdeutschen Rundfunks
statt, das von Heinz Goedecke moderiert wurde. »Nun also sollte
es dort – zwar unter anderen Vorzeichen, aber im gleichen Stil –
weitergehen wie zuvor. Ich hatte plötzlich Hemmungen«, schil-
dert »die Frau mit Pfiff« ihre Empfindungen von damals, als
Rosenthal sie zur Sendung abholte. Doch letztendlich war es der
quirlige Aufnahmeleiter, der ihre Bedenken zerstreuen konnte.
Und damit begann auch eine langjährige Freundschaft zwischen
Ilse Werner und Hans Rosenthal, die sich auch durch zahlreiche
Mitwirkungen in Sendungen des Quizmasters dokumentierte:
Mehrere Male konnte man Frau Werner bei »Wer fragt –gewinnt!«,
»Allein gegen alle« und »Spaß muß sein!« im Radio erleben, und
auf dem Bildschirm brillierte sie als Kandidatin bei »Gut gefragt
– ist halb gewonnen« (Folge 25) und bei »Dalli, Dalli« (Folge 4
und 73).

Doch zurück zu den Anfängen der Rundfunkkarriere von Hans
Rosenthal. Nachdem er bereits in vielen Hörfunkproduktionen
der verschiedensten Abteilungen des Berliner Rundfunks mitgewirkt hatte, nebenbei auch noch engagiertes Mitglied im Betriebsrat war, kam er immer öfter in Konflikt mit den kommunistischen
Funktionären. Der Fleiß, die nicht enden wollende Tatkraft und
vor allem sein Gerechtigkeitsbewußtsein waren den Sowjets und
ihren ideologisch abhängigen Erfüllungsgehilfen ein Dorn im

Auge, und so waren Rosenthals Tage in diesem Sender gezählt. Der ehemalige Unterhaltungschef/Hörfunk im SFB, Goetz Kronburger, erinnerte sich vor einigen Jahren an die damalige gemeinsame Zeit in dem von den Sowjets besetzten Funkhaus und widersprach in diesem Zusammenhang auch dem weitverbreiteten Vorurteil vieler Rosenthal-Kritiker, die den Quizmaster immer als den »angepaßten und unpolitischen Menschen« bezeichnet hatten. Mitnichten – Rosenthal war nicht nur damals ein an den politischen Zusammenhängen stets interessierter und engagierter Bürger, auch später hat er sich – eigentlich sein ganzes Leben lang – mit gesellschaftspolitischen Themen auseinandergesetzt: Ob nun im Betriebsrat von RIAS Berlin, im Zentralrat der Juden, in der Jüdischen Repräsentantenversammlung oder auch auf dem Gebiet des Fußballsports als langjähriger Präsident von Tennis Borussia, überall war er ein fairer Mitstreiter und kritischer Begleiter, der mit seiner ganzen Tatkraft die Grundprinzipien der Demokratie verteidigte und darüber hinaus für Ausgleich und Aussöhnung sorgte. Ungerechtigkeiten ließ er nicht zu bzw. bekämpfte sie: Und so war er beispielsweise auch damals, im Berliner Rundfunk, der einzige, der die Zivilcourage besaß und in einer flammenden Rede vor dem Betriebsrat die sozialen Ungerechtigkeiten gegenüber nichtkommunistisch orientierten Mitarbeitern anprangerte und damit gleichzeitig auch die undemokratischen und diktatorischen Verhaltensweisen der Chefetage angriff. Er erntete damit einerseits viel Beifall und überwiegend auch Zustimmung bei den Kollegen, doch andererseits setzte er seine Arbeit, seinen Beruf, den er ja eigentlich sehr gern ausübte, aufs Spiel. Denn die von den Sowjets eingesetzten Rundfunkfunktionäre hatten ein anderes Demokratieverständnis als der ehemals von den Nazis verfolgte Hans Rosenthal. Nur gut, daß sich nach diesem Ereignis der gerade neu gegründete Berliner Sender RIAS bei ihm meldete: Und so verließ Rosenthal im Juli 1948 den Berliner Rundfunk im Bezirk Charlottenburg, wechselte nach Schöneberg herüber und startete im Funkhaus an der Kufsteiner Straße eine beispiellose Karriere.

KAPITEL 4

EINE FREIE STIMME DER FREIEN WELT

Die Geschichte eines Berliner Senders

Am 7. Februar 1946 begann der »Rundfunk im Amerikanischen Sektor« (RIAS) in Berlin offiziell mit seinem Programm, zunächst noch unter dem Namen DIAS als Drahtfunk. Rund 50 Redakteure, Journalisten und Techniker bezogen das ausgebombte Fernmeldeamt in der Winterfeldstraße in Berlin-Schöneberg und sendeten Nachrichten sowie Musik von Schallplatten. Der erste Hörerbrief klagte: »Wat regt Ihr Euch eijentlich uff, wir hör'n nischt!« Alle Berliner konnte der neue Drahtfunk-Sender damals ohnehin nicht erreichen, denn er verfügte nur über eine Sendeleistung von 2,5 Kilowatt. Doch die Mitarbeiter der neuen Radiostation ließen sich nicht einschüchtern: Sie hatten zwar nur wenige und unzureichende technische Einrichtungen, dafür aber ein starkes Sendungsbewußtsein.

Mit Mikrofonen und langen Kabeln zogen die ersten Reporter durch die Berliner Innenstadt: Sammy Drechsel, Gründer der »Münchener Lach- und Schießgesellschaft« und später auch Regisseur von Dieter Hildebrandts »Scheibenwischer« (ARD-Fernsehen), kletterte beispielsweise auf die Berliner Gedächtniskirche und schilderte in einer »Sensationsreportage« seine Eindrücke und Gefühle aus einem anderen Blickwinkel; Jürgen Graf, später Abteilungsleiter für Aktuelles Zeitgeschehen, und Rainer Hönck, zuständig für das Kulturleben in Berlin, berichteten u.a. für den RIAS. Der eigentliche Durchbruch gelang der noch jungen Rundfunkanstalt dann während der Blockade, als der RIAS seine Lautsprecherwagen durch die Stadt schickte und die Berliner, die wegen der Stromsperren teilweise von der Außenwelt abgeschnitten waren, an markanten Plätzen mit den neuesten Nachrichten versorgte: Rudolf-Günter Wagner und Wolfgang Behrendt verlasen die Meldungen aus aller Welt vor Ort. Sechs Tage nach Blockadebeginn – am 30. Juni 1948 – bezog der RIAS dann sein neues großes Funkhaus. Das ehemalige Verwaltungsgebäude in der Kufsteiner Straße – unweit des Schöneberger Rathauses – wurde im Jahre 1938 erbaut und war lange Zeit Sitz eines Bayerischen Stickstoffsyndikats. Es soll jedoch ein Gerücht sein, daß der RIAS, wegen der Bindungen dieser Firma an den Freistaat Bayern, später aus alter Anhänglichkeit einen extra Sender im bayerischen Hof errichten ließ. Jedenfalls – das neue, ehemals bayerische (Funk-)haus mit seinen mehr als 300 Räumen erwies sich als äußerst ideal. Nach und nach wurden die einzelnen Zimmer renoviert, und so entstanden schließlich mehrere Studios für Musikaufnahmen und Direktsendungen. Und dann begann man mit der Gründung zahlreicher, geradezu unsterblicher Sendereihen, die den RIAS und seine Hörer in einer einmaligen Art und Weise eng miteinander verbinden sollten.

Weit über die Grenzen Berlins bekannt wurde das berühmte Funkkabarett »Günter Neumann und seine Insulaner« mit dem wehmütigen Titellied, das Edith Schollwer so unverwechselbar interpretierte: »Der Insulaner hofft unbeirrt, daß seine Insel wieder'n schönes Festland wird!« Über diese Sendereihe soll an späterer Stelle noch ausführlich berichtet werden, denn auch sie ist mit Hans Rosenthal, der jahrelang ihr Aufnahmeleiter und später Regisseur war, eng verbunden. Bereits im Juni 1947 besuchten die »RIAS-Kinder ihren Onkel Tobias«, der von Fritz Genschow verkörpert wurde; zu den ersten Funkkindern gehörte damals auch der heute international anerkannte Schauspieler Horst Buchholz. Eine der dienstältesten Serien im RIAS wurde die all-sonntäglich ausgestrahlte »Stimme der Kritik« von und mit Friedrich Luft (»Gleiche Stelle, selbe Welle...«). Hoch oben in der Beliebtheitsskala standen aber auch so unterschiedliche Sendungen wie die »RIAS-Funkuniversität«, »Es geschah in Berlin«, »Zweites Frühstück« oder »Jazz-Club 18«. Die beiden letztgenannten Sendereihen wurden übrigens von einem der langjährigsten und treuesten Mitarbeiter des RIAS präsentiert und geleitet: John Hendrik, der ehemals als Operntenor Furore machte, und der vor allen Dingen zur Weihnachtszeit mit seinem Song von »Rudolf Rotnase« nicht nur auf RIAS-Wellen zu hören war.

Junge Leute von damals waren jeden Montag ab 20.00 Uhr am Lautsprecher zu Gast und lauschten ihren »Schlagern der Woche«, die zunächst von Wolfgang Behrendt, dem späteren ZDF-Nachrichtensprecher, aus der Taufe gehoben wurden, ehe dann Fred Ignor und schließlich Lord Knud die neuesten Schallplatten auflegten. Nicht vergessen darf man natürlich die zahlreichen Alt-Berlin-Hörspiele von Ivo Veit, die sich bei den Hörern großer Beliebtheit erfreuten: Mit »Familie Buchholz« und der »Pension Spreewitz« fing es einst an, ehe die Erfolgsreihe »Damals war's« gestartet wurde, durch die der unvergessene Ewald Wenck führte, der sich später auch als »ältester Discjockey der Welt« in der von Hans Rosenthal initiierten Sendereihe »Ewalds Schlagerparade« versuchte (»Opi Dopi, solong Euer Ewald!«). An Inge Siegel sei erinnert, die in den Nachkriegsjahren mit einer »Tingelmannschaft«, zu der u.a. auch der Autor Curth Flatow und Georg Thomalla gehörten, durch Berlin zog und viele Großveranstaltungen in der Waldbühne und im Sportpalast für den RIAS produzierte (»Maibowle«).

Besonderer Erwähnung gebührt aber auch der Nachrichtenabteilung, denn in vielerlei Hinsicht war der RIAS seinerzeit richtungsweisend bei der Entwicklung und Einführung neuer Programmstrukturen in seinen aktuellen Programmen. So war es wiederum Jürgen Graf, der diese Abteilung im RIAS von Anfang an mit aufgebaut hatte, und der im Jahre 1961 mit seiner Mannschaft die aktuellen Magazine (Rundschau am Morgen, am Mittag und Abend) einführte, die einige Zeit später von den meisten ARD-Sendern in ähnlicher Form gestaltet wurden. Zu den hervorragendsten Eigenschaften von Jürgen Graf gehörte vor allen Dingen sein nicht zu unterschätzendes Talent, Live-Reportagen wortgewandt und präzise zu gestalten. Dies wurde u.a. bei dem Besuch des US-Präsidenten John F. Kennedy in Berlin deutlich, als der RIAS-Reporter Graf über mehrere Stunden live vom Ort des Geschehens berichtete, ohne dabei ins Schwafeln abzugleiten oder sich etwa zu wiederholen: Eine Sternstunde in der Live-Reportage, die nur noch mit den Schilderungen eines Rundfunkpioniers wie Alfred Braun vergleichbar wäre!

Bereits während der Blockade wurde das RIAS-Tanzorchester gegründet, das sich mit Werner Müller und dem für damalige Verhältnisse eigenartigen und besonderen »Müller-Sound«, dem Zusammenspiel von Streichern und Blasinstrumenten, schnell einen großen Freundeskreis schaffte. Ursprünglich war Müller (»Blende auf«) Posaunist im Orchester Kurt Widmann gewesen, dann bekam er vom RIAS den Auftrag, eine Band ins Leben zu rufen, die neben dem heimischen Repertoire den im Nachkriegsdeutschland so rasch populär gewordenen Swing spielen sollte. Am 24.4.1949 fand das erste öffentliche Konzert des RIAS-Tanzorchesters (RTO) unter der Leitung von Werner Müller statt; als erstes Gesangsduo waren Rita Paul und Bully Buhlan dabei (»Baby, es regnet schon«, »Ein Gläschen Wein und du«). Unvergessen sind auch die Aufnahmen des RTO mit Caterina Valente (»Malaguena«, »The Breeze And I«), die um die ganze Welt gingen. Wie Müller viele Jahre später einmal in einem Interview erzählte, waren besonders die Amerikaner seinerzeit besonders beeindruckt von dem Sound und der besonderen Halltechnik, die bei den Aufnahmen mit der Valente verwendet worden sind. Man muß dazu jedoch erklären, daß es seinerzeit noch keine hochwertigen Mischpulte mit Hall und Echo gab, deshalb mußte man sich bei der Schallplatten-Aufnahme, die in einer Berliner Villa durchgeführt wurde, etwas einfallen lassen: Das RIAS-Tanzorchester hatte im größten Raum Aufstellung genommen und Frau Valente wurde mit ihrem Mikrofon von einer Ecke in die andere geschoben, um so die bestmögliche Aufnahmequalität zu erzielen; schließlich fand man die besten Voraussetzungen auf der Damentoilette, denn hier war der Hall am besten! Die Aufnahme wurde ein großer Erfolg.

Als Werner Müller im Jahre 1966 von Berlin nach Köln ging und dort das WDR-Tanzorchester übernahm, folgten zunächst für 4 Jahre Dave Hildinger und für weitere 5 Jahre Helmuth Brandenburg (alias »Kookie Freeman«) am Dirigentenpult des RIAS-Tanzorchesters, ehe 1975 der Pianist, Chorleiter und Komponist Horst Jankowski (»Eine Schwarzwaldfahrt«) Bandleader beim

RIAS wurde. Zum Erfolgskonzept des RTO gehörte unter seiner Leitung vor allen Dingen die Vielseitigkeit, die man immer wieder in öffentlichen Veranstaltungen bei Hans Rosenthal, in den »RIAS-Paraden« und später in der »RIAS-Radio-Show« unter Beweis stellen konnte: Von der Klassik bis zum Pop reichte das Repertoire dieses großartigen Klangkörpers. Auch das Zusammenspiel mit erstklassigen Solisten internationalen Ranges wie mit dem Trompeter Horst Fischer, dem Mundharmoniker-Virtuosen Jean ›Toots‹ Tielemans, dem Klarinettisten Rolf Kühn, dem Posaunisten Ake Persson aus Schweden und dem rumänischen Pianisten Eugen Cicero prägten den erfolgreichen, einzigartigen Stil des RIAS-Tanzorchesters bzw. der RIAS-BIG-BAND, die nun von Jiggs Whigham geleitet wird. Auch andere Klangkörper wurden vom RIAS gegründet bzw. von ihm unterhalten, wie das Radio-Symphonieorchester Berlin und das RIAS-Jugendorchester; außerdem seien noch der erfolgreiche RIAS-Kammerchor sowie das seinerzeit von Hans Carste geleitete RIAS-Orchester genannt.

Die Unterhaltungsabteilung im RIAS war gleich von Anfang an ein Tummelplatz der ausgefallensten Ideen. Immer neue Sendereihen wurden geboren, das Angebot für den Hörer war so vielseitig und interessant, daß zeitweilig sogar zwei Abteilungen für die Sparte Unterhaltung zuständig waren: Werner Oehlschläger und Hans Rosenthal waren viele Jahre ihre Leiter. Als letzter Abteilungsleiter für Unterhaltung im RIAS fungierte der langjährige Mitarbeiter von Rosenthal, der auch viele populäre Sendereihen wie »Bei uns funkt's« oder »Kutte kennt sich aus« geleitet und moderiert hat: Horst Kintscher. Nach dem viel zu frühen Tod Kintschers, der die alte Tradition der speziellen RIAS-Unterhaltung noch bewahren konnte, begann bereits der Auflösungsprozeß: Die Unterhaltungsabteilung wurde einfach abgeschafft und zur Redaktion degradiert!

Den RIAS gibt es inzwischen auch nicht mehr, doch eines ist sicher: RIAS war ein gutes Stück Berlin. Der Sender in der Kufsteiner Straße war mit der deutschen Hauptstadt und seiner wechselvollen Geschichte aufs engste verbunden. Mit seinen beiden Programmen hat er in den fast 48 Jahren seines Bestehens maßgeblich zur Entwicklung und Festigung der Demokratie in dieser Stadt beigetragen. Für die Menschen in der damaligen DDR war er darüber hinaus jahrzehntelang die wichtigste Informationsquelle, und für die »Insel-Bewohner« im Westteil Berlins ist er in schweren Zeiten zu einem Symbol des Freiheitswillens und der deutsch-amerikanischen Freundschaft geworden. Die »freie Stimme der freien Welt« hatte sich über all die Jahre einen festen Platz in den Herzen seiner Hörer erobert, sowohl in West als auch in Ost, das bewiesen die zahlreichen Briefe, die nach der Wende – im Jahre 1989 – gleich waschkörbeweise beim RIAS eingegangen sind.

Bei der Neustrukturierung der Medienlandschaft im vereinten Deutschland hatte man für den RIAS keinen Platz mehr: Zusammen mit dem 1. Programm von RIAS Berlin – RIAS 2 war bereits vorher privatisiert worden (»R.s. 2«) – sowie dem Deutschlandfunk (DLF) Köln und DS-Kultur, das im Jahre 1990 aus dem ehemaligen Programm von DDR 2 und dem Deutschlandsender entstanden war, gründete man das DeutschlandRadio, das am 1. Januar 1994 auf Sendung ging. Viele Hörerfreunde – gerade aus der ehemaligen DDR – hatten nach der deutschen Vereinigung die Hoffnung, daß der RIAS bzw. sein Nachfolgesender nun ihr ständiger Begleiter auf Ätherwellen werden könnte, der ihnen mit Rat und Tat – beispielsweise bei Verbraucherfragen – zur Seite stehen, der sie nach alter Manier mit gehobener Unterhaltungsmusik verwöhnen, der mit seinen unverkennbaren Sprecherstimmen eine gewisse familiäre Stimmung und Vertrautheit schaffen und mit seinen informativen Angeboten aus den Bereichen Bildung, Kunst und Wissenschaft seiner Hörerschar Interessantes und Wissenswertes – ohne erhobenen Zeigefinger – vermitteln würde.

Bei der Gründung des neuen bundesweiten Hörfunksenders mit seinen zwei Programmen (DeutschlandRadio Berlin und Deutschlandfunk Köln) hatte man sich jedoch andere Maßstäbe gesetzt:

Die Programmschwerpunkte Information und Kultur wurden als Leitlinie vorgegeben, und so richten sich die Sendungen nun mehr an die Hörer, die an Politik und Kultur stärker interessiert sind als der Durchschnitt der Bevölkerung. So hat das DeutschlandRadio von seinem Programmprofil her eigentlich nicht die Chance, ein Massenprogramm zu werden, da es sich natürlich auch von den Hörfunkprogrammen der Landesrundfunkanstalten der ARD abheben muß und nicht etwa in Konkurrenz treten soll.

RIAS Berlin und Deutschlandfunk Köln, der 1961 sein Programm startete, hatten bereits Jahrzehnte über Ländergrenzen hinweg berichtet. Während der RIAS immer ein stark auf populäre Unterhaltung ausgerichteter Sender war, ohne jedoch dabei in seichte Gefilde oder gar »Dudelfunk« abzuleiten, war der Deutschlandfunk hingegen schon von Beginn an mehr mit Information und Kultur befaßt. So wird in Anbetracht dieser Tatsache wohl auch klar, warum der Gewöhnungsprozeß an die neuen Programmstrukturen vom DeutschlandRadio sich in Berlin schwieriger gestaltet als in Köln. Es ist sicher zu begrüßen, daß der neue bundesweite Hörfunk sich in seiner Qualität von den anderen Programmen der privaten und auch öffentlich-rechtlichen Anbieter unterscheidet und seine Sendungen frei von Werbeblöcken gestalten kann, dennoch sollten die hochgeschraubten Qualitätsmaßstäbe nicht dazu führen, daß viele Hörer nicht mehr erreicht werden, wo es doch nach der Zielsetzung des DeutschlandRadios auch gilt, die Zusammengehörigkeit im vereinten Deutschland sowie die gesamtgesellschaftliche Integration zu fördern!

KAPITEL 5

AUF DIE PLÄTZE –
FERTIG – QUIZ

Der erste Radiohit »Wer fragt – gewinnt!«

Als Hans Rosenthal kurz nach der Währungsreform im Jahre 1948 vom Berliner Rundfunk zum RIAS wechselte, waren bereits einige »Männer der ersten Stunde« im Schöneberger Funkhaus an der Kufsteiner Straße in Berlin damit beschäftigt, die Unterhaltungsabteilung aufzubauen: Vor allen Dingen der Regisseur und Autor Werner Oehlschläger, der zunächst beim NWDR-Berlin am Heidelberger Platz tätig war, ist in diesem Zusammenhang zu nennen, und natürlich auch der später durch seine Berlin-Hörspiele bekannt gewordene Ivo Veit, der in der Anfangszeit noch als wortgewandter Ansager der Unterhaltungsreihe »Mach mit!« tätig war, die damals ein regelrechter Knüller und Straßenfeger war. Und Ivo Veit war es wiederum, der Rosenthal, der bereits bei einigen Hörspielsendungen des RIAS als Aufnahmeleiter fungiert hatte, zur Unterhaltungsabteilung holte. »Hänschen« Rosenthal steuerte regelmäßig Ratespiele und Ideen für Showeinlagen bei und wurde schließlich dann auch Aufnahmeleiter bei »Mach mit!«. Auch der später als »Kommissar« in der gleichnamigen ZDF-Reihe bekanntgewordene Erik Ode war damals beim Rundfunk im Amerikanischen Sektor Berlins tätig. Er betreute vor allen Dingen die politischen Kabarettsendungen.

Viele bekannte Künstler traten in den Unterhaltungssendungen auf und brachten ihre aktuellen Lieder und Schlager über die RIAS-Ätherwellen zum Vortrag: So hörte man von Rudi Schuricke die »Capri-Fischer«, die Gerhard Winkler bereits 1943 komponiert hatte, oder das unverwechselbare »Winke, Winke« von Michael Jary aus dem Jahre 1950, das Evelyn Künneke meisterhaft interpretierte. Die Schöneberger Sängerknaben behaupteten im gleichen Jahre zum ersten Male, daß »Berliner Jungens richtig sind« (Komposition von Erika Brüning), und Rita Paul und Bully Buhlan sangen mit »Schmelz in der Stimme«: »Ein Gläschen Wein und du, leise Musik dazu, zu unserem Rendezvous heute Nacht...«, übrigens ein Schlager, den der damalige RIAS-Tanzorchesterchef Werner Müller 1951 komponierte. Jedes Lied und jeder Schlager – so fanden wissenschaftliche Untersuchungen heraus – soll ja ein Spiegelbild seiner Zeit sein. So fand man in den Texten seinerzeit auch überwiegend Zeilen, die sich mit den Sehnsüchten nach dem sonnigen Süden (»Florentinische Nächte«, »Komm' ein bißchen mit nach Italien«) oder mit einer einfachen Bockwurst befaßten: »Ich hab' so Appetit auf Würstchen mit Salat« sang Bully Buhlan, der auch für Text und Musik dieses typischen Berliner Liedes verantwortlich zeichnete. Eine Reise nach Italien, Spanien oder Griechenland konnten sich nur die wenigsten leisten, und eine Bockwurst oder Boulette waren damals eben kulinarische Leckerbissen!

Auch die Preise, die bei »Mach mit« und bei späteren Sendereihen von Rosenthal zu gewinnen waren, nehmen sich im Vergleich zu heutigen Gewinnen bei den »Game-Shows« schon sehr bescheiden aus: Mal war es ein Pfund Butter, eine Flasche Klarer, ein Kästchen Konfekt oder eine Langspielplatte. Die mitspielenden Kandidaten waren regelrecht glücklich, wenn sie einmal neben dem Quizmaster auf der Bühne stehen durften, oder ihre Stars, deren Stimme sie ja aus dem Radio und von der Schallplatte her schon kannten, nun mal leibhaftig und live im Sendesaal erleben konnten.

Höhepunkt der »Mach mit«-Veranstaltungen war sicherlich auch eine Sendung, die RIAS aus der Berliner Waldbühne unweit des Olympia-Stadions übertrug: 20.000 treue RIAS-Hörer aus Ost und West kamen Anfang der fünfziger Jahre und säumten das Rund der Arena, als Werner Müller den Taktstock erhob und die Stimmung mit seinem RIAS-Tanzorchester erst einmal so richtig anheizte. Zu Gast waren auch damals das bekannte Kabarett-Duo Wolfgang Müller und Wolfgang Neuss; sie spielten unter dem Gelächter des Publikums eine politisch scharfzüngige Sportreportage über ein »Ost-West-Fußballspiel«, in der keine Politikerpersönlichkeit geschont wurde, denn sie teilten ihre gezielt eingesetzten Pointen und Tiefschläge nach beiden Seiten aus. Auch der erste Mann der noch jungen Republik trat vor die RIAS-Mikrofone und begrüßte die vor allen Dingen aus dem damaligen Ost-

teil des Landes in Scharen herbeigeströmten Besucher: »Papa«
Theodor Heuß, der erste Bundespräsident, mit seiner schwäbischen Gemütlichkeit war nicht nur in Berlin besonders beliebt.
Doch gerade die Berliner hatten ihn besonders ins Herz geschlossen, vielleicht auch deshalb, weil er sich öfter in dieser Stadt auf-
hielt als der damalige Bundeskanzler Adenauer. Und wer hätte
damals geglaubt, daß der noch junge Aufnahmeleiter Rosenthal
später einmal eine ganze Sendung für einen Bundespräsidenten
konzipieren und leiten würde: »Käpt'n Good-Bye« – Die Abschiedsgala für Bundespräsident Carstens.

Doch noch war es nicht soweit. Noch war seine Zeit nicht
gekommen. Sein Tatendrang und seine Kreativität waren uner-
schöpflich groß und sein Kopf steckte voller Ideen. Er wartete auf
seine Chance. Die kam dann schneller als er dachte. Im RIAS probierte man gerade eine neue Sendung aus, die den Titel »Ich weiß
was« trug. Das Konzept basierte auf einer Idee aus Amerika:
»Twenty Questions« (Zwanzig Fragen). Hier bestätigte sich wie so
oft die Weisheit, daß man nicht alle Konzepte aus anderen Ländern so ohne weiteres übernehmen kann. Man muß eine Idee bear-
beiten und sie für unsere spezifischen Bedürfnisse mediengerecht
umsetzen. Auf diese Kunst verstand sich ein Mann wie Rosenthal
meisterhaft: Er wußte genau, was man einem Publikum hierzulande zumuten konnte und was nicht! Und so sah er seine Stunde
gekommen, als Dr. Klaus Brock, der die Testsendung moderiert
hatte, das Handtuch warf. Rosenthal ging zum damaligen RIAS-
Programmdirektor Eberhard Schütz, trug seine neu bearbeitete
Quizfassung vor und bekam seine erste eigene Unterhaltungsreihe
im Radio. Nun hatte Rosenthal es geschafft: Er hatte gefragt und
gewonnen!

Am 10. Juni 1954 wurde das Pfadfinderspiel »Wer fragt –
gewinnt!« mit einem Turnier gestartet, in dem die Vertreter der
Presse die Künstler-Mannschaft mit einem klaren 4 : 2 besiegten.
Es folgten über 20 verschiedene Turniere mit bekannten Politi-
kern und Journalisten, mit Akademikern und Polizisten, mit Ham-

burger Kapitänen und Berliner Schiffsführern, mit Künstlern und Rundfunkmitarbeitern; es gab sogar eine »Senatsquizmeisterschaft« zwischen Hamburg und Berlin mit klugen und besonders hellen Köpfen aus der Beamtenschaft sowie einem Turnier der Jugendgruppen mit Vertretern der DAG, des DGB, der Landjugend, der Naturfreunde und der Evangelischen Jugend. Mit einem munteren »Quizkampf der Tertia«, bei dem Jungen und Mädchen aus den Sendegebieten des Norddeutschen Rundfunks und des RIAS Berlin in verschiedenen Mannschaften mitwirkten, endete die Sendereihe dann im Jahre 1974. Gerade bei den beiden letztgenannten Turnieren zeigte sich ein anderes besonderes Attribut, das Hans Rosenthal über seine Qualitäten als Spielmeister hinaus auszeichnete: Er konnte sehr gut mit Kindern und Jugendlichen umgehen, denn er akzeptierte sie als ebenbürtige und gleichwertige Partner. Er orientierte sich nie an dem in damaliger Zeit so üblichen »Kinder-Onkel«-Image. Daß diese Sendungen mit und für Kinder und Jugendliche keine einmaligen Ausflüge in den Bereich des Kinder- und Jugendfunks waren, beweisen nicht wenige Beispiele: »Nur für Kinder – von acht bis achtzig« hieß es bereits 1960 mit einer Großveranstaltung im Berliner Sportpalast, dann folgten 22 Folgen einer NDR-Quizreihe für Kinder unter dem Titel »Kleine Leute – große Klasse« (1968/69), eine Sonderausgabe der Reihe »Spaß muß sein!« mit Berliner Schülerlotsen (1970) und sogar eine extra Sendung »Dalli, Dalli – Kleine Leute ganz groß« zur Internationalen Funkausstellung 1977 Berlin. Darüber hinaus moderierte Rosenthal mehrere Male die »NDR-Diskothek« bzw. die »NDR-Tanz(abend)party«.

In den zwanzig Jahren seines Bestehens hatte diese Sendereihe, deren Sendungen zunächst nur 30 Minuten lang waren und später auf 60 bzw. 90 Minuten ausgebaut wurden, eine Beliebtheit erlangt, die ohnegleichen ist. »Wer fragt – gewinnt!« war fast so etwas wie ein Gesellschaftsspiel geworden: Es wurde im Bekanntenkreis, bei Freunden und Verwandten oder im Büro gespielt. Und ich erinnere mich in diesem Zusammenhang auch an meine

Schulzeit, denn wenn es Zeugnisse gab oder die letzte Stunde vor den Ferien angebrochen war, ließ uns unser Lehrer immer Begriffe aus den Bereichen »Lebewesen-, Pflanzen- oder Mineralreich« erraten.

»Wer fragt – gewinnt!« war natürlich untrennbar mit seinem Spielmeister Hans Rosenthal verbunden. Er wurde durch diese erfolgreiche Serie, die seit 1962 auch der Norddeutsche Rundfunk (NDR) mitproduzierte, über die Grenzen Berlins hinaus bekannt. Neben den unzähligen Hörern in »Ost und West, in Nord und Süd« besuchten weit über 350.000 Menschen die öffentlichen Aufnahmen der Sendereihe, die in mehr als 30 Städten – von Oldenburg bis Hamburg, von Kiel bis Hameln, von Melle bis Herzberg im Harz und von Wilhelmshaven bis Berlin – veranstaltet wurden.

Auszug der Veranstaltungsübersicht »Wer fragt – gewinnt!« (1962)

Aufnahmedatum	Veranstaltungsort
07.01.1962	Audimax Berlin
12.01.1962	Rias Studio 7
16.01.1962	NDR-Studio Hamburg
16.02.1962	Rias Studio 7
23.02.1962	Ernst-Reuter-Saal, Berlin
23.03.1962	Kolosseum Lübeck
30.03.1962	RIAS Berlin
28.04.1962	RIAS Berlin
08.05.1962	NDR-Studio 1, Hamburg
01.06.1962	RIAS Berlin
14.06.1962	RIAS Berlin
22.06.1962	Nordenham
06.07.1962	RIAS Berlin
13.07.1962	RIAS Berlin
24.07.1962	NDR-Hannover

31.07.1962	RIAS Berlin
30.08.1962	RIAS Berlin
14.09.1962	Kursaal Melle
28.09.1962	RIAS Berlin
06.11.1962	Stadttheater Melle
01.12.1962	Audimax Berlin

Unzählige Begriffe, von den Hörern eingesandt und vorge-
schlagen, waren von den Rateteams zu erraten: Vom Pfennigab-
satz bis zu den »Heissen Höschen«, vom Auge des Gesetzes bis zu
den englischen Posträubern, vom Luftbrückendenkmal bis zur
Mao-Bibel, von Adenauers kariertem Hut bis zu Erhardts Zigarre
oder der Pfeife von Herbert Wehner war alles dabei, was sich eig-
nete, mit 20 Fragen bzw. in 60 Sekunden erraten zu werden. Bevor
die einzelnen Mannschaften die teilweise sehr schwierigen
Begriffe erraten durften, mußten sie natürlich erst einmal »trai-
niert« werden. Das übernahm der Spielmeister zumeist auch selbst,
entweder bei den Proben vor der eigentlichen Sendung oder in
getrennten Gruppenbesprechungen einige Tage vor der Veranstaltung. Es gab sogar ein Merkblatt für das Ratespiel, das jeder
einzelne Mannschaftsteilnehmer vor dem Quiz-Training erhielt.

– Auszug –

»Wer fragt–gewinnt«
Merkblatt (Turnier der Jugendgruppen 1964/66)
Es gibt drei Bereiche:
a) Tierreich
b) Pflanzenreich
c) Mineralreich
Tierreich
Alle Lebewesen, auch Menschen.
Aber ebenso: Tierprodukte (Eier, Butter, Leder, z.B.)
Daher: Ist es bearbeitet? z.B. eine Lederhose!

Wichtige Fragen:

Bei Mensch: Politiker? – Künstler? – Sportler? – etc.

Lebt er noch? (Ist der zu suchende Mensch abstrakt, würde als Antwort kommen: Lebt oder lebt nicht!)

Ist es ein Mann? – bzw. eine Frau?

Für die Sendung netter sind umschriebene Fragen! – Also statt: Ist es ein Mann? – Kann das Wesen einen Schnurrbart tragen? usw.

Weiß man, daß ein Teil eines Menschen zu erraten ist: Ist es oberhalb der Gürtellinie, bzw. unterhalb.

Wichtig: Ist es ein Teil eines bestimmten Menschen?

Die 3 Bereiche lassen sich natürlich auch miteinander koppeln:

Alle 3 Bereiche:

Das sind: Länder, Städte, größere Inseln.

Alle 3 Bereiche – überwiegend Mineralreich:

Das sind: Straßen, Plätze, Gebäude und Bauwerke.

Achtung: Ein Gebäude kann auch ein Bauwerk sein, aber ein Bauwerk kein Gebäude: Kölner Dom Bauwerk: Funkturm

Wichtig: Die sowjetische Besatzungszone ist für uns Mitteldeutschland, die ehemaligen Ostgebiete Ostdeutschland, da für uns die Grenzen von 1937 gelten, solange kein Friedensvertrag existiert!

Allgemeines:

Es sind, wenn möglich, längere Sätze und lustige Formulierungen zu bilden, damit Fragen wie: ein Mensch, ein Tier nicht immer wiederkehren!

Sehr nett sind »Ich«-Fragen! Habe ich mit dem gesuchten Gegenstand schon zu tun gehabt? Könnte ich das Ding in die Tasche stecken?

Würde ich mich freuen, wenn ich es hätte? etc.

Die jeweiligen Rater dürfen sich natürlich untereinander beraten, was wohl nun für eine Frage zu stellen sei oder wer fragt!

In diesem Zusammenhang soll an eine Sendung erinnert werden, in der die Mannschaft Bergsteiger den Begriff »Windel« erraten mußte. Die Gäste im Saal und auch die Hörer daheim an den Lautsprechern, die durch »Zwerg Allwissend« bereits vorher informiert waren, hielten sich vor Lachen regelrecht die Bäuche als die Fragerei losging:

Mannschaft: Kann man es essen?
Rosenthal: Nein
Mannschaft: Kann ich den Begriff irgendwie für meine Zwecke gebrauchen?
Rosenthal: Ich möchte sagen, im Moment nicht, Sie haben es mal gebraucht.
Mannschaft: Hat es irgendwie was mit uns Bergsteigern zu tun?
Rosenthal: Nein, wirklich nicht, ob man nun Bergsteiger oder Taucher ist, darauf kommt es gar nicht an. Wenn schon, dann eher mit Tauchern!
Mannschaft: Hat es irgendwie was mit Wasser zu tun?
Rosenthal: Mit reinem Wasser nicht!
Mannschaft: Trägt man das Kleidungsstück oberhalb des Bauchnabels?
Rosenthal: Nein – die Mode schreibt unterhalb des Bauchnabels vor.
Mannschaft: Dient es dazu, einem vor dem Ertrinken zu retten?
Rosenthal: So, wie Sie das Ertrinken verstehen, bestimmt nicht!

Nun – die Bergsteiger sind dann schließlich doch noch – mit Hilfe des schlagfertigen Spielmeisters – auf den Begriff gekommen. Aber bis die »Windel« endlich erraten war, jagte ein Lacher den anderen. Und so ging es häufig bei diesem munteren Ratespiel zu, wenn Rosenthal die Fragen der ahnungslosen Mannschaften noch mit lustigen Kommentaren und Hinweisen beantwortete. Bei einer anderen Veranstaltung im Humboldtsaal der Berliner Urania war die »Pille« zu erraten, und so wie der Zufall es so will, saßen ausgerechnet praktizierende Ärzte in einer Mannschaft vor dem Mikrofon. Als Rosenthal den Ärzten erklärte, daß »es aus allen drei Bereichen (Lebewesen-, Pflanzen- und Mineralreich) irgendwie n'en bißchen sei« und er sie noch zusätzlich mit den Worten aufmunterte, daß er sie später dann noch aufklären und ihnen medizinischen (Nachhilfe-) Unterricht erteilen würde, da waren die Lachmuskeln des Auditoriums im Sendesaal schon gereizt. Doch dann setzte der Spielmeister noch eins drauf und gab der verduzten Ärztemannschaft den entscheidenden Hinweis: »Es wird produziert, damit nichts produziert wird!« Der ganze Humboldtsaal tobte und geriet außer Rand und Band. Die lautesten Lacher kamen wahrscheinlich von den Mitgliedern des RIAS-Tanzorchesters, die hinter Rosenthal auf der Bühne saßen, und von Heinrich Riethmüller, der diese Sendereihe von Anfang an – zunächst an der Hammondorgel und dann als musikalischer Leiter – begleitet hat.

Ebenso wie Riethmüller war noch ein anderer bekannter RIAS-Mitarbeiter vom Beginn der Sendereihe im Jahre 1954 mit dabei: Horst Kintscher. Er wurde seinerzeit dazu bestimmt, die eingesandten Begriffe den Hörern zu Haus am Lautsprecher vorab zu verraten, ehe es mit den Mannschaften ans Raten ging. Dabei verzerrte man seine Stimme in der Aufnahme ein wenig, so daß sie etwas höher und geheimnisvoller klang, und schon war die Figur des »Zwerg Allwissend« geboren, die das Ratespiel von nun an immer begleitete. Außerdem fungierte Kintscher noch als »Bankbeamter« bei dem Publikumsspiel »Bitte zur Kasse«, über das später noch berichtet werden soll.

Ungeachtet der vielen verwertbaren Hörerzuschriften erreichten die RIAS-Redaktion im Laufe der Jahre auch einige Begriffe, die als Kuriositäten in einem Sonderordner abgeheftet werden mußten, weil sie nicht »sendefähig« waren: »Der schiefe Turm von Pizza« – »Der Rattenfänger von Hamlet« – »Die Don-Chorsacken« – »Die Meerjungfrau von Orléans« – »Das Spuckschloß im Spessart« sind nur einige von den zahlreichen nicht geeigneten Hörereinsendungen, die die RIAS-Unterhaltungsredaktion in Berlin erreichten.

Von der 23. Folge an erweiterte Quizmaster Rosenthal das Spiel um eine Runde, bei der die Mannschaften nacheinander einen Prominenten erraten mußten. Der allererste prominente Mitspieler, der zunächst hinter einem Wandschirm versteckt wurde, war der Berliner Schauspieler Ewald Wenck, der auch zum Kabarettensemble der »Insulaner« gehörte; ihm folgten Publikumslieblinge von Film, Bühne, Funk und Fernsehen wie die Schauspielerkollegen Harry Piel, Ernst Deutsch, Curd Jürgens oder Grethe Weiser; die Unterhalter und Entertainer Heinz Erhardt (»Noch 'n Gedicht«), Hans-Joachim Kulenkampff, Vico Torriani und Peter Frankenfeld; sowie der »EWG-Fernsehbutler« Martin Jente, der Tagesschau-Chefsprecher Werner Veigel, die Allround-Künstlerin Hildegard Knef und auch der damalige Chef des Hauses Hohenzollern Prinz Louis Ferdinand.

Bei diesen Begegnungen mit bekannten Zeitgenossen zeigte sich, daß Rosenthal eigentlich sehr schnell einen guten, freundschaftlichen Kontakt zu seinen prominenten Gesprächspartnern herstellen konnte. Er stellte auch nicht die üblichen Reporterfragen: Was haben Sie gerade gemacht? Was werden Sie als nächstes tun? – Nein, er fragte stellvertretend für sein Publikum zu Haus und im Saal, und dies waren dann nicht selten humorvolle Begegnungen mit interessanten Zeitgenossen, die sich mal ungezwungen von einer ganz anderen Seite zeigen konnten, frei nach der Devise: »Das sind ja auch Leute wie Du und ich!«

Der erste Prominente, der sich den Fragen der beiden Quizmannschaften stellte, war – wie bereits erwähnt – Ewald Wenck, der als »ältester Discjockey der Welt« in die Rundfunkgeschichte eingegangen ist. Mit seiner monatlichen RIAS-Sendereihe »Ewalds Schlagerparade« ist er bestimmt noch vielen Hörern in und um Berlin in guter Erinnerung geblieben. Die Schlagerparade basierte auch auf einer Idee von Rosenthal, genauso wie die beliebte heimatkundliche Serie »Kutte kennt sich aus«, in der sich Horst Kintscher mit dem Heimatforscher Kurt Pomplun unterhielt. Die gute Zusammenarbeit mit Wenck hatte übrigens ihre Ursprünge in der Mitwirkung bei dem berühmten Hörfunkkabarett »Günter Neumann und seine Insulaner« (Aufnahmeleitung: Hans Rosenthal), bei dem er u.a. die Figur des »Genossen Klaus-Dieter« verkörperte und mit genialen und frechen Zwischenrufen à la SED-Politbüro brillierte. Dann folgten Sendungen wie »Die Rückblende« oder »Opas Schlagerfestival«, beide wieder unter Rosenthals Leitung. Daß Ewald Wenck auch Filmschauspieler war, werden jedoch die wenigsten wissen; so war er u.a. in den Spielfilmen »Herrliche Zeiten« (Buch: Günter Neumann – Regie: Erik Ode) und »Adlon« (Buch: Emil Burri/Johannes Mario Simmel – Regie: Josef von Baky) auf der Leinwand zu bewundern.

Im Jahre 1962 empfing der Spielmeister bei »Wer fragt – gewinnt!« die Schauspielerin, Sängerin und Buchautorin Hildegard Knef (»Eins und eins, das macht zwei«), die damals allerdings vom »Geschenkten Gaul« noch keine Ahnung hatte. Sie plauderte über ihre Schauspielerkarriere und erzählte, daß sie kurz nach dem Kriege ihr Debüt in dem Theaterstück »Drei Mann auf einem Pferd« (Uraufführung: 16.8.1946 im Berliner Schloßparktheater) unter der Regie von Boleslav Barlog hatte. Das Kuriose an der Rolle war jedoch, daß sie lispeln mußte, und so wurde im Programmheft noch zusätzlich der Hinweis gegeben: »Die Schauspielerin Hildegard Knef hat keinen Sprachfehler, das Lispeln gehört zur Rolle!«

Auch den »Entdecker« der Knef hatte Rosenthal beim Prominentenraten zu Gast: Hans Söhnker, der unvergessene Bonvivant des Deutschen Films, den wir aus zahlreichen Leinwandproduktionen wie »Der Zarewitsch« (1933), »Meine Frau Theresia« (1942) und »Große Freiheit Nr. 7« (1944) kennen. Zu neuen Ehren kam Söhnker nach dem Krieg dann – neben seiner erfolgreichen Tätigkeit als Theaterschauspieler – auch im Pantoffelkino: Die Fernsehserien »Forellenhof« und »Salto Mortale« – beide vom Funk- und Fernsehautor Heinz-Oskar Wuttig – sind wohl vielen noch in guter Erinnerung und erfreuen sich auch als Wiederholung im ARD-Fernsehen noch immer großer Beliebtheit. Auch als charmant-plaudernder Moderator war Söhnker mehrere Male auf dem Bildschirm zu sehen, und zwar mit großem Erfolg in der SFB-Reihe »Es muß nicht immer Schlager sein!«, in der er Melodien aus Oper, Operette und Musical einem interessierten Fernsehpublikum näher brachte. Mit Hans Rosenthal verband Söhnker eine lange Freundschaft, dies beweisen auch die zahlreichen Mitwirkungen in mehreren Folgen der kabarettistischen RIAS-Reihe »Die Rückblende« sowie in der ZDF-Vorabendserie »Gut gefragt – ist halb gewonnen« (Sdg.: 28.4.1965), im Ratespiel für Schnelldenker »Dalli, Dalli« (Sdg.: 16.12.1971) und in der nachträglichen ZDF-Hitparade für die reifere Jugend von 19 – 90 »Schlagerfestival 1927« (Sdg.: 13.8.1977).

Einen berühmten Schauspielerkollegen von Söhnker, der auch international zahlreiche Erfolge verbuchen konnte, hatte Rosenthal bereits Anfang der sechziger Jahre vor dem Mikrofon: Curd Jürgens. »Der normannische Kleiderschrank«, wie er leicht respektlos von seinen Anhängern genannt wurde, blieb auch keine Antwort schuldig. Allerdings gab Spielmeister Rosenthal zu, daß ihm etwas mulmig zumute war und er mächtiges Lampenfieber hatte, Herrn Jürgens für das Ratespiel so einfach aus den Tempelhofer Filmstudios wegzuholen, doch »nun müsse er feststellen, Curd Jürgens sei doch ein Mensch wie wir alle, mit dem man sich auch mal nett unterhalten kann«. Und so erzählte der ehemalige UFA-Star u.a., daß er in Berlin zur Schule gegangen sei, und zwar auf die Herder-Schule in Neu-Westend. Auf die neugierige Frage des Spielmeisters, wie er denn das Abitur bestanden hätte, entgegnete Jürgens zwar ausweichend, aber schlagfertig: »Mann – fragen se doch nicht solche Sachen!« Den ersten Film drehte Curd Jürgens, wie er im Gespräch mit Rosenthal gestand, bereits im Jahre 1933 bei der UFA in Babelsberg: Im »Königswalzer« (Regie: H. Maisch) spielte er neben Heli Finkenzeller, Carola Höhn, Willi Forst und Paul Hörbiger und verkörperte die Rolle des 18-jährigen Kaisers Franz Joseph von Österreich, lange bevor Karlheinz Böhm (»Sissi«) mit dieser Figur identifiziert wurde.

In die lange Liste der Prominenten, die sich wie das »Who Is Who« liest, reiht sich auch Grethe Weiser, die »göttliche Jette«, ein, die auf Rosenthals Frage, ob sie denn verheiratet sei, keß und schlagfertig antwortete: »Na selbstverständlich *Herr von Rosenthal,* die juten Sachen jeh'n immer schnell weg!« Exklusiv für alle Hausfrauen im Saal und an den Lautsprechern verriet Frau Weiser außerdem ein paar chinesische Kochrezepte vor dem RIAS-Mikrofon, betonte aber gleich, daß sie zwar selbst koche, aber nicht mit Stäbchen esse: »Schau'n se mal meine edle Jestalt an, ick wieje 95 Pfund, ick hau' richtig rein! Aber mit Stäbchen essen? Ick bin doch nicht verrückt: Alle 5 Minuten een Reiskorn druff!«

Unvergessen ist auch der Auftritt eines Humoristen, der Anfang der siebziger Jahre, kurz vor seinem Schlaganfall, fast eine ganze Spielrunde durcheinander brachte: Heinz Erhardt, einer der populärsten deutschen Komiker des 20. Jahrhunderts, der im Jahre 1999 seinen 90. Geburtstag gefeiert hätte. Schon das pointenreiche Interview riß die Zuschauer im Sendesaal fast von den Sitzen und verschlug dem Spielmeister so manches Mal die Sprache. »Mein erstes Gedicht«, flunkerte Erhardt leicht schelmisch, »habe ich vor 24 Jahren gemacht, ich war gerade 6 Jahre alt.« Auf die Frage Rosenthals, ob er denn sein Geburtshaus mal wieder besucht hätte, erzählte der Komiker: »Ich war direkt gehost – äh – gehemmt, da hatten sie doch eine Tafel angebracht.« »Und was stand auf der Tafel?« wollte der Spielmeister wissen. »Das Anlehnen von Fahrrädern ist verboten!« Großes Gelächter im Saal. Doch dann, nachdem Heinz Erhardt noch einen Vierzeiler zum besten gegeben hatte, ging es endlich ans Raten, und da kam selbst ein so routinierter Rundfunkmann wie Rosenthal ins Schwitzen: Ständig pendelte er zwischen seinem Moderatorentisch und dem Wandschirm, der am Rande der Bühne stand, hin und her. Man muß dazu erklären, daß die Zuschauer im Saal den prominenten Ehrengast immer sehen konnten, nur die beiden Mannschaften, die das Geheimnis um den großen Unbekannten in aufeinander folgenden Fragerunden lüften mußten, waren natürlich ahnungslos. Der Spielmeister saß beim Prominentenraten normalerweise bei den Mannschaften und konnte, wenn's nötig war und das Spiel zu schleppen drohte, Hilfestellungen und Erläuterungen geben. Nur sah er natürlich nicht, was der jeweilige Prominente hinter dem Wandschirm so alles trieb. Und das war bei Heinz Erhardt – wie man sich unschwer vorstellen kann – eine ganze Menge; er veranstaltete für die Saalgäste gewissermaßen eine zusätzliche Privatvorstellung mit absichtlich übertriebener Mimik und Gestik, die ihre Wirkung beim Publikum nicht verfehlte. Dabei durfte er noch nicht einmal sprechen, denn man hatte ihm zum Antworten zwei akustische Requisiten gegeben: Für jedes JA war eine Klingel und für jedes NEIN eine Hupe zu bedienen. Man hätte den dichtenden Humoristen Erhardt ja auch sehr schnell an der Stimme erkannt. So endete fast jede Frage in ihrer Beantwortung mit einem riesigen Gelächter im Saal. Rosenthal war also jedesmal gezwungen, seinen Platz zu verlassen und im Dauerlauf zum Wandschirm zu sprinten, um den Hörern zu Haus schildern zu können, was Heinz Erhardt nun schon wieder angestellt hatte. Zum Abschluß der Prominentenrunde verabschiedete er sich dann mit »noch'm Gedicht«: »Mal trumpft man auf, mal hält man stille, mal muß man kalt sein wie ein Lurch; des Menschen Leben gleicht der Brille: Man macht viel durch!«

Besondere Prominenten-Begegnungen gab es dann, wenn Showmasterkollegen bei »Wer fragt – gewinnt!« zu Gast waren und sich den bohrenden Fragen der beiden Quizmannschaften auf der Bühne stellen mußten. So war auch der Quizmaster-Kollege Hans-Joachim Kulenkampff bei Rosenthal zu Gast, der damals gerade mit seiner Sendereihe »Einer wird gewinnen« auf dem Zenit seiner Bildschirmkarriere angelangt war. Auf die Frage, ›ob er denn seine Gattin auch beim Quiz kennengelernt hat‹, konterte »Kuli« schlagfertig: »Nein, meine Frau habe ich mir selbst ausgesucht! Ich war in Frankfurt am Theater im sogenannten Bühnenvorstand… Und da fiel mir unter den Bewerbungen eine Dame auf. Und da habe ich gesagt, das wäre genau das, was ich brauchen würde. Und dann ist sie gekommen zum Vorsprechen. Und da gefiel sie mir noch genauso gut. Außerdem war sie eine sehr gute Schauspielerin. Und dann sind wir mittags Essen gegangen. Und 14 Tage später war ich schon verheiratet!«

Auch Peter Frankenfeld war als prominenter Ehrengast hinter dem Wandschirm versteckt. Doch diese Begegnung wurde für den Spielmeister zu einem Test, denn der damals schon berühmte »Herr mit der karierten Jacke« hatte sich vorgenommen, »Hänschen« Rosenthal einen kleinen Streich zu spielen. Und so kam es nicht zu dem sonst üblichen Interview, sondern der Spieß wurde umgedreht: Als Frankenfeld unter donnerndem Applaus die Bühne betrat, war es Rosenthal gerade noch möglich, »Guten Abend« zu sagen, doch dann prasselten die Fragen von Frankenfeld auf den Spielmeister ein. Rosenthal merkte voller Schrecken, daß er in eine schwierige Situation geraten war, aus der er sich schnell retten mußte: Den Prominenten, den er eigentlich interviewen wollte, der interviewte nun den Spielmeister. Das Publikum im Saal hatte seinen Spaß und seine helle Freude daran. Doch Frankenfeld hatte nicht mit der Geistesgegenwärtigkeit und Schnelligkeit eines Hans Rosenthal gerechnet, dem es dann letztendlich doch gelang, das Interview wieder in geordnete Bahnen zu lenken: Nun prasselten wiederum die Fragen des Spielmeisters auf Frankenfeld ein, der kaum mit den Antworten nachkam. Nach der Sendung gestand Frankenfeld ein, daß sein Streich ein kleiner Test war, und Rosenthal hatte ihn bestanden.

Neben Frankenfeld und »Mr. Wunnebar« Lou van Burg, der zum Zeitpunkt seines Auftrittes bei »Wer fragt – gewinnt!« gerade als »Fliegender Holländer« aus dem »Goldenen Schuß« gefeuert worden war, trat auch sein Nachfolger beim großen Telearmbrustschießen vor die RIAS-Mikrofone: Vico Torriani, der singende »Hotelkoch« aus der Schweiz, war in der 300. Jubiläumssendung zu Gast. Er gab Rosenthal, unter dem Gelächter des Publikums in der Berliner Urania, noch Nachhilfeunterricht im Jodeln. Daß auch Torriani und Rosenthal über all die Jahre eine Freundschaft verband, ist zwar nicht außergewöhnlich in dieser Branche, doch wie diese freundschaftliche Beziehung ihren Anfang nahm, soll in diesem Zusammenhang nicht unerwähnt bleiben. Es war noch in den fünfziger Jahren, als »Hänschen« Rosenthal als Aufnahmeleiter der RIAS-Sendereihe »Mach mit!« fungierte. Ivo Veit war der Quizmaster, der auf der Bühne die Fäden in der Hand hatte, und Rosenthal war in seiner Funktion u.a. auch für die Einteilung des Probenplanes zuständig. Wer ihn kannte, der wußte genau, wie penibel und fast preußisch korrekt er war und daß er Unpünktlichkeit bei den Proben nicht duldete. Auch Vico Torriani, der damals schon ein großer Star war, mußte sich dem Arbeitsstil des jungen Aufnahmeleiters namens Rosenthal unterordnen. Als der Star für eine »Mach mit!«-Veranstaltung verpflichtet worden war, zur Probe jedoch eine Stunde zu spät erschien, da ließ ihn Rosenthal warten. Auch die Kollegen vom Orchester, die den Aufnahmeleiter versöhnlich stimmen wollten, bekamen eine Abfuhr. Rosenthal blieb hart und sah gar nicht ein, daß er für einen Star, der unpünktlich war, eine Ausnahme machen sollte. »Wenn ich am Schluß noch Zeit habe, Herr Torriani, dann können Sie anschließend gern probieren. Das heißt, wenn Sie so lange warten möchten«, sagte Rosenthal, und alle hielten ihn für größenwahnsinnig. Es gab natürlich einen Riesenkrach, aber Vico wartete, bis er am Ende doch noch proben konnte. Danach verschwand Torriani in seiner Garderobe, ohne Rosenthal auch nur eines Blickes zu würdigen. Als die Veranstaltung dann begann, kam Vico Torriani hinter die Bühne, entschuldigte sich bei dem jungen Aufnahmeleiter Rosenthal für sein Zuspätkommen, und noch am gleichen Abend wurde ihre Freundschaft begossen.

Schließlich gilt es noch den vielseitigsten und kreativsten Showmaster zu erwähnen, der auch heute noch Ideen »am laufenden Band« produziert: Rudi Carrell. Auch bei diesem Interview war der Spielmeister vor Überraschungen nicht sicher, und so gab der holländische Entertainer nicht nur schlagfertige Antworten, sondern funktionalisierte das Gespräch fast zu einem Sketch um:

Rosenthal: Wie sind Sie eigentlich zur Bühne gekommen?
Carrell: Hier durch die Tür...
Rosenthal: ... ich meine eigentlich, als Sie noch etwas jünger waren.
Carrell: Oh, ich war Tischler... eines Tages ließ ich einen großen Vorschlaghammer auf meine Zehen fallen. Und ich habe fürchterlich geschrien. Da kam ein Plattenproduzent vorbei, hat mich gehört und gleich eine Aufnahme gemacht!
Rosenthal: Wo haben Sie Deutsch gelernt?
Carrell: Deutsch hab' ich gelernt hauptsächlich von Zeitungen... So Schlagzeilen von Zeitungen: Dreijähriger Junge erdrosselt Großmutter im LSD-Rausch ... Halbes Hähnchen flog noch 300 Kilometer.
Rosenthal: Nun sind Sie ja Holländer. Kennen Sie eigentlich die königliche Familie?
Carrell: Bis vor eine Woche überhaupt nicht. Aber vorige Woche bin ich in Holland gewesen. Es ist wirklich eine tolle Geschichte. Ich fuhr mit meinem Wagen in der Nähe von Hilversum; dort ist auch das königliche Schloß... Und ich krieg mitten im Wald einen Plattfuß. Ich stehe ganz verzweifelt. Da hält plötzlich ein riesiger großer schwarzer Wagen... Und wer steigt aus? Prinz Bernhard der Niederlande.
Rosenthal: Ist nicht möglich! Und er hat Sie gleich erkannt?
Carrell: Ja – gleich. ›Bum, Rudi, wie geht's?‹ Und er hat mir geholfen. Wir haben eine halbe Stunde lang gebastelt. Und dann hatten wir furchtbar schwarze Hände. Und da sagte er: ›Rudi, Du hast schwarze Hände, geh' mit mir zu meinem Haus, da kannst Du die Hände waschen.‹ So fuhr er vor und ich hinter ihm her.
Rosenthal: Und dann rein ins Schloß?
Carrell: Ja – rein in die Küche. Da haben wir uns die Hände gewaschen ... Dann haben wir zwei Stunden gesessen und was getrun-

ken: Holländisch Genever! *Seine Frau (Königin Juliana) kam mal eben rein; die war gerade beim Geschirrspülen... Und da sagte ich:* ›Herr Bernhard... *Herr Bernhard, Sie haben so'n wunderschönen Garten. Kann ich für meine Kinder nicht einen kleinen schönen Tannenbaum kriegen?*‹ – ›Natürlich‹, *sagte er, ist gleich weggegangen, hat einen Kittel angezogen und eine Säge mitgenommen ... Sind wir in den Garten gegangen und er hat einen Tannenbaum abgesägt ... Und dann sind wir wie ganz große Freunde auseinandergegangen. Und er wird bald zu mir zu Besuch kommen!*

Rosenthal: Das find ich enorm! Ist ja kaum zu glauben!

Carrell: Ist ja auch nicht wahr! Ist ja nur 'ne tolle Geschichte!

Bei einer anderen Veranstaltung des munteren Fragewettstreits, die in Oldenburg aufgenommen wurde, gab es anschließend sogar böse Schlagzeilen in den Zeitungen. Hans Rosenthal empfing im Jahre 1964 den Chef des Hauses Hohenzollern, Prinz Louis Ferdinand, und redete ihn, protokollarisch zwar korrekt, mit »Kaiserliche Hoheit« an. Daraufhin wurde der Spielmeister in einigen Zeitungsberichten nicht nur der »linken Presse« und in einer nicht unerheblichen Anzahl von Leserbriefen scharf attackiert: Von »Anhimmelei« und »serviler Kriecherei« bis »monarchistischer Propaganda« reichten die Beschimpfungen, die Rosenthal über sich ergehen lassen mußte. Dabei hatte er sich doch – wie es seine Art war – gründlich und umfassend auf das Interview vorbereitet und natürlich sicher auch beim Protokollamt entsprechend nachrecherchiert. Und dennoch hielten viele Hörer die vom Spielmeister gewählte Anredeform für bedenklich. Ein Hörer äußerte sich in der ehemaligen Berliner Zeitung »Telegraf« besonders kritisch: »Durch Zufall geriet ich am 7. März in die weiß Gott nicht besonders geistreiche RIAS-Sendung. (...) Der ach so flinke Hans Rosenthal geriet fast in Ekstase. Kaiserliche Hoheit hier, kaiserliche Hoheit dort. Ich traute meinen Ohren nicht und meinte, im Jahre 1914 zu leben...« Rosenthal selbst nahm zu diesem Vorfall in seinem Buch »Zwei Leben in Deutschland« folgendermaßen Stellung: »Zwar bin ich ein überzeugter Republikaner, aber Höflichkeit bedeutet mir viel, und es schien mir auch ein Gebot des Taktes zu sein, die höfliche Anredeform zu wahren. Schließlich war Prinz Louis Ferdinand ein liebenswürdiger und bescheidener älterer Herr, den ich nicht brüskieren wollte.«

Eines konnte man Hans Rosenthal sicher nicht vorwerfen: Er war in seinen politischen Ansichten kein erzkonservativer Mensch, der etwa der Monarchie nachtrauerte. Doch der »ungeheuere Perfektionismus« in seinem Beruf trieb ihn mitunter soweit, daß er versuchte, es jedem Recht zu machen bzw. bei der Mehrheit seines Publikums anzukommen. Dabei konnte es auch ihm schon einmal passieren, daß er gewisse gesellschaftliche Entwicklungen vielleicht nicht richtig einschätzte oder falsch interpretierte, wie wir an späterer Stelle noch im Zusammenhang mit dem Ende der »Insulaner«-Ära zu untersuchen haben werden. Andererseits soll damit aber nicht behauptet werden, daß er keinen Draht zu seinem Publikum hatte oder gar am Geschmack seiner Hörer und Zuschauer vorbeiproduzierte.

Wenn man die Quiz-Reihe »Wer fragt – gewinnt« mit anderen Sendungen des gleichen Genres vergleicht, so wird einem sofort das Besondere an seinem Stil klar, der seine Sendung so beliebt und zweifellos vor allem sympathisch machte: Möglichst kein großer Aufwand, auf Glanz und Glimmer wurde verzichtet, denn es sollte ja kein Showcharakter entstehen. Das schaffte wiederum eine Atmosphäre der Vertrautheit, eine Intimität mit dem Stammpublikum, die etwa mit der langjährigen ARD-Fernsehserie »Was bin ich?« (mit Robert Lembke) vergleichbar wäre. Das Spiel blieb Spiel, und das Publikum im Saal und zu Haus brauchte nicht im dunklen Anzug mit Schlips oder Fliege teilzunehmen.

Das Hörer-Publikum war beteiligt, gehörte quasi zur großen »Quiz-Familie« und war Mitveranstalter, weil es die Ratebegriffe geliefert hatte. Und die Preise waren bewußt kleingehalten: Statt eines Autos, einer Italien-Reise oder eines Einfamilienhauses konnte man zwischen 2,50 DM und maximal 400,00 DM gewinnen.

Die Beliebtheit der Sendereihe war sicherlich auch in der vielfachen Abwechslung von Spielrunden und musikalischem Beiprogramm sowie in der Neubelebung durch geänderte Programmabläufe begründet. Gerade die Zusatzrunden wie »Ja oder Nein«, »Zwei spinnen immer«, »Wettleidenschaft« oder »Bitte zur Kasse« waren bei den Zuhörern damals so beliebt, daß Rosenthal einige dieser Spiele auch später zum Bestandteil anderer Sendungen machte. In der Reihe »Spaß muß sein!« erlebten die Runden »Wettleidenschaft« und später auch »Bitte zur Kasse« ihre Wiedergeburt. Selbst aus dem eigentlichen »Wer fragt – gewinnt«-Ratewettstreit übernahm er zeitweise einzelne Spielelemente für seine große Fernsehsendung »Dalli, Dalli«, und die bereits erwähnte Spielrunde »Bitte zur Kasse« wurde sogar zu einer eigenständigen Fernsehreihe unter gleichem Titel im Saarländischen Reginalprogramm aufgewertet.

Das Pfandfinderspiel um Worte und Begriffe kann man auch im wahrsten Sinne des Wortes als grenzenlos bezeichnen, was die Hörerschar und die Akzeptanz betraf, denn es kamen nicht nur waschkörbeweise Karten und Briefe aus der damaligen DDR – meist mit westlicher Deckadresse –, sondern auch aus vielen angrenzenden europäischen Nachbarländern. Was lag da näher, als sich selbst einmal mit der gesamten Veranstaltung ins Ausland zu begeben? Aus der ehemaligen DDR zu senden, verbot das damalige politisch kalte Klima: Wie gern Rosenthal doch mal eine Sendung in der Werner-Seelenbinder-Halle am Prenzlauer Berg im Ostteil Berlins aufgenommen hätte, ließ er des öfteren verlauten. Doch da dies nun mal unmöglich war, wählte man das an den Norddeutschen Rundfunk angrenzende Sendegebiet in Nordeuropa und reiste kurzerhand mit der gesamten Quiz-Crew von NDR und RIAS nach Dänemark. Am 11. April 1970 war »Quiztime« im dänischen Städtchen Tondern (Tonder), man produzierte unter reger Anteilnahme der Bevölkerung die 278. Folge von »Wer fragt

– gewinnt!«. Bei dieser Sondersendung kämpfte ein Team aus der Stadt Apenrade (Apenra), dem Zentrum deutscher Kultur im Grenzgebiet, wo es auch die einzige deutschsprachige Oberschule gibt, gegen die Gastgeber des über 850 Jahre alten Tondern, das einstmals Produktionszentrum für Spitzen war: In guten Zeiten beschäftigte dieses Gewerbe 12.000 Klöpplerinnen, die im Akkord zu Hause arbeiteten. Als »Akkordarbeiter der Unterhaltung« präsentierte Hans Rosenthal gewissermaßen eine spitzenmäßige Veranstaltung in der Schweizer Halle in Tondern, er begrüßte dabei auch Lale Andersen, die nicht nur als Interpretin des »Lili Marleen«-Liedes, sondern auch mit Chansons und Seemannsliedern (»Blaue Nacht am blauen Hafen«) bekannt wurde. Das NDR-Tango-Orchester unter Alfred Hause sorgte für die musikalische Umrahmung, und als prominenter Ehrengast war Paul Kuhn, »der Mann am Klavier«, aus Berlin angereist, der mit nur wenigen Fragen von beiden Mannschaften schnell erraten wurde.

Ein Alptraum für jeden Spiel- oder Quizmaster ist wohl die Angst, irgendwann einmal die Lösung vorab oder zu früh zu verraten. Und obwohl Rosenthal sich immer peinlich genau und detailliert auf seine Sendungen vorbereitete, ist ihm einmal dann doch ein kleiner Patzer unterlaufen. Die erste Mannschaft hatte den Begriff mit siebzehn Fragen erraten, Heinrich Riethmüller spielte die Zwischenmelodie (»Schnipp-Schnapp-Musik«) für die Gegnermannschaft, die dann die Bühne betrat. Rosenthal begann seine Ansage: »Also Sie sollen einen Begriff erraten, der ein bißchen zum Pflanzenreich, ein bißchen zum Tierreich und ein ganz klein wenig (wegen des Salzes) zum Mineralreich gehört. Ihre Gegnermannschaft hat den ›Kartoffelpuffer‹ mit siebzehn Fragen herausgefunden!« Künstlerpech – so etwas kann eben mal passieren: Spielmeister sind auch nur Menschen! Die Runde mußte natürlich annuliert werden, doch für die Zuschauer im Sendesaal war es der beste Gag des Abends. Es spricht für Rosenthal, das er auch solche Pannen aus seiner Anfangszeit als Quizmaster nicht verschwiegen und in seiner Autobiographie erwähnt hat.

Auf das Publikumsspiel »Bitte zur Kasse« wollen wir noch einmal zurückkommen. Man muß dazu erklären, daß bei diesem Spiel, das außerhalb des eigentlichen Ratewettstreits bei »Wer fragt – gewinnt!« durchgeführt wurde, 10 Fragen von einem Gast aus dem Publikum des jeweiligen Sendesaales beantwortet werden mußten; die Fragen wiederum waren allesamt von den Hörern eingesandt worden und wurden mit einem kleinen Betrag von 15,00 DM honoriert. Dem Quizkandidaten winkte bei richtiger Beantwortung aller Fragen ein Gewinn von 150,00 DM. Das Geld wurde während der Quizrunde »Bitte zur Kasse« von einem »Bankbeamten« – Horst Kintscher, der »Zwerg Allwissend«, übernahm zumeist diesen Part – verwaltet, der mit lustigen und launigen Sprüchen nach jeder nicht beantworteten Frage den neuesten Stand verkündete. Ein einziges Mal durfte ein Kandidat passen, doch dann wurde abgezogen, und jedesmal das Doppelte, so daß sich der Spielmeister nach der fünften falschen Antwort von seinem Partner leider verabschieden mußte. Manchmal konnte dies vor lauter Lampenfieber schon mal passieren, obwohl Rosenthal immer sehr behutsam mit seinen Kandidaten umging und immer versuchte, ihnen sofort die Hemmungen zu nehmen, wenn sie aus dem dunklen anonymen Zuschauerraum ins gleißende Scheinwerferlicht der Bühne traten. Es gab aber auch Kandidaten, die sehr schlagfertig waren, wie das Beispiel eines älteren Berliners zeigt, der sich bei der Begrüßung auf der Bühne als »Oberstrentner« vorstellte. Während des Interviews stellte sich dann außerdem noch heraus, daß der Herr »Oberstrentner« gerne – »ohne Axt und Beil« versteht sich – auf einen gewissen »Kasten haut« (Flügel) und Musik macht. Auf die Frage des Spielmeisters, ›ob er denn auch mal was spiele, wo seine Frau mitsingen könne‹, antwortete der lustige Berliner: »Naja, det macht se aus de Küche. Besonders de letzten Tage, ehe et Rente jibt!« Der muntere Berliner Rentner konnte natürlich alle Fragen mit Bravour beantworten, setzte sich dann, auf Rosenthals Wunsch hin, noch an den Flügel und spielte zur Gaudi aller Gäste im Humboldtsaal der Urania das bekannte Stimmungslied »So ein Tag, so wunderschön wie heute« in D-Dur, wie er vorher ankündigte. Das RIAS-Tanzorchester begleitete aus dem Hut, und der ganze Saal sang mit. Der »Bankbeamte« Kintscher beendete schließlich die Runde mit einem lustigen Vierzeiler: »Herr Oberstrentner Pelz! Sie haben 150,- DM gewonnen. Nun könn' Se rasch zu Steinway loofen und sich 'nen neuen Flügel koofen!«

Bei einem anderen Quiz gelang es einer Kandidatin sogar, Hans Rosenthal für kurze Zeit fast sprachlos zu machen. Es war in einer Spielrunde der Sendereihe »Spaß muß sein!«, über die wir an späterer Stelle noch ausführlich berichten. Der Spielmeister stellte an seinen Publikumsgast die Frage, was man unter der Redensart »Jemand hat seinen zweiten Frühling« versteht, und bekam darauf nur kurz und knapp die Antwort: »Das ist... wenn jemand... in Ihrem Alter das sagen würde!« – Das hatte gesessen! Und der Saal tobte natürlich vor Lachen. Doch Rosenthal blieb auch in dieser Situation ganz gelassen und liebenswürdig, wertete dies weder als Anschlag auf seine Eitelkeit noch als eine versteckte Beleidigung und setzte schließlich noch eins drauf: »(...) Wissen Sie, vor einigen Jahren spielte ich in einem Fußballspiel einer Prominentenmannschaft mit. Und als ich im Ballbesitz war, da ruft mir doch so'n kleiner Steppke zu: ›Na Opa, würst de denn den Ball noch treffen?‹ – Das war der erste Hammer! – Heute hat sie (Anmerk.: die Kandidatin) mir den zweiten verpaßt!« Die Situation war entschärft, Rosenthal hatte die Lacher wieder einmal auf seiner Seite.

Schwieriger zu retten sind jedoch Situationen, in denen Politiker im Spiel sind: So geschehen bei einer anderen Veranstaltung, die noch dazu ausgerechnet in der alten Bundeshauptstadt Bonn aufgenommen wurde (»Tendenz Heiter« – Öffentliche Veranstaltung vom 31.10.1975). Man spielte das alte bekannte und beliebte Gesellschaftsspiel »Hammel raus« (auch »Kofferpacken« genannt), und der Spielmeister stellte den vier Kandidaten auf der Bühne des Stadttheaters Bad Godesberg die Aufgabe, nacheinander Politiker – in alphabetischer Reihenfolge – aufzusagen. Allerdings mußten die Kandidaten jeweils alle Namen ihres Vorredners wieder aufgreifen und einen neuen Politiker in der Wortkette anfügen: Eine Art Gedächtnistraining. Wer sich verhaspelte, schied aus und wurde zum »Hammel 1, 2, 3...« ernannt. Die Kandidaten aus Bonn und Umgebung, die Rosenthal für dieses Spiel gewinnen konnte, waren alle ziemlich helle und vor allen Dingen nicht auf den Mund gefallen. »Adenauer, Brandt, Caesar« wurden anfänglich genannt; das war ja noch ganz normal. Doch als man für die Buchstaben »J« Jesus und für »N« irgendeinen Nuntius aufsagte, da gab's schon vereinzelte Lacher im Saal des Stadttheaters. »Alles hätte ich in Bonn erwartet«, meinte der Spielmeister, »aber Jesus als Politiker?« Doch man erkannte schließlich den Vorschlag der Kandidatin an. Die nächste Mitspielerin mußte die Wortkette nun wiederholen und einen Politiker mit dem Buchstaben »K« anfügen, und was lag da näher, als Helmut Kohl zu nehmen, der zum damaligen Zeitpunkt noch nicht Kanzler war. Und wieder gab es ein großes Gelächter im Publikum, weil sie zum Schluß der Wortreihe die Politikernamen ohne Zäsur sprach: »Jesus Kohl«! Dann schied einer der Kandidaten aus: Er war »Hammel 1«! Und die anderen Mitspieler mußten nun diesen »Hammel« in ihre Wortkette miteinfügen. Rosenthal und das Saalpublikum warteten gespannt auf den Vortrag der nächsten Kandidatin. Und sie begann mit der alphabetischen Aufzählung der Politiker: »Adenauer, Brandt, Caesar, Dostojewski, Erhardt.« Plötzlich stockte sie, denn sie wußte, daß hier »Hammel 1« einzufügen war und danach kam für Buchstabe »F« der bayerische Politiker Franz-Josef Strauss. Doch irgendwie schien sie in diesem Moment etwas abgelenkt zu sein und aus ihrem Munde kam etwas ganz anderes: »Hammel Strauss!« Man kann sich unschwer vorstellen, was nun passierte: Der Saal tobte, der nicht endende Beifall beförderte die Stimmung auf den Siedepunkt. Die Veranstaltung drohte fast außer Kontrolle zu geraten, Rosenthal hatte Mühe, sich Gehör zu verschaffen: »Ich weiß, daß Franz-Josef Strauss Spaß versteht«, war der Kommentar des Spielmeisters, und die Runde konnte fortgesetzt werden.

Doch den Wortbeitrag über den »Hammel Strauss« in einer Sendung aus Bonn wird an diesem Abend niemand vergessen haben.

Es bleibt noch nachzutragen, daß die Veranstaltung »Tendenz heiter« anläßlich der Berliner Theaterwoche in Bonn nicht live ausgestrahlt wurde. Man hätte also diese kleine, aber lustige »Panne« herausschneiden können, um so der Gefahr einer möglichen Politikerschelte zu entgehen. Doch da kannte man Rosenthal schlecht: Bei ihm wurde nicht an öffentlichen Aufnahmen herumgeschnipselt oder gar manipuliert, denn der Livecharakter einer Sendung sollte unbedingt erhalten bleiben, auch wenn sie zeitversetzt in den jeweiligen ARD-Programmen ausgestrahlt wurde. Der Spielmeister hielt auch nichts von nachträglichen Korrekturen durch den Toningenieur oder Cutter, denn durch das spätere Einfügen von Lachern oder zusätzlichen Applaus hätte man ja eine Veranstaltung noch etwas mehr aufpeppen können. Bei den Gameshows und Comedy-Serien heutzutage ist das durchaus keine Seltenheit! In den USA praktizierte man diese Art der Produktion von Unterhaltungssendungen schon damals. Als ich beispielsweise mit einem Gast aus Springfield/Pennsylvania die bereits geschilderte Sendung »Wer fragt – gewinnt« in der Berliner Urania besuchte, konnte sich der Amerikaner nicht vorstellen, daß der witzige »Oberstrentner Pelz« ein ganz normaler Mitspieler aus dem Saalpublikum und nicht als »Gag« für die Veranstaltung eingekauft worden war. »In den USA ist das so üblich«, erzählte er mir, »da ist fast alles getürkt!« Bei Hans Rosenthal gab es keine getürkten Situationen oder Gags: Er war ehrlich und aufrichtig zu seinem Publikum und vermied es fast peinlich genau, auch nur den Eindruck einer Manipulation oder gar einer vorherigen Absprache mit seinen Kandidaten entstehen zu lassen. Und ich glaube, daß das u.a. einen Teil seines großen Erfolges beim Publikum ausmachte. Auch beim obengenannten Spiel »Hammel raus« in Bonn war es vollkommen richtig, die Runde ungekürzt zu senden. Schließlich hat sich kein Politiker, weder Strauss noch Kohl, über diesen unbeabsichtigten Versprecher beschwert.

Zurück zu »Wer fragt – gewinnt!« Zahlreiche Jubiläen wurden bei einer solch' langen Laufzeit der Sendereihe – es gab immerhin 316 Folgen in 20 Jahren – begangen. Gerade zu diesen Anlässen war es dann mal an der Zeit, den Spieß umzudrehen: Nicht der Spielmeister stellte die Fragen, sondern er selbst wurde einmal (aus)gefragt! Bei der 300. Sendung, die am 2. Juni 1972 im Humboldtsaal der Berliner Urania aufgenommen wurde (Sdg.: 24.6.72 RIAS II – 17.6.72 NDR II), ließ es sich der damalige RIAS-Programmdirektor Herbert Kundler nicht nehmen, selbst vor die Mikrofone zu treten und »Hänschen Rosenthal« einmal zu testen:

Frage 1: Ist »Dalli, Dalli«
a) der Ausdruck, den Sie am häufigsten gegenüber ihren Mitarbeitern verwenden,
b) der Kosename eines surrealistischen Malers,
c) eine Waffe, die das Fernsehen gegenüber Wiederholungen einsetzt?
Antwort von Rosenthal: a)

Frage 2: Ist »Allein gegen alle«
a) Ihr Lebensprinzip,
b) Ihre Maxime als Regisseur,
c) eine besonders erfolgreiche Hörfunksendung?
Antwort von Rosenthal: c)

Frage 3: Ist »Quizmaster«
a) ein Erfinder falscher Antworten,
b) eine Leidenschaft,
c) ein Beruf?
Antwort von Rosenthal: b)

Alle drei Fragen wurden natürlich richtig beantwortet und Rosenthal erhielt zu seinem großen Quizjubiläum aus der Hand von Programmdirektor Kundler drei »Goldene Rosen«, so wie es beim Festival in Montreux üblich ist! Interessant ist am Rande noch die Feststellung, daß Rosenthal die Bezeichnung Quizmaster nicht als Beruf, sondern als Leidenschaft empfand, was wiederum Anlaß zu der Vermutung gibt, daß er wirklich Freude am Spiel und an Begegnungen mit Menschen hatte, die er meist vorher noch gar nicht kannte.

Zwei Jahrzehnte lang hatte die Sendereihe »Wer fragt – gewinnt!« Millionen von Hörern in den Sendegebieten des RIAS und des NDR gut unterhalten und dabei nichts von ihrer Beliebtheit und der Zustimmung beim Publikum eingebüßt. Dennoch sollte nach 20 Jahren Laufzeit Schluß mit dem Raten von Begriffen sein: Rosenthals Terminkalender war völlig ausgebucht, außerdem konzentrierte sich sein Team auf eine neue Unterhaltungsserie, die überregional von 5 ARD-Anstalten produziert werden sollte: »Spaß muß sein!« – eine Gemeinschaftsproduktion von NDR, RIAS, SDR, WDR und HR.

Am 16. März 1974 verabschiedete sich die Rosenthal-Crew mit der letzten öffentlichen Aufnahme von »Wer fragt – gewinnt!« aus dem Ernst-Reuter-Saal in Berlin-Reinickendorf. Und doch war es kein endgültiger Abschied, denn einige Jahre später gab es für kurze Zeit noch einmal eine Neuauflage des beliebten Pfadfinderspiels um Worte und Begriffe. Unter dem Titel »Frag mich was« produzierte der Süddeutsche Rundfunk gemeinsam mit dem RIAS Berlin und später auch dem Norddeutschen Rundfunk das große Radio-Ratespiel, bei dem u.a. Heidi Kabel vom Hamburger Ohnsorgtheater, die Choreographin Irene Mann, der Kabarettist Klaus Havenstein, der Liedermacher Reinhard Mey, der Sänger Freddy Quinn und der Showmaster Max Schautzer in verschiedenen Mannschaften mitspielten. In diesem Zusammenhang dürfen wir auch die Bildschirmfassung von »Wer fragt – gewinnt« nicht vergessen, denn schließlich war die ZDF-Vorabendsendung »Gut gefragt – ist halb gewonnen« die erste regelmäßige Fernsehserie für Rosenthal und damit gleichzeitig die erste Stufe einer großen Bildschirmkarriere, die mit »Dalli, Dalli« ihren Zenit und gleichzeitig Schlußpunkt erreichte.

KAPITEL 6

QUIZ WAR TRUMPF IN JEDEM FALLE BEIM RATESPIEL »ALLEIN GEGEN ALLE«

Die Geschichte der größten Live-Unterhaltungssendung

im Deutschen Rundfunk

Zu den erfolgreichsten, spannendsten und zugleich größten Unterhaltungssendungen, die hierzulande nach 1945 überhaupt gesendet wurden, gehört wohl ohne Zweifel »Allein gegen alle«. Dieses Städtespiel, bei dem im Laufe der Zeit fast alle deutschen Rundfunkanstalten – mit Ausnahme von Radio Bremen (RB), des Bayerischen Rundfunks (BR) und des Sender Freies Berlin (SFB) – beteiligt waren, überzeugte nicht nur durch sein raffiniertes und abwechslungsreiches Konzept, sondern auch durch die Tatsache, daß hier erstmalig der Hörer zu Haus am Lautsprecher das Gefühl hatte, direkt in das Rundfunkgeschehen eingreifen zu können. Selbst ganze Gemeinde- und Stadtverwaltungen zwischen Flensburg und Sonthofen, von Bebra bis Kleve standen regelrecht Kopf, wenn Quizmaster Rosenthal alle vier Wochen am Samstagabend zur besten Sendezeit die Mikrofone freigab für einen einzelnen Hörer, der fünf knifflige Fragen an die Einwohner einer ganzen Stadt stellen durfte. Bürger und »Ratsherren« waren zusätzlich aufgerufen, neben der Lösung der zumeist schwierigen Fragen auch noch eine lustige Sonderaufgabe zu meistern, bei der ihr Humor und ihre Spielfreudigkeit unter Beweis gestellt wurde. Bei dieser neuen Form von Unterhaltung im Radio wurde quasi ein »aktiver Rundfunk zum Anfassen« präsentiert, der sich aus der mitunter sterilen Atmosphäre der Studios herausbegab, um vor Ort live mit seinen Hörern zu kommunizieren.

Dieses neue Ratespiel »Allein gegen alle« war eine zündende Idee, die aber – das werden wohl nur wenige wissen – gar nicht von Rosenthal stammte. Der eigentliche Erfinder des Quizspiels war ein gewisser Jean Paul Blondeau, der u.a. auch die Idee zur Fernsehshow »Jede Sekunde ein Schilling« (mit Lou van Burg) hatte. In Belgien und Frankreich war das Ratespiel bereits einige Male als 30-Minuten-Sendung gelaufen und dann nach kurzer Zeit wieder eingestellt worden, weil es auf nur wenig Interesse stieß. Der damalige NDR-Unterhaltungschef Henri Regnier, der Rosenthal von Hamburg aus förderte, ihm u.a. auch den Weg ins Fernsehen ebnete, hörte von diesem Flop, kaufte die eigentlich doch sehr intelligente Quiz-Idee ein und trug sie dem Berliner Spielmeister vor. Dieser zögerte nicht lange, nahm sich das Exposé der Sendung vor und brütete in mühevoller Kleinarbeit ein neues Konzept aus. Denn eines war klar: So wie das Spiel bei unseren westlichen Nachbarn gelaufen war, konnte es nicht bleiben. Rosenthal erkannte ziemlich schnell, welche Schwächen dieses Städtequiz hatte und warum Blondeau mit seiner Idee nicht so recht landen konnte. In der Originalfassung hatte jede Stadt zu jeder der fünf Fragen nur jeweils eine Antwortmöglichkeit. Dies hatte zur Folge, daß dem Spielablauf die Spannung und Spontaneität fehlte, weil jede Stadt sich natürlich scheute, gleich am Anfang eine Antwort – vielleicht noch eine falsche – abzugeben. Dies bedeutete zwangsläufig fast 15 Minuten Langeweile bis zur Auflösung der Quizaufgaben. Es war vielmehr Kurzweil angesagt, denn schließlich ging es ja um die Samstagabendunterhaltung, dem eigentlichen Hauptsendeplatz der gesamten Woche, an dem sich damals noch die ganze Familie vor dem Radio und später dem Bildschirm versammelte.

Rosenthal hatte schließlich die zündende Idee, innerhalb der 15-minütigen Ratezeit jeweils drei Antworten auf eine Frage zuzulassen; so war von Anfang an Spannung im Spiel und eventuell auch ein wenig Schadenfreude über mißlungende Antwortversuche. Eine Sonderaufgabe für die Bürger, meist auf Marktplätzen oder anderen markanten Punkten der Stadt ausgetragen, brachte noch weitere Abwechslung in den Sendeablauf. Und schließlich mußte das ganze Ratespiel, bei dem nicht nur eine, sondern mehrere Städte mitspielen sollten, mit einem musikalischen Beiprogramm ausgestattet werden: Wort und Musik mußten sich in einer kurzweiligen Unterhaltungssendung in bunter Folge abwechseln. Rosenthal plante seine neue Sendereihe minutiös bis ins kleinste Detail und erreichte schon nach kurzer Laufzeit, daß das Städtequiz »Allein gegen alle« zu einer der beliebtesten deutschen Hörfunksendungen wurde. Nicht nur Henri Regnier war begeistert, sondern auch der SDR-Unterhaltungschef Willy Grüb in Stuttgart, der schon lange auf der Suche nach neuen Ideen in der Rundfunkunterhaltung war, also empfahl er das Ratespiel auch seinen Kollegen in den anderen süddeutschen Radiostationen.

Bald wurde »Allein gegen alle« (AGA) flächendeckend in der ganzen Bundesrepublik Deutschland ausgestrahlt. Es gewann im Laufe der Zeit nicht nur viele Hörerfreunde in der ehemaligen DDR, sondern auch in Dänemark, Österreich, Belgien, Luxemburg, den Niederlanden und der Schweiz. Viele Hörer, die die Sendung zunächst zu Haus am Radio verfolgt hatten, wurden sogar zu echten Quiz-Fans, die dann zu den Veranstaltungen von weither extra anreisten: Zu den treuesten Freunden der Sendung gehörte u.a. ein Schweizer Ehepaar, das regelmäßig dabei war, wenn der Südwestfunk in Baden-Baden oder der Süddeutsche Rundfunk in Stuttgart als Zentrale für das Ratespiel verantwortlich zeichnete. Auch ehemalige Mitspieler der Sendung hielten »Allein gegen alle«, obwohl sie bereits aus dem Wettbewerb ausgeschieden waren, weiterhin die Treue, indem sie sich vor oder nach der Veranstaltung zum »AGA-Fragestellertreffen« versammelten. Aus allen Himmelsrichtungen der Bundesrepublik kamen die ehemaligen Kandidaten herbei: Bei einem gemütlichen Kaffeeplausch, einem Glas Bier oder Wein tauschte man dann Erfahrungen oder Erlebnisse aus – frei nach der Devise »Einige Tage im Leben eines Quizkandidaten«! Zumeist traf man sich in Baden-Württembergs Metropole Stuttgart, und wenn es die Zeit erlaubte, ließ es sich der Quizmaster nicht nehmen, selbst einmal kurz bei seinem Fan-Club vorbeizuschauen. Noch heute – über 20 Jahre nach Ende des beliebten Städte-Quiz – sind einige der ehemaligen Fragesteller noch immer in Kontakt, treffen sich einmal pro Jahr und schwelgen in Erinnerungen an die schöne Radio-Zeit von damals.

Wo gibt es eigentlich heute noch eine so intensive Verbundenheit und Kontaktpflege zwischen Showmaster und Kandidaten? Man kann lange suchen, denn in unserem schnellebigen, hektischen Zeitalter hat heutzutage kaum noch ein Moderator oder

Spielmeister Zeit für seine Mitspieler. Solange die Mikrofone offen sind oder die Kameras laufen, gibt man sich vertraut, liebenswürdig, fast kameradschaftlich. Doch sind die Scheinwerfer verloschen, ist alle Freundlichkeit meist schnell verflogen: Der »Star«, von Eitelkeit geplagt (»Wie war ich denn heute?«), verläßt in Windeseile den Ort des Fernsehgeschehens und läßt die Mitspieler, die »kleinen Stars für einen Tag«, oft wortlos zurück. Bei anderen Moderatoren wiederum sind die Gameshows heute vom Konzept her so angelegt, daß die eigentlichen Hauptpersonen des Abends, die Quizkandidaten, zu Statisten oder Erfüllungsgehilfen degradiert werden: Oft sind die Mitspieler nichts anderes als das schmückende Beiwerk für den oft exzentrisch wirkenden Showmaster, oder sie agieren gar als Pausenfüller der als Ratespiel getarnten Werbeveranstaltung. Es ist doch recht verwunderlich, daß sich heutzutage immer mehr Menschen geradezu danach drängen, in einer derartigen, oft unpersönlichen Atmosphäre als Kandidat einer Quizsendung zu bestehen, die nur darauf ausgerichtet ist, hohe Werbeinschaltquoten zu erzielen. Bei Hans Rosenthal wurde die Menschenwürde noch sehr geachtet und ich bin sicher, daß er die jüngste Entwicklung von Unterhaltungssendungen im Fernsehen sehr kritisch begleitet hätte, wenn er heute noch leben würde. In dieser Hinsicht war er ein konservativer Mensch und hielt an bewährten Konzepten, an seinen Prinzipien fest. Auch seine Natürlichkeit und seine Liebenswürdigkeit waren nie gespielt: Rosenthal war halt immer so, ein unkomplizierter Unterhalter, der stets um Harmonie mit seinen Kandidaten bestrebt war, seinen Mitspielern immer tolerant entgegentrat und sie als gleichwertige Partner akzeptierte. Und das in jeder Situation, ob nun die Scheinwerfer eingeschaltet waren oder nicht!

Auf den Unterhaltungschef des NDR, Henri Regnier, möchte ich noch einmal zurückkommen. Er war der eigentliche Entdecker und Förderer von Rosenthal, er machte den Spielmeister, der in Berlin und Umgebung schon zu einem Begriff geworden war, auch überregional einem breiteren Publikum bekannt, und er öffnete ihm den Weg zum Bildschirm. Die RIAS-Kabarettreihe »Die Rück-blende« beispielsweise wurde auf Initiative Regniers auch im Fern-sehen der ARD gesendet, danach folgte als weitere Fernsehpro-duktion die Adaption der beliebten Hörfunkreihe »Werner Mül-lers Schlager-Magazin«. Das Pfadfinderspiel »Wer fragt – gewinnt!« wurde Anfang der sechziger Jahre auch vom NDR über-nommen, es folgten gemeinsame Hörfunkprojekte wie »NDR-Dis-cothek«, »Spaß muß sein!« (Einzelveranstaltungen zu besonderen Anlässen), »Kleine Leute – große Klasse« und schließlich »Allein gegen alle«. Henri Regniers ganze Liebe galt der Unterhaltung, aber nicht nur den Spiel- und Ratesendungen, sondern auch und vor allen Dingen der Satire und dem Kabarett. Er hat Autoren und Darsteller entdeckt, sie inspiriert und sich für sie eingesetzt: Von Hans-Joachim Kulenkampff und Peter Frankenfeld bis zu Jürgen von Manger, und vor allen Dingen Eckart Hachfeld, einen der Lieblingsautoren von Regnier. Hachfeld schrieb viele Texte für Kabarettsendungen des NDR und war auch der Vater von »Adrian und Alexander«, aus der später die Fernsehreihe »Hallo Nach-barn« (mit Richard Münch) wurde. »Von Regnier fühlten sich eigentlich alle verstanden, denn er war ein wahrer Verächter aller Tabus, ein wirklicher Freidenker, dem im wahrsten Sinne nichts heilig war«, schrieb einmal der Satiriker Hans Scheibner. Als Reg-nier 1982 seinen Stuhl als Leiter der NDR-Unterhaltungsabtei-lung/Hörfunk räumte und in Pension ging, ließ er in einem offe-nen Brief an seine Mitarbeiter folgende Zeilen verlauten: »Ich bitte alle, die durch lose Redensarten, autoritäre Geschäftsführung, Überforderungen und Zumutungen beleidigt wurden, um Ent-schuldigung und Nachsicht...!«

Doch zurück zum Radio-Quiz »Allein gegen alle«: An einem Donnerstag – es war genau der 24. Januar 1963 – begrüßte Hans Rosenthal zum ersten Male seine Hörerfreunde aus dem Studio 10 des Norddeutschen Rundfunks in Hamburg. In der Gemein-schaftssendung des NDR und RIAS spielten das Hamburger Stu-dio-Orchester unter Rolf Kühn und Heinrich Riethmüller; die beiden ersten Solisten waren Ines Taddio und Leo Leandros, der Vater von Vicky (»Après Toi«). Zunächst wirkten in jeder Sendung vier Städte mit (bis Folge 5). Die ersten mitspielenden Städte waren Barmstedt, Bremervörde, Schwarzenbek und Winsen a.d. Luhe; drei Städte konnten sich mit einem Sieg über den einzelnen Hörer für die nächste Runde qualifizieren, nur Barmstedt unterlag gegen den Mitspieler Walter Krippendorf mit 0 : 5. Die erste Frage in der Premieren-Sendung lautete: »Wie hieß der erste Geldbriefträger des Deutschen Reiches?« – Sein Name war nicht etwa Walter Spahrbier – der bekannteste deutsche Postbote aus der Frankenfeld-Reihe »Vergißmeinnicht« –, sondern schlicht und einfach Schlunk: Im Jahre 1872 wurde die Geldzustellung in Deutschland eingeführt. Drei weitere schwierige Rätselnüsse aus der ersten Sendung lauteten wie folgt:

Frage 1: Wo und wie hoch liegt die höchste Eisenbahn der Welt?
Antwort: Sie liegt in Peru und erreicht eine Höhe von 5375 m.
Frage 2: Wann feierte Big Ben seinen 100. Geburtstag?
Antwort: Am 10. April 1958
Frage 3: Wer gilt als Erfinder der Streichhölzer?
Antwort: Der Österreicher Josef Siegl, im Jahre 1832.

Ob eine Antwort richtig oder falsch war, darüber entschied nicht der Quizmaster, sondern eine unabhängige dreiköpfige Jury »nach bestem Wissen und Gewissen und unter Ausschluß des Rechtsweges«. Die Urteile wurden nach alter römischer Manier »mit Daumen nach oben oder nach unten« gefällt; später ersetzte man diese Zeremonie durch akustische Signale. In der Premierensendung saßen neben dem Schauspieler Hanns Ernst Jäger auch der ehemalige Bundesminister Ernst Lemmer sowie Ruth Herrmann, die ständige Mitarbeiterin der Wochenzeitung »Die Zeit« und des NDR, im Schiedsgericht. Später wechselte die Jury zwar immer – bezogen auf die jeweilige Zentrale der Livesendung –, doch für das Sendegebiet des NDR und RIAS waren neben Ruth Herrmann, die ich als »dienstältestes Jurymitglied« bezeichnen möchte, vor allen Dingen Dr. Harald Sieg (Bezirksamtsleiter in

Hamburg) und der bekannte Autor Heinz-Oskar Wuttig (»Forellenhof«, »Salto Mortale«) immer mit dabei, wenn Hans Rosenthal zum Ratewettstreit einlud.

Zu den Spielregeln von »Allein gegen alle« sei noch anzumerken, daß der einzelne mitspielende Hörer, der sich zutraute, den »Quizkampf der Gehirne« mit einer ganzen Stadt aufzunehmen, zunächst fünf Fragen an einen Ort mit bis zu 25.000 Einwohnern stellte. Waren die Quizaufgaben tatsächlich so schwierig, daß die Stadtseite sie auch mit drei Antwortmöglichkeiten pro Frage nicht lösen konnte, trat der Einzelne mit neuen Rateaufgaben gegen eine Stadt der zweiten Kategorie an, die bis zu 100.000 Einwohnern zählte. Wenn er auch diesen Wettstreit für sich entscheiden konnte, so durfte er nun eine Großstadt herausfordern. Die letzte Station für den einzelnen Kandidaten war schließlich eine Landeshauptstadt oder auch Millionenstadt. Nur wenige Mitspieler haben allerdings diese Hürde siegreich genommen: Von über 250 Fragestellern waren in 161 Sendungen genau 13 Hörerinnen und Hörer erfolgreich und wurden mit Fanfare und Tusch zum »Männeken Quiz« bzw. zum »Mannequin Quiz« gekürt!

Auf der Stadtseite waren insgesamt 69 Orte und Städte erfolgreich; sie erhielten den Titel »Unschlagbare Rätselstadt«. Den Namen Berlin wird man jedoch vergeblich auf der Liste der »Unschlagbaren Rätselstädte« suchen, denn trotz dreifacher Chance war es der »Weltstadt mit Herz und Schnauze« nicht vergönnt, diesen Titel zu erringen. Bei der ersten Berliner Teilnahme (9.5.1964) unterlag man einem quizerprobten Oberlandesgerichtsrat aus Celle, beim zweiten Male (19.6.1965) wurde man von einer charmanten 24-jährigen Fürsorgerin geschlagen und beim dritten Anlauf (8.4.1967) unterlag die Metropole an der Spree haushoch mit 0 : 5, denn die Fragen des 17jährigen pfiffigen ostfriesischen Schülers Reinhard Stein waren wohl für die Berliner »Verwaltungsgehirne« zu schwer. Noch vor der ersten Berliner Teilnahme im Mai 1964 hatte sich der damalige Senatspressechef Egon Bahr recht optimistisch geäußert: »Daß die Verwaltung den Kampf gegen den tierischen Ernst führen kann, werden wir heute unter Beweis stellen...« Und so wurden intensive Vorbereitungen in der Millionenstadt getroffen, um beim Geisteswettkampf auf Zack zu sein. Die Berliner konnten sich nicht nur telefonisch bei der Antwortsuche beteiligen, sondern waren auch dazu aufgerufen, ihre Lösungen zu den RIAS-Übertragungswagen vor den Rathäusern in den Bezirken Wedding und Kreuzberg sowie vor der Freien Universität in Berlin-Zehlendorf zu bringen. Die Zentrale der Stadt war im Rathaus Schöneberg, wo Bürgermeister Heinrich Albertz, umgeben von zahlreichen Senatoren, Professoren und Bibliothekaren, letztendlich über jeden gültigen Antwortversuch zu entscheiden hatte. Doch schließlich ist es dann – wie bereits berichtet – nur bei den Versuchen geblieben. Trotz zahlreicher Büchereien und international anerkannter Akademien, Universitäten und Hochschulen verlor Berlin bei dieser ersten Teilnahme mit 1 : 4. Die zweite Berliner Teilnahme war ebenso unrühmlich, dazu kam noch ein negatives Presseecho, weil man auf die Frage »Welcher lebende Ministerpräsident hat ein Theaterstück geschrieben, das mehrfach aufgeführt und verfilmt wurde?« zur Antwort gab: »Ben Gurion mit dem Werk ›Das Haus in der Karpfengasse‹.« Die »Berliner Morgenpost« war außer sich und kritisierte: »Was Berlins Geisteshyänen da am Sonnabendabend über den Äther in alle Welt streuten – es war einen Schrecken wert.« Denn das von Berlin genannte Werk war nicht von Ben Gurion, sondern von dem israelischen Schriftsteller Ben-gavriël; die richtige Antwort lautete übrigens: »Tunku Abdul Rahman, damaliger Ministerpräsident von Malaysia.« Doch es tröstet vielleicht, daß auch Städte der 4. Kategorie wie Hamburg, Stuttgart, Hannover oder Kiel an den kniffligen Fragen der Hörerinnen und Hörer gescheitert sind; selbst die damalige deutsche Bundeshauptstadt Bonn konnte nicht besser abschneiden und wurde nach zwei erfolgreichen Teilnahme in der 3. Runde von einem Fragesteller geschlagen. Lediglich Saarbrücken und Essen gingen als »unschlagbar« in die Quizgeschichte dieser Sendereihe ein.

Übersicht der
»Unschlagbaren Rätselstädte«

mit Angabe der Sendefolge

Aachen (154)
Arolsen (58)
Bad Bramstedt (95)
Bad Friedrichshall (148)
Bad Hersfeld (55)
Bad Münstereifel (151)
Bad Segeberg (68)
Bensheim (46)
Bochum (146)
Burgdorf (60)
Cloppenburg (21)
Crailsheim (32)
Dortmund (121)
Dudweiler (100)
Eberbach (58)
Ellwangen (15)
Eschwege (39)
Essen (157)
Ettlingen (48)
Flensburg (100)
Friedrichshafen (78)
Geislingen (51)
Gießen (47)
Göttingen (85)
Herrenberg (78)
Herzberg/Harz (81)
Idar-Oberstein (72)
Jever (54)
Karlsruhe (152)
Küntzelsau (138)
Lahr (52)
Lauda (132)

Lauenburg (24)
Leonberg (36)
Ludwigsburg (104)
Marbach (23)
Neumünster (51)
Nordhorn (127)
Oberkochen (129)
Öhringen (98)
Peine (140)
Preetz (143)
Ratzeburg (44)
Ravensburg (82)
Remscheid (143)
Reutlingen (70)
Rotenburg/Wümme (123)
Saarbrücken (95)
Saarlouis (107)
Schorndorf (63)
Schwäbisch-Hall (66)
Schwetzingen (14)
Singen (93)
Soltau (111)
Stadthagen (151)
Sulzbach/Saar (76)
Tauberbischofsheim (33)
Tuttlingen (121)
Überlingen (19)
Uelzen (90)
Ulm (57)
Verden/Aller (155)
Waiblingen (145)
Wedel (134)
Weikersheim (108)
Weinheim (71)
Welzheim (93)
Wernau (82)
Wiesloch (86)

»Allein gegen alle« war sicherlich eine der unterhaltendsten und technisch aufwendigsten Sendereihen überhaupt, die das gute »alte Dampfradio« hervorgebracht hat. Sie kam nicht aus der Konserve, wurde also nicht vorher aufgenommen: Sie wurde direkt gesendet! Nichts konnte nachträglich korrigiert oder geschnitten werden, jedes gesprochene Wort und jeder Versprecher gingen sofort über den Sender und konnte, nicht mehr zurückgenommen werden. Dies hatte natürlich auch einige Nachteile, bei auftretenden Pannen beispielsweise, wenn plötzlich das Mikrofon oder gar eine Leitung zur mitspielenden Stadt gestört war oder unter Umständen völlig ausfiel, doch der Vorteil des Livecharakters bei dieser Art von Quizsendungen überwog. Ob der Zuhörer zu Haus oder im Sendesaal, alle saßen gebannt und gespannt, wenn die Stadtseite sich zu Wort meldete und mit der Beantwortung der Fragen begann. Man fieberte regelrecht mit und wartete ungeduldig auf das Ende der jeweiligen Spielrunde: »Wer wird gewinnen? Kann es die Stadt in letzter Minute noch schaffen oder kommt der einzelne Hörer eine Runde weiter?« – Der »Geisteskampf der Gehirne« steckte regelrecht an und breitete sich im Nu wie ein »Quizbazillus« aus. Das machte wohl auch den Reiz des Ratespiels aus. So ganz nebenbei konnte man auch noch etwas lernen, auf leichte und unterhaltsame Art und Weise, ohne erhobenen Zeigerfinger und ohne dabei das Gefühl zu haben, sich bei einem schulmeisterlichen Ratespiel zu befinden.

Daß eine solche großangelegte Livesendung mit vielen Außenübertragungsorten naürlich ihre Tücken hatte, habe ich bereits erwähnt, und die angesprochenen Leitungspannen gab es wirklich und zwar mehr als einmal. Man muß dazu erklären, daß die Deutsche Bundespost seinerzeit für die Vergabe der Übertragungsleitungen zuständig war. Bei jeder Sendung wurden jeweils mehrere Leitungen vom Veranstaltungsort der Sendung (Zentrale) zu den mitspielenden Orten und Städten geschaltet. Diese Leitungen wurden rechtzeitig bei der Bundespost beantragt und den Zeitvorgaben des veranstaltenden Senders entsprechend – für

Probe und Livesendung – geschaltet. Diese Leitungen waren nicht gerade billig. Nun konnte es natürlich schon mal vorkommen, daß irgendjemand zu früh den »Stöpsel« aus der Leitung gezogen oder vielleicht den Computer falsch programmiert hatte: Die Folge war dann, daß die ganze Verbindung zwischen Sendezentrale und Stadt plötzlich unterbrochen war. Solche Pannen können passieren, denn irren ist schließlich menschlich, doch sie können den Moderator einer Livesendung schon ganz schön ins Schwitzen bringen. So erging es auch einige Male Hans Rosenthal, doch seine routinierte Art und Weise, mit solchen unvorhersehbaren Ereignissen umzugehen, und seine Geistesgegenwärtigkeit haben ihn nie ernsthaft in Verlegenheit bringen können. Im Gegenteil, manchmal hatten solche Leitungspannen auch noch einen zusätzlichen Unterhaltungswert oder wirkten sich gar spannungshebend auf den gesamten Ablauf der Livesendung aus.

So mußte Spielmeister Rosenthal beispielsweise bei einer Veranstaltung aus dem Ostseebad Travemünde (6. Folge: 8.6.1963) eine halbe Stunde überbrücken, weil die Leitungen zur mitspielenden Stadt Melle in Niedersachsen einfach gekappt worden waren. Das NDR-Tanz- und Unterhaltungsorchester unter Alfred Hause spielte zunächst erst einmal zur Überbrückung den beziehungsreichen Schlager »Warte, warte nur ein Weilchen«, doch auch nach dem Orchesterbeitrag konnte Rosenthal lange warten, die Leitung kam nicht zustande. So führte der Quizmaster mit dem Kurdirektor von Travemünde das längste Interview seines Lebens: Eine »Mini-Talk- Show« im Radio! Die Stadt Melle kam letztendlich nicht mehr zum Zuge, sie mußte auf die nächste Sendung vertröstet werden.

Bei einer anderen Veranstaltung, die in der Berliner Urania (151. Folge: 23.10.1976) stattfand, brach die Verbindung mit der Stadt Karlsruhe zusammen. Der flinke Hans griff daraufhin nur einmal in seine Jackettasche, holte einen seiner vielen Zettel, die er immer bei solchen Veranstaltungen parat hatte, heraus und veranstaltete kurzerhand ein kleines Ersatzspiel mit Publikumskandidaten aus dem Sendesaal: »Hammel raus« hieß das lustige Spiel, das wir ja schon aus anderen Sendungen Rosenthals kannten, doch welcher »Hammel« die Leitungen unterbrochen hatte, wurde nie eindeutig geklärt. Der lachende Dritte war in diesem Falle jedoch eine Quizkandidatin aus Bonn, denn sie konnte bei der nächsten Veranstaltung gleich noch einmal mitwirken und zur Sendung – auf Rundfunkkosten natürlich – anreisen. Ob die Deutsche Bundespost dafür regresspflichtig gemacht wurde, ist nicht überliefert, doch Rosenthal, das merkte man ihm noch während der Livesendung an, war nicht gut auf die Post zu sprechen und ziemlich sauer. Nur gut, daß die Reisespesen für die Bonner Fragestellerin Marianne Kürmann nicht so hoch ausfielen, denn die nächste Sendung fand in der Nachbarstadt Köln statt, was Frau Kürmann wiederum zu folgendem Ausspruch animierte: »Na, denn kann ich ja zu Fuß nach Kölle joan...!«

Eine dieser technischen Pannen konnte auch ich als Fragesteller einmal selbst live und hautnah miterleben. Es war bei meiner ersten Teilnahme als mitspielender Kandidat auf der Hörer-Seite in der Sendung vom 18.1.1975 (133. Folge in Köln). Ich hatte meine fünf Fragen an meine Gegnerstadt Brilon im Sauerland gestellt und wartete mit klopfendem Herzen im Großen Sendesaal des WDR in Köln auf die hoffentlich falschen Antworten von der Stadtseite. Ich schaute immer wieder auf die große Rateuhr, die hinter mir auf der Bühne stand. Die dänische Sängerin Dorthe (»Wärst Du doch in Düsseldorf geblieben«) hatte gerade als erste Solistin des Abends ihren »Studenten aus Heidelberg« besungen, schon waren die Mikrofone im Briloner Rathaus wieder auf Sendung geschaltet. 8 Minuten und 15 Sekunden waren von der Rateviertelstunde bereits verstrichen. Dann verlas Rosenthal noch einmal die Frage 5, auf die das Sauerlandstädtchen nunmehr eine Antwort geben wollte: »Welcher Staat war bisher als einziger aus der UNO ausgetreten?« – Knisternde Stille und Spannung im Saal, schon meldete sich Bürgermeister Klarholz mit der Antwort »Indonesien«. Die Jury nickte und der Applaus im Sendesaal machte mir schließlich klar, daß die Frage richtig beantwortet worden war: Die erste Hürde war für Brilon genommen. Doch noch war nicht alles verloren, immerhin waren vier Fragen noch offen. Während ich noch etwas nachdenklich über die Bühne schaute, hatte der Spielmeister das »Kommando« bereits wieder an Werner Müller abgegeben, der nun mit seinem WDR-Tanzorchester für musikalische Entspannung im Ratewettstreit sorgte. Der damalige Hit der Rubettes »Tonight« stand auf dem Programm. Doch – es war nur eine kurze Verschnaufpause, denn drei Minuten später stand wieder das Spiel im Mittelpunkt des Geschehens und erinnerte mich daran, daß Brilon zum dritten Male dabei war und nun sicherlich alles daransetzen würde, den Titel »Unschlagbare Rätselstadt« zu gewinnen! 13 Minuten und 28 Sekunden waren vergangen. Jetzt meldete sich Klaus-Werner Koch, der Reporter vor Ort, mit der Antwort auf Frage 4, die wie folgt lautete: »Welches Schloß – heute ein beliebtes Ausflugsziel für viele Touristen – ist aus einer damals renommierten Gastwirtschaft namens FRASCATI entstanden?« (Die Antwort lautete übrigens: Schloß Friedrichsruh bei Hamburg.) Hans Rosenthal hatte die Frage gerade nocheinmal für alle Hörerfreunde wiederholt, denn nicht jeder hatte sich ja den genauen Wortlaut gemerkt, nun warteten alle gespannt auf den Antwortversuch aus dem Rathaus von Brilon. Man vernahm noch einen angefangenen Satz, dann war totale Funkstille: Mitten in der Antwort war alles unterbrochen! Keine Verbindung mehr zur Stadt, und das nun kurz vor Ende der Runde. ›Ärgerlich, solch’ eine Panne und noch dazu in einer Livesendung‹, dachte ich. Millionen von Hörern in den Sendegebieten des WDR, NDR, SDR und RIAS-Berlin sowie im Bereich des Schweizer Telefonrundspruchs, der ebenfalls seit einiger Zeit mitangeschlossen war, warteten auf irgendeine Entscheidung oder Mitteilung des Spielmeisters. Nun – man hätte natürlich auch einfach eine Musik, ein Band oder das Pausenzeichen einspielen können: »Bitte bleiben Sie am Gerät, wir kommen gleich wieder!« Doch das hätte den Charakter einer Direktsendung wohl verdorben und wäre bei diesem Ratespiel auch völlig unangebracht gewesen. Hier ging es nur um eines: Konnte die Runde zuende bzw. weitergeführt werden oder war das Spiel unter Umständen sogar zu annulieren? Ohne Zögern, blitzschnell mußte so oder so entschieden und ein salomonisches Urteil gefällt werden. Hier war wieder einmal die Geistesgegenwärtigkeit und Entschlußfreudigkeit des Moderators gefragt, der diese Situation auch unter Zeitdruck korrekt und gerecht meistern und ohne Peinlichkeiten überwinden konnte.

Bei derartigen Pannen, ob im Hörfunk oder Fernsehen, hat sich schon oft gezeigt, ob ein Showmaster oder Conférencier seiner Aufgabe überhaupt gewachsen ist. So muß auch nicht jeder arrivierte Regisseur oder Schauspieler gleichzeitig ein guter Moderator von Livesendungen sein, wie das Beispiel von Wolfgang Spier zeigt, der mit der großangelegten Fernsehfassung von »Allein gegen alle« überhaupt nicht zurecht kam und nach der 4. Folge bereits das Handtuch warf. Sein Nachfolger, Max Schautzer, hatte mehr Fortune, denn er kam – wie Rosenthal – vom Hörfunk und war bei außergewöhnlichen Situationen oder Pannen, die in einer Livesendung schnell passieren können, sofort in der Lage, das Ratespiel nicht aus dem Ruder gleiten zu lassen, sei es durch aus dem Stehgreif formulierte, überbrückende Moderationen oder durch schnell und prägnant getroffene Entscheidungen über den weiteren Ablauf der entsprechenden Spielrunde.

Auch Rosenthal war – wie berichtet – mit allen Wassern gewaschen und hatte trotz Hektik, die natürlich bei solchen unvorhergesehenen Ereignissen zwangsläufig entsteht, nie echte Probleme, den Überblick über den Sendeablauf zu verlieren. Als Kandidat, der neben ihm am Tisch auf der Bühne saß, kann ich das uneingeschränkt bestätigen. Der Spielmeister fand sogar noch Zeit, mich mit beruhigenden Worten von meinem Lampenfieber halbwegs zu befreien. Wie sich wenig später dann herausstellte, war in Brilon das gesamte Netz ausgefallen. Die Panne war nach ca. 6 Minuten behoben, die Runde konnte zu einem glücklichen Abschluß gebracht werden. Glücklich auch deshalb – für mich jedenfalls –, weil das Sauerlandstädtchen keine richtige Antwort mehr durchgeben konnte. Am Ende ertönte die Siegesfanfare und ich hatte das Spiel mit 4 : 1 gewonnen.

Und noch eine Panne soll hier erwähnt werden, die ich aus eigener Anschauung, diesmal als Gast im Publikum, miterlebte. Es war bei einer Veranstaltung von »Allein gegen alle« (6.12.1975) im Saal 2 des Hamburger Congress-Centrums. Zwei Städte – Walldürn und Preetz – waren bereits mit jeweils 5 Fragen getestet worden, und nun kam die dritte und letzte Raterunde des Abends. Im »Ratering« standen sich die Hörerin Elvira Bergmann aus Karlsruhe und die Großstadt Remscheid im Bergischen Land gegenüber. Alles war gerüstet, vor dem Klingelzeichen sollten nur noch einmal die einzelnen Außenstellen in Remscheid abgerufen werden. Doch so sehr sich der Spielmeister auch bemühte, eine Verbindung herzustellen, es war einfach nichts zu machen: Die Stadt meldete sich nicht! Wieder wurde das Programm kurzfristig umgestellt und ein Musikbeitrag vorgezogen. Und da wäre es fast zu einer neuen Panne gekommen, denn der erst ca. 10 Minuten später geplante Auftritt des Schlagersängers Peter Rubin wurde nun sofort fällig. Doch der »längste Sänger Deutschlands« stand weder hinter der Bühne bereit, noch war er in seiner Garderobe zu finden. Bestimmt herrschte in diesem Moment hinter der Bühne das totale Chaos: Wo war Herr Rubin? Zu übersehen war er doch nun wirklich nicht! Unbeeindruckt von diesem Durcheinander hinter den Kulissen machte der Spielmeister vorne auf der Bühne seine Ansage. Das NDR-Tanzorchester unter Franz Thon begann bereits zu spielen, da erschien – nach einigen Takten – endlich auch Peter Rubin und zwar mit kauendem Mund. Wer seinen Schlager »Wir zwei fahr'n irgendwohin« kennt, weiß, daß dieses Lied ein sehr langes instrumentales Vorspiel hat. Dieser glückliche Umstand kam dem noch essenden Sänger zu Hilfe, so konnte er bis zu seinem eigentlichen Gesangseinsatz noch schnell alles herunterschlucken und das Lied, zur Freude aller Hörer zu Haus und der Gäste im Saal, ohne Schluckbeschwerden und in der richtigen Tonart vortragen. Es bleibt noch nachzutragen, daß die Leitungen nach Remscheid anschließend wieder geschaltet waren, so daß das Ratespiel noch ordnungsgemäß durchgeführt werden konnte. Dabei zeigte sich die Stadt im Bergischen Land auch diesmal wieder auf der Höhe und entschied den Wettstreit für sich.

»Allein gegen alle« wurde von Beginn an als große Samstagabendunterhaltung geplant und angelegt, zunächst mit einer Sendezeit von 90 Minuten. Später wurde die »AGA«-Spielzeit auf 105 Minuten und schließlich auf eine Dauer von 2 Stunden verlängert. Ich weiß nicht genau, was Rosenthal im Jahre 1976 dazu bewogen hatte, den bewährten Sendeplatz im Abendprogramm (20.00 – 22.00 Uhr) zu räumen; vielleicht die immer mehr zunehmende Konkurrenz im Fernsehen oder gar nachlassenes Hörerinteresse? Ich weiß nur, daß die Livesendung durch die Verlegung auf den Nachmittag (15.00 – 17.00 Uhr) viel von ihrem ursprünglichen Reiz verloren hat. Ich glaube, auch Rosenthal hat dies später selbst bemerkt, ohne es vielleicht offen zuzugeben oder aussprechen zu wollen. Außerdem stand das beliebte Ratespiel am Nachmittag nun in direkter Konkurrenz zur aktuellen Sportberichterstattung der einzelnen Rundfunksender und hat dadurch sicherlich viele Stammhörer verloren, die auf die neuesten Fußballergebnisse nicht verzichten wollten! Für die Hörer von RIAS Berlin kam noch erschwerend hinzu, daß man »Allein gegen alle« nur in der ersten Stunde über Ultrakurzwelle (UKW) hören konnte, danach mußte man auf die Mittelwelle umschalten, weil auch hier der Sport den Vorrang hatte. Eigentlich schade, doch hinterher ist man ja bekanntlich klüger.

Man kann über Hans Rosenthal und seine Arbeitsweise sicher viel erzählen. Daß er kein einfacher Chef war und seine Aufträge immer ganz schnell erledigt haben wollte, ist mir von vielen ehemaligen Mitarbeitern bestätigt worden. Er war sehr ungeduldig und sehr spontan bei der Umsetzung von neuen Ideen. Dennoch hatte er keinen autoritären Arbeitsstil, weil er ein äußerst kollegialer Spielmeister und Regisseur war, der seine Mitstreiter – von der Sekretärin bis zum Produktionsleiter – in einem Team zusammenfaßte, das beispielsweise bei der Auswahl von neuen Spielen oder beim Ausprobieren von Quizrunden auch ein Mitspracherecht hatte! Zu diesem Team um Rosenthal gehörte auch einer seiner langjährigsten Wegbegleiter, der für zahlreiche Unterhaltungssendungen – meist in Serie – als Produktionsleiter verantwortlich zeichnete: Kip Oppermann. Er war der Mann, der die pünktliche Verpflichtung der Künstler veranlaßte, der die Fragesteller zu den Sendungen einlud und natürlich auch die Gagen und Honorare auszahlte. »Oppi«, wie ihn Freunde und Kollegen nannten, war als Produktionsleiter beim Norddeutschen Rundfunk Hamburg in 35 Dienstjahren zu einem unentbehrlichen Mitarbeiter und erfolgreichen Mitstreiter für den öffentlich-rechtlichen Rundfunk geworden; für Rosenthal war er darüberhinaus ein echter Glücksfall: radiobesessen und kreativ, verläßlich und äußerst korrekt, manchmal bis zur Pingeligkeit genau, aber immer sehr effektiv und verantwortungsbewußt.

Solche Mitarbeiter brauchte Rosenthal, um Veranstaltungen und Sendereihen mit diesem Ausmaß auf die Beine stellen zu können. Deshalb hat er auch immer wieder auf Funkleute zurückgegriffen, die nicht nur etwas vom Fach verstanden und ihren Beruf mit Akribie ausübten, sondern darüberhinaus auch gewillt waren, mit ihm an einem Strang zu ziehen und in kollegialer Zusammenarbeit das bestmöglichste Ergebnis zu erzielen. Eine gute oder gar mittelmäßige Sendung war für Rosenthal völlig undenkbar: Bei ihm mußte alles immer äußerst perfekt und vor allen Dingen sehr gut sein! Deshalb arbeitete er möglichst immer mit den gleichen Leuten zusammen, die dann scherzhaft als »Rosenthal-Mafia« bezeichnet wurden. Doch überlegen wir einmal selber, die Vorteile liegen klar auf der Hand: Mit einem eingespielten Team war es einfacher und effektiver, eine Sendung zu produzieren, als mit Mitarbeitern, die man jedesmal erst neu in ihre Arbeit einweisen mußte. Jeder wußte hier genau, was er zu tun hatte, denn jeder kannte seinen Aufgaben- und Verantwortungsbereich genau. Es brauchten nicht viele Worte gemacht oder zeitraubende Redaktionssitzungen abgehalten werden, es genügte nur ein kurzes Stichwort, ein Fingerzeig oder ein Blickkontakt, und alles klappte wie am Schnürchen. Diese freundschaftliche und effektive Teamarbeit erklärt wahrscheinlich auch den großen Erfolg von Hans Rosenthal. Er selbst verglich einmal in einem Interview die Zusammenarbeit mit seinem Mitarbeiterstamm mit einem Trapezkünstler im Circus: »Sein Team war das Netz und er war der Künstler, der im Ernstfall von seinen Leuten auch einmal aufgefangen werden konnte!« Das gab ihm, der ja manchmal zwei Stunden hintereinander im Rampenlicht auf der Bühne stehen mußte, die genügende Sicherheit, um frei agieren zu können!

Zu dem engen Mitarbeiterkreis gehörte – wie gesagt – Kip Oppermann, der als »Mädchen für alles« auch während einer Veranstaltung oder Livesendung hinter der Bühne alle Fäden in der Hand behielt und darüber wachte, daß eine Sendung wie z.B. »Allein gegen alle« nicht in Zeitverzug geraten konnte. »Oppi« ist inzwischen in Pension gegangen, wie viele, die einst dazu gehört haben. Stellvertretend für all die anderen treuen Mitstreiter sei hier der langjährige Vertreter und schließlich Nachfolger auf dem RIAS-Abteilungsleiter-Posten für Unterhaltung, Horst Kintscher, genannt. Auch er, inzwischen leider verstorben, war jahrelang ein Weggefährte des Quizmasters. Zunächst als »Zwerg Allwissend« im Ratespiel »Wer fragt – gewinnt!«, war er u.a. auch als Redakteur und munterer Plauderer für die RIAS-Reihe »Kutte kennt sich aus« (mit dem Berliner Heimatforscher Kurt Pomplun) verantwortlich; dann produzierte er Kabarettsendungen und Unterhaltungsreihen (»So war's vor 25 Jahren«) sowie die Kinderfunkserie »Bei uns funkt's«, in der auch die Rosenthal-Entdeckung Reinhard Stein mitarbeitete. Doch vor allen Dingen hing Kintschers Herz natürlich am Quiz, und so war er über 80mal als Reporter bei »Allein gegen alle« dabei.

Zu der Reportertätigkeit im »AGA«-Ratespiel muß man erklären, daß jedem Bürgermeister bzw. Oberstadtdirektor einer mitspielenden Stadt ein Reporter zur Seite gestellt wurde – quasi als »rechte Hand« oder »verlängerter Arm« des Rundfunks –, der u.a. die Zwischenmoderationen bei der Beantwortung der Fragen aus dem Rathaus vornahm und über den ordnungsgemäßen Ablauf des Spiels zu wachen hatte. Außerdem waren weitere Reporter-kollegen – je nach Stadtgröße – auch auf Marktplätzen, Straßen-kreuzungen oder anderen markanten Punkten vertreten, um even-tuell auch dort Antworten von den Bürgern entgegenzunehmen oder um die lustigen Spiele im Rahmen einer Sonderaufgabe zu kommentieren.

Im Laufe der Jahre haben viele Reporter mit ihren humorvol-len Schilderungen, ihren pointenreichen Interviews und ihren lustigen Kurzberichten zum Gelingen der Sendereihe beigetragen; genannt seien hier nur Lilo Katzke, Christine Rackuff, Helmut Fleischer, Hajo Jahn, Heinz Junge, Werner Kieser, Felix Knemöl-ler, Klaus-Werner Koch, Gerd Schneider und Reinhard Stein. Aber auch eine so engagierte Journalistin und Talkmasterin wie Lea Rosh, die sich seit 1988 für die Errichtung des Holocaust-Mahn-mals in Berlin einsetzt, hat einmal vor vielen Jahren bei »Allein gegen alle« als Reporterin angefangen. Viele Reporter könnten wohl auch heute noch abendfüllende Geschichten und Histörchen von ihren Mikrofoneinsätzen im Rathaus oder auf den Markt-plätzen erzählen. Vor allen Dingen über das Zusatz- oder Son-derspiel, das von der 7. Folge an eingeführt worden war, gäbe es eine Menge zu berichten. Während im Rathaus die geistige Aus-einandersetzung mit den schwierigen Quizfragen erfolgte, sollte bei der Sonderaufgabe, die vom Rundfunk gestellt wurde, die Spielfreudigkeit und der Humor der Bürger getestet werden. Über 450 Spiele wurden im Laufe der Zeit durchgeführt, wie z.B.: Damenfußball, Wahl der »Miss Hot Pants«, Jodeln im Norden Deutschlands, Strickende Männer, Bauernregeln oder Wand-sprüche aufsagen, themenbezogene Lieder vortragen, Konfetti stanzen, Moorbäder auf einem Marktplatz im Winter besteigen oder eine Modenschau ansagen. Daß es auch hier einige Zwischenfälle oder Pannen zu verzeichnen gab, lag auf der Hand. Selbst die Polizei mußte bei »Allein gegen alle« einige Male einschreiten, so u.a. auch in Hamburg, als alle Hansestädter im Dezember 1964 über Radio zu einem »Je-ka-mi«-Abend – heute würde man »Karaoke« sagen – aufgerufen wurden und in Scharen, leider meist mit dem eigenen Auto, zum Sendesaal in der Oberstraße strömten. Die Folge war, daß der Verkehr fast zusammenbrach und es Strafmandate für Falschparker hagelte. Wer konnte auch damals schon ahnen, daß die Hamburger dem Aufruf des Spielmeisters so zahlreich Folge leisten würden?

Ein anderer Zwischenfall ereignete sich in Salzgitter, wo der Berliner Schauspieler, Kabarettist und Regisseur Horst Braun als Reporter für die Sonderaufgabe fungierte. Alles war gerüstet, die NDR-Übertragungswagen standen bereit und die Leitungen waren geschaltet. Noch einmal sollte, 90 Minuten vor der eigentlichen Livesendung, die übliche Leitungsprobe durchgeführt werden. Dazu mußte man auch die auf dem Marktplatz von Salzgitter aufgestellten Lautsprecher ausprobieren, und so spielten die Techniker im Ü-Wagen kurzerhand irgendeins der gerade laufenden Rundfunkprogramme ein. In voller Lautstärke ertönte jedoch keine Musik, denn die wäre ja unverfänglich gewesen, sondern die Stimme des Berliner »Stachelschwein«-Kabarettisten Wolfgang Gruner. Man setzte sich in dem eingespielten Kabarettbeitrag gerade mit den Bonner Parteien auseinander, an sich eigentlich auch nichts Besonderes, sollte man meinen. Auch Horst Braun, der mit seinen Kopfhörern geduldig auf seinen Einsatz wartete und die Lautsprecherprobe mit erleichterndem Kopfnicken quittierte, ahnte nicht, was diese harmlose technische Probe nun auslösen würde. Denn plötzlich tauchten übereifrige Beamte der Polizei auf und untersagten in unmißverständlichem Amtsdeutsch die politische Werbekampagne auf dem Marktplatz. Noch ehe Reporter Braun, der ja auch des öfteren bei den »Berliner Stachelschweinen« Regie geführt hatte, die Situation richtig erfassen konnte, wurde er auch schon vom Ort des Geschehens abgeführt.

Offenbar war man in dieser Stadt besonders streng mit den Rundfunkleuten und es hat dann wohl auch einige Überredungskünste gekostet, ehe die Ordnungshüter begriffen, daß es sich hier um keine Wahlkampfveranstaltung handelte, sondern nur um eine harmlose Unterhaltungssendung! Horst Braun, der noch rechtzeitig zur Livesendung »aus der Haft entlassen« wurde, hat in all seinen Einsätzen auf Straßen, Plätzen und anderen Spielstätten nie seinen sprichwörtlichen Humor und seine Schlagfertigkeit verloren. In einer anderen Sendefolge überraschte er Rosenthal gar – auf Goethes Spuren – mit einem selbstgereimten Vers:

»Da steh' ich nun, ich armer Thor,
und bin so klug als wie zuvor,
heiße Sprecher und Reporter gar,
und ziehe an die 10 Jahr
rauf und herab und quer und krumm
das Publikum an der Nase rum.
Muß von Berlin auf Markt und Plätzen
per Flugzeug, Taxen, Rollschuh'n hetzen.
Gewinnt man, faßt man's mit Geduld,
verliert man, ist der Reporter Schuld.
So wurde dieses Lebensspiel
zu meinem eigenen Lebensziel.
Und abends noch in meine Falle
ich falle und lalle: ALLEIN GEGEN ALLE!«

Den allerersten Einsatz als Reporter in einem Sonderspiel hatte Horst Braun übrigens in der Stadt Delmenhorst. Dort sollte das alte Rummelplatz-Spiel »Haut den Lukas« durchgeführt werden. Mehr oder weniger kräftige Männer drängelten sich, um endlich den begehrten Hammer schlagen zu können. Dazwischen tauchte plötzlich auch eine Dame auf, die von Braun als ›muskulös und mit großen kräftigen Händen ausgestattet‹ beschrieben wurde. Auf die neugierige Reporter-Frage, was sie denn von Beruf sei, kam unter dem Gelächter der umstehenden Bürger nur die kurze Antwort: »Ich bin Hebamme!«

In Burgdorf sollten die Bürger alte und neue Bauernregeln am Mikrofon vortragen. Auch hier ging's recht amüsant zu, denn nicht alle Sprüche, die zum Besten gegeben wurden, konnte man unbedingt auch wirklich als echte Bauernregeln bezeichnen. Dennoch – der Unterhaltungswert war groß und die Gäste im Saal hatten ihre Freude und ihren Spaß:

»Grüne Weihnachten – weiße Ostern«
»Wenn's Silvester schneit, ist Neujahr nicht mehr weit!«
»Was dem einen billig, ist dem ander'n recht,
was der Kuh die ›Millich‹, ist der Magd der Knecht!«

Ähnliche Sonderaufgaben wurden auch in anderen Orten gestellt, während man in Saarlouis beispielsweise lustige Wandsprüche vortragen sollte, hatten die Tettnanger Bürger Sprichwörter aufzusagen. Horst Kintscher, der Außenreporter in dem schönen Schwarzwaldstädtchen, war sehr überrascht, welche merkwürdigen Beiträge ihm da präsentiert wurden:

»Drei Tage war der Vati krank, nun trinkt er wieder:
Gottseidank!«
»Eine schöne Tour ist, wenn ein Tourist, der auf Tour ist,
in einer Tour ißt!«
»So von Herzen gemein können nur Verwandte sein!«
»Wo ein Wille ist, ist meist auch ein Gebüsch.«
»Nimm' Dir Zeit und nicht das Leben, mach' ins Loch
und nicht daneben!«
»Glücklich ist, wer verfrißt, was nicht zu versaufen ist!«

Rosenthals Kommentar zu diesen manchmal nicht ganz sendereifen und jugendfreien Sprüchen: »Ich habe das Gefühl, auf einem bestimmten Gebiet ist Tettnang Notstandsgebiet!«

Apropos Not! Seine liebe Müh' und Not hatte der Spielmeister vor allen Dingen, wenn der wortgewandte und stets zu Scherzen aufgelegte Reporter Felix Knemöller seine humorvollen Berichte vom Marktplatz über den Sender gab. Den Berlinern war Knemöller ja vor allen Dingen von seinen aufmunternden Ansagen im RIAS-Frühprogramm und dann später von der »RIAS-Musikbox« (mit Beate Hasenau und Erwin Palm) ein Begriff; seine Moderationen waren meist mit schelmischen Texten und mit vielen Kalauern versehen, die ihm auch den Spitznamen »Felix Knelauer« einbrockten. Bei den Hörern im übrigen Bundesgebiet wurde er nun durch seine besonderen »AGA«-Reportagen bekannt, und immer, wenn der muntere Felix am Zuge war, hatte Rosenthal es mitunter sehr schwer, das alles wieder richtigzustellen, was Knemöller da frank und frei in der ihm eigenen Reportersprache übers Mikrofon gab. Einmal war es der Vergleich »der reinsten Schaumschlägerei« – beim Rasieren auf dem Marktplatz von Wedel – mit den Debatten im Bundestag, den der verduzte Spielmeister in der Sendezentrale entschieden zurückweisen mußte. Und ein anderes Mal war es die sicher unbeabsichtigte Werbung des Reporters Knemöller, der beim Verlesen einiger erlesener Weinsorten gleich die Herstellerfirmen mitlieferte: Rosenthal mußte auf den Paragraphen der Schleichwerbung verweisen und seinen Reporter zur Ordnung rufen – humorvoll versteht sich. Dennoch gaben die Reportagen des Felix »Knelauer« der Sendung die richtige Würze und alle hatten letztendlich ihren Spaß daran, wie z.B. bei der Schilderung eines Damen-Eishockeyspiels in Braunlage im Harz:

»Ich bin ja auch ein Spezialist für Eis. Ich bin also der einzige Sportreporter, der mit geschlossenen Augen feststellen kann, ob es sich um Vanilleeis, Erdbeereis oder Zitroneneis handelt. ... Und die Damen sind wunderbar gepolstert. Ich war ja vorhin beim Umziehen dabei. Das sind ja alles schlanke Damen. Aber wenn die jetzt auf der Eisfläche sind, sehen sie aus wie Wagner-Sänge-

*rinnen ... Und zwar an den Stellen, wo die Damen besonders
empfindlich sind, da ist noch mehr Schaumgummi. Und auch
hinten am Rücken, da seh'n se viereckig aus...«*

Soweit die »fachkundige« Sportreportage von Felix Knemöller.
Auch in Elmshorn war der Sportsgeist der Bürger gefragt. So hatte
man bei der zweiten Teilnahme der Stadt im Juli 1971 auf dem
Marktplatz einen Parcours aufgebaut: Wie bei einem Pferderen-
nen sollten auch hier Tiere über verschiedene Hindernisse ans Ziel
gelangen. Der besondere Clou bei dem ganzen Zusatzspiel war,
daß die jeweiligen Bürger, die ihrer Stadt zum Sonderpunkt ver-
helfen wollten, das entsprechende Tier selbst über den gesamten
Parcours tragen mußten. Beim Reporter Knemöller hörte sich die
Schilderung dann folgendermaßen an:

*»...Ganz verhalten geht er über den Birkenring. Und hoch! Und
weiter unter dem dreifachen Ochser hindurch. Und über den Was-
sergraben, der hier durch zwei ausrangierte Feuerwehrschläuche
markiert worden ist... Der Herr hat mehrere Tiere auf dem Arm
gehabt. Es handelt sich um eine Büchse Ölsardinen. Ach, sind die
niedlich und die eine guckt so traurig. Ganz blaue Augen hat se!
... Wir haben eine Schildkröte. Wieso hast du eine Schildkröte?
Ist dein Vater bei einer Behörde? ... Dann haben wir ein halbes
Brathähnchen. Der Herr wartet schon lange, der hat es schon
halb aufgefressen ... Ein Herr ist ohne sichtbares Tier über den
Parcours gegangen. Ich wollte ihn schon disqualifizieren, doch er
behauptet, er habe einen Bandwurm!«*

Die lustigen Sonderaufgaben gingen meist auf Anregungen von
Hörereinsendungen zurück. Diese Vorschläge wurden mit einem
kleinen Dankeschön von 50,00 DM vom Rundfunk honoriert.
Das war sicherlich kein großartiger Preis, doch darum ging es bei
»Allein gegen alle« auch gar nicht. Denn auch als Quizkandidat
und Fragesteller konnte man keine Reisen in die Karibik oder gar

Reichtümer gewinnen: 250,00 DM gab es für die erste und 500,00 DM für die zweite gewonnene Runde; wenn man eine Großstadt besiegen konnte, war der Preis auf 1.000,00 DM angewachsen, und bei der letzten siegreichen Runde winkten dann schließlich weitere 3.000,00 DM und der Titel eines »Männeken Quiz« bzw. »Mannequin Quiz«.

Die letzte Runde konnten auf der Fragestellerseite nur sehr wenige Kandidaten für sich entscheiden. Einer von ihnen, der sich mit dem Prädikat »Männeken Quiz« schmücken durfte, wurde später sogar Reporter und Regieassistent in der gleichen Sendung sowie einer der engsten Mitarbeiter von Rosenthal: Reinhard Stein. Der damals noch junge Schüler spielte seine erste Runde gegen die Stadt Zweibrücken (42. Folge vom 3.12.1966), die er eindeutig gewann. Dann testete er die Bürger von Schwäbisch-Gmünd (43. Folge vom 14.1.1967) und Freiburg i. Breisgau (44. Folge vom 11.2.1967), die er jeweils mit 3 : 2 besiegte. Und schließlich zwang er auch die Millionenstadt Berlin, wie bereits berichtet, »in die Knie« (46. Folge). Ein anderer Fragesteller, der nach 4 erfolgreichen Runden seine Siegprämie von 3.000,00 DM bekam, wurde von Rosenthal in der Sendung gefragt, was er denn mit dem Geld machen würde. »Ich kaufe mir einen Fernseher!« antwortete der muntere Fragesteller, und der Spielmeister kommentierte verdutzt: »Da gewinnt jemand beim Hörfunk 3.000,00 DM, und was macht er mit dem Geld, kauft sich einen Fernseher!«

Regelmäßig beteiligten sich auch Hörer aus der ehemaligen DDR an den Sendungen. Da sie ihre Fragen nach dem Mauerbau ja nicht selber vor dem Mikrofon stellen konnten, wurden sie jeweils durch einen prominenten Paten vertreten, der für sie stellvertretend spielte und natürlich auch gewinnen wollte. Der allererste Pate war der Komponist, Sänger (»Es gibt kein Bier auf Hawaii«), Arrangeur und langjährige SFB-Tanzorchester-Chef Paul Kuhn, der in der 3. Folge von »Allein gegen alle« in Holzminden (16.3.1963) die Quizaufgaben an die Stadt Bremervörde stellte. Ihm folgten so bekannte Künstler wie Hans Söhnker (7. Folge vom 31.8.1963), Jürgen Roland (9. Folge vom 21.12.1963), Käthe Haack (29. Folge vom 9.10.1965), Inge Meysel (35. Folge vom 23.4.1966), Wolfgang Windgassen (41. Folge vom 5.11.1966), Grethe Weiser (74. Folge vom 30.8.1969), Uwe Friedrichsen (92. Folge vom 20.2.1971), Dieter Thomas Heck (96. Folge vom 12.6.1971), Helga Feddersen (142. Folge vom 6.12.1975) u.v.a. Der bekannte rheinische Komponist Gerhard Jussenhofen (»Gib acht auf den Jahrgang«) war ebenso in der prominenten Paten-Liste vertreten wie der »Vater der Fernsehlotterie« Jochen Richard oder Kulis »EWG-Fernsehbutler« Martin Jente. Es gelang Rosenthal sogar, Politiker als Paten für seine Sendung zu gewinnen, wie z.b. den damaligen Ministerpräsidenten von Baden-Württemberg und späteren Bundeskanzler Kurt-Georg Kiesinger, den damaligen Stuttgarter Oberbürgermeister Dr. Klett sowie den Ersten Bürgermeister der Hansestadt Hamburg Prof. Dr. Weichmann.

Das musikalische Beiprogramm erfüllte im Ratespiel eine besondere Aufgabe, denn Rosenthal achtete streng und penibel darauf, daß seine Quizsendung nicht zu wortlastig wurde. Schon nach den einleitenden Worten des Spielmeisters, der Erklärung der Spielregeln und der Vorstellung von Hörer- und Stadtseite, folgte nach etwa 6 – 8 Minuten, vom Sendebeginn an gerechnet, der erste musikalische Beitrag. Hier präsentierte sich dann zunächst das Tanz- oder Unterhaltungsorchester der jeweiligen Sendezentrale mit einem Instrumentaltitel. Viele Orchester, Bands und andere Formationen waren in den 15 Jahren des Bestehens der Sendereihe beteiligt und sorgten für den guten Ton, wie z.b. das NDR-Tanzorchester unter seinem langjährigen Chef Franz Thon, der später von Dieter Glawischnigg (NDR-Big-Band) abgelöst wurde, oder der tangoerprobte Alfred Hause, der das große Unterhaltungsorchester des NDR leitete. Werner Müller dirigierte zunächst das RIAS-Tanzorchester in Berlin, ehe er dann in Köln mit dem WDR-Tanzorchester für die musikalische Umrahmung sorgte. Während in der Stuttgarter Zentrale des Süddeutschen Rundfunks vor allen Dingen Erwin Lehn mit seinem Südfunktanzorchester und das Radio-Orchester Stuttgart unter Willy Mattes für die Musik verantwortlich zeichneten, waren es beim Südwestfunk Baden-Baden Rolf-Hans Müller, beim Hessischen Rundfunk in Frankfurt Willy Berking und beim Saarländischen Rundfunk in Saarbrücken Eberhard Pokorny mit ihren Tanzorchesterformationen. Beim RIAS in Berlin waren nach dem Weggang von Werner Müller u.a. Dave Hildinger, Helmuth Brandenburg (alias Kookie Freeman) und Horst Jankowski (»Eine Schwarzwaldfahrt«) als musikalische Leiter im Ratespiel tätig. Einem Dirigenten und Komponisten gebührt jedoch eine besondere Erwähnung, denn er stand unzählige Male am Dirigentenpult, wenn Rosenthal Unterhaltungssendungen in Berlin moderierte: Heinrich Riethmüller. Viele Male nahm »Heinerle« Riethmüller, wie der Spielmeister ihn auch freundlich-kollegial nannte, am Flügel Platz und gestaltete in »Spaß muß sein!« die Quizrunde »Melodienraten«; bei »Dalli, Dalli« war er schließlich der musikalische Leiter, der nach dem Tode von Günter Neumann auch die Chansons am Piano begleitete.

Wenn im Ratespiel »Allein gegen alle« die erste Runde eingeläutet und die Stadtseite mit dem Auffinden richtiger Antworten auf die fünf gestellten Fragen genug beschäftigt war, wurde das unterhaltende Beiprogramm mit Musik wieder aus der Sendezentrale fortgesetzt. Das war dann der Augenblick, wo der Spielmeister den ersten Solisten des Abends vor die Mikrofone bat. Viele Künstler hatten bei Rosenthal ihren ersten öffentlichen Auftritt oder gar ihren Durchbruch, andere Interpreten wiederum waren nicht nur aus Spaß und Freude dabei, sondern auch aus alter Freundschaft dem Spielmeister gegenüber. Doch manchmal war es gar nicht so leicht mit der Verpflichtung von bekannten Sängerinnen und Sängern, wie man mir berichtete, denn war ein Interpret erst durch das Fernsehen überall im Lande bekannt geworden, hatte er meist einen reichgefüllten Terminkalender und zu wenig Zeit, um auch noch im guten alten »Dampfradio« aufzutreten. War der Stern am Schlagerhimmel jedoch wieder verloschen, entsann man sich, daß es außer der Mattscheibe ja noch andere Auftrittsmöglichkeiten gab! Heidi Brühl, Katja Ebstein, Bibi Johns, Peggy March, Mary Roos, Roberto Blanco, Peter Kraus, Vico Torriani, Roy Black, Rex Gildo, Freddy Quinn, Heino und Karel Gott gehörten jedoch zu den Künstlern, die nicht nur einmal bei »Allein gegen alle« bzw. in anderen Sendungen von Rosenthal zu Gast waren. Selbst ein international so anerkannter Interpret wie Udo Jürgens ließ es sich nicht nehmen, in der Reihe »Spiel über Grenzen« (Ein touristischer Drei-Länderwettstreit) im Konzerthaus von Bad Salzuflen aufzutreten. Unvergessen auch die Stimmen jener Künstler, die nicht mehr unter uns weilen: Der schwärmerische Gesang von Lale Andersen »nach See, Salz und Teer« (»Ein Schiff wird kommen«), die sehnsuchtserfüllte Stimme der viel zu früh verstorbenen Alexandra (»Sehnsucht heißt das alte Lied der Taiga«), die am 26.8.1967 in Berlin ihr Rundfunk-Debüt bei »Allein gegen alle« hatte, oder der Baritonvortrag des vom Rhein beseelten Weinliebhabers Willy Schneider. Auch Friedel Hensch (»Egon«), Rudi Schuricke (»Caprifischer«), Wolfgang Sauer (»Glaube mir«) oder Bill Ramsey (»Pigalle«) finden wir auf der langen »AGA«-Künstler-Liste, genauso wie die Namen bekannter und beliebter Sänger des »klassischen Fachs«: Monika Dahlberg, Grit van Jüten, Hedi Klug, Margit Schramm, Felicia Weathers, Cesare Curzi, Harry Friedauer, Heinz Hoppe, Benno Kusche, Peter Lagger, Anton de Ridder, Horst Wilhelm und der unvergessene Lawrence Winters. Auch der zunächst als Schlagersänger (»Hello Mary Lou«) bekanntgewordene Interpret René Kollo, der dann als Wagner-Sänger in Bayreuth Furore machte und heute zu den größten Tenören der Welt gehört, war in Unterhaltungssendungen von Rosenthal zu Gast, genauso wie der bekannte Opernsänger Günter Wewel, der mit seiner beliebten Fernsehreihe »Kein schöner Land« in der ARD schöne Landschaften in Europa musikalisch präsentiert.

Programmablauf »Allein gegen alle« 117. Folge 26.5.1973
Zentrale: Saarländischer Rundfunk Saarbrücken
(Großer Sendesaal Funkhaus Halberg)

1. *Titelmusik mit Ansage*
2. *Begrüßung, Erklärung der Spielregeln, Rufen der Städte:*
   I Kressbronn
   Rathaus (Gerd Schneider)
   Schulzentrum v.d. Hallenbad (Horst Kintscher)
   II Bad Rappenau
   Bürgersaal beim Rathaus (Werner Kieser)
   Platz v.d. Rathaus (Werner Stenzel)
   III Wolfenbüttel
   Rathaus (Lilo Katzke)
   Stadtmarkt (Felix Knemöller)
3. *Das Tanzorchester des Saarländischen Rundfunks SR-TO,*
   Ltg.: Eberhard Pokorny: »Medley Happy Austria«
4. *Runde I*
   Vorstellen der Jury
   Kandidat stellt 5 Fragen an Kressbronn
   Verlesen der Sonderaufgabe
   Rückfragen a.d. Bürgermeister etc.
5. *Anne Karin, begleitet SR-TO: »Traummelodie für zwei«*
6. *Fortsetzung Runde I*
   Rufen der Stadt Kressbronn
   Reporterschilderung und Interview
   evtl. Beantwortung 1 – 2 Fragen
7. *Das SR-TO: »Fiesta Mexikana«*
   (Achtung, dieses Stück könnte abgebrochen werden...)
8. *Fortsetzung Runde I*
   Zeitansage und Kressbronn rufen
   Interview mit Hörer
   Gong und Entscheidung der Jury

Bekanntgabe des Ergebnisses, Siegerfanfare
Auflösung der Sonderaufgabe
Verabschiedung von Hörer und Stadt, evtl. Sonderfrage
(wenn Hörer 2 : 3 verloren hat)
9. Petra Pascal, begleitet vom SR-TO: »Ich bin eine Frau«
10. Runde II
Kandidat stellt 5 Fragen an Bad Rappenau
Verlesen der Sonderaufgabe
Rückfragen an Bürgermeister etc.
11. Peter Beil, begleitet vom SR-TO:
»Ein Mädchen zum Verlieben«
12. Fortsetzung Runde II
Rufen der Stadt Rappenau
Reporterschilderung und Interview
evtl. Beantwortung 1 – 2 Fragen
13. Das SR-TO und Alex Malampré (Trompete):
»Hava Nagilah«
(Achtung, dieses Stück könnte abgebrochen werden)
14. Fortsetzung Runde II
Zeitansage und Bad Rappenau rufen
Interview mit Hörer
Gong und Entscheidung der Jury
Bekanntgabe des Ergebnisses, Siegerfanfare
Auflösung der Sonderaufgabe, Verabschiedung
von Hörer und Stadt (evtl. Sonderfrage)
15. Anne Karin (mit Gitarre), begleitet vom SR-TO:
»Ein Lied« (»Un Refrain«)
16. Runde III
Kandidat stellt 5 Fragen an Wolfenbüttel
Verlesen der Sonderaufgabe
Rückfragen an Bürgermeister etc.
17. Petra Pascal, begleitet vom SR-TO:
»Wie das Glas in meiner Hand«
18. Fortsetzung Runde III

Rufen der Stadt Wolfenbüttel
Reporterschilderung und Interview
evtl. Beantwortung von 1 – 2 Fragen
19. Das SR-TO: »Medley: a. Carneval in Rio /
b. Mexican hat dance«
20. Fortsetzung Runde III
Zeitansage und Wolfenbüttel rufen
Interview mit Hörer
Gong und Entscheidung der Jury
Bekanntgabe des Ergebnisses und Siegerfanfare
Auflösung der Sonderaufgabe,
Verabschiedung von Hörer und Stadt (evtl. Sonderfrage)
21. Peter Beil, begleitet vom SR-TO: »Julia«
22. Titelmusik und Absage

Von einem Interpreten möchte ich noch berichten, der durch seinen Auftritt bei »Allein gegen alle« eigentlich seinen großen Durchbruch erlebte, obwohl er schon einige Jahre im Schlagergeschäft tätig war. Es war genau am 14. November 1970, als Spielmeister Rosenthal ins Funkhaus Halberg nach Saarbrücken zum großen Ratespiel einlud. Wieder hatte man ein abwechslungsreiches musikalisches Beiprogramm zusammengestellt, in dem Dunja Rajter, der Botho-Lucas-Chor und Bruce Low in den Ratepausen gesanglich brillierten, unterstützt vom Unterhaltungsorchester des Saarländischen Rundfunks unter der Leitung von Hans Hammerschmid. Keiner ahnte wohl damals, daß der Gesangsvortrag des zwar schon durch Western- und Country-Songs bekanntgewordenen Sängers Bruce Low (»Es hängt ein Pferdehalfter an der Wand«) einen so großen Erfolg haben würde, denn er sang in der damaligen Sendung das bereits sieben Jahre alte Lied »Noah«. Doch er löste damit eine Lawine von Telefonanrufen bei den beteiligten Sendern aus, die bisher unvergleichlich war. »Noah« war fortan in aller Munde und Bruce Low ständiger Gast in allen Hitparaden!

Zu jeder Sendung von »Allein gegen alle« kamen durchschnittlich 500 – 600 Briefe. Davon waren rund 30 Prozent Zuschriften aus der damaligen DDR, die in der Regel über westdeutsche Deckadressen oder Bekannte an die jeweiligen Sender geschickt wurden. Selbst die teilnehmenden Städte bekamen Post aus dem anderen Teil Deutschlands, manchmal wurden sogar selbstgereimte Zeilen oder kleine Gedichte von DDR-Bürgern verfaßt, in denen sie ihre Glückwünsche zum Sieg übermittelten. Rosenthal hatte mit seinem Ratespiel nicht nur die Radiohörer in Westdeutschland auf den Plan gerufen, sondern auch den Menschen in der DDR das Gefühl gegeben, dazuzugehören. Die Hörerresonanz war auch sonst enorm groß. In den sechziger Jahren sollen im Durchschnitt 8 – 9 Millionen Menschen in Deutschland »Allein gegen alle« am Radioapparat verfolgt haben.

Man kann sich heute kaum mehr vorstellen, welches ungeheuere Echo zum Beispiel ein Aufruf des Spielmeisters im Dezember 1968 hatte. Ein Fragesteller, der gerade im Sendespiel unterlegen war, erzählte von seiner Bierdeckel-Sammlung. Rosenthal, der den Kandidaten ein wenig trösten wollte, rief nun die Hörer auf, Bierdeckel an die Adresse des Fragestellers zu schicken. Es dauerte nicht lange, als nach ein paar Tagen eine regelrechte Bierdeckel-Flut über den verdutzten Sammler hereinbrach. 30.000 Bierdeckel wurden ihm zugesandt, die Hälfte davon kamen aus der DDR und aus dem Ausland. Fast jeden Tag holte der Fragesteller die Postsäcke selbst vom Postamt ab und stapelte seine Bierdeckel in einem extra freigeräumten Raum bis unter die Zimmerdecke.

Ein anderes Beispiel für die enorme Hörerresonanz stammt aus dem Jahre 1966, als der Spielmeister die Hörer bat, einen Ansichtskartengruß an die Siegerin des Marktplatz-Sonderspiels in der Stadt Crailsheim zu schicken. Hier war das Hörerecho noch größer, denn die Mitspielerin bekam 124.223 Karten, darunter allein 15.000 aus der DDR. Sie mußte allerdings auch 75,40 DM Strafporto bezahlen, was ihr vom Rundfunk natürlich zurückerstattet wurde. Allein diese beiden Beispiele zeigen ganz deutlich, wie stark das Gefühl der Verbundenheit nicht nur unter den Hörern im damals westlichen Teil Deutschlands war, sondern auch über Grenzen und Mauern hinweg. Bestimmt werden sich auch heute noch viele Bürger gerade in den neuen Bundesländern an diese beliebte Sendereihe erinnern.

KAPITEL 7

VON DER SPREE BIS AN DEN RHEIN WAR DAS MOTTO »SPASS MUSS SEIN!«

Der Spielmeister und seine Kandidaten

H ans Rosenthal hat im Laufe seiner Rundfunkkarriere viele Quizspiele und Sendereihen erdacht und erfunden, moderiert oder geleitet. Über alle seine Unterhaltungssendungen und Veranstaltungen hier im Einzelnen zu berichten ist schier unmöglich, denn das würde wohl den Rahmen jedes Buches sprengen. Und so können wir uns nur auf eine Auswahl verschiedenartiger Sendungen beschränken, im Anhang wird der Versuch einer vollständigen Übersicht aller Rosenthal-Unterhaltungsproduktionen erstmals veröffentlicht. Daß Rosenthal nicht nur Spiele und Quizsendungen erdacht hat, sondern auch für Kabarettprogramme und Satiremagazine verantwortlich zeichnete, soll an späterer Stelle noch eingehender betrachtet werden; daß er jedoch auch selbst ausgearbeitete Konzepte für Sendungen von Kollegen im Funk und im Fernsehen entwickelte und selbst dabei nicht vor dem Mikrofon oder der Kamera in Erscheinung trat, das werden wohl nur die wenigsten wissen. So förderte er beispielsweise im Fernsehen auch den Showmaster-Nachwuchs.

Der in den sechziger Jahren umjubelte und von den Teenagern umschwärmte »Eisprinz« Hans-Jürgen Bäumler, der – wie böse Zungen behaupteten – aus Schmerz, weil er »seine Marika« (Eislaufpartnerin: Marika Kilius) nicht bekam, nun als Schauspieler und Sänger in mehr oder weniger erfolgreichen deutschen Spielfilmen sein Unwesen trieb, hing seine Schlittschuhe an den Nagel, tauschte sie gegen ein Mikrofon ein und versuchte sich als Moderator auf dem Bildschirm. Das ZDF holte ihn für die internationale Folklore-Show »Musik kennt keine Grenzen«, die Vico Torriani vorher mit großem Erfolg conferiert hatte. Außerdem wurde er sporadisch als Ansager für Evergreensendungen eingesetzt, ehe er von Rosenthal für die erfolgreiche Vorabendserie »Der Apfel fällt nicht weit vom Stamm« (ZDF: 1984 – 86) entdeckt wurde. Auch bei der privaten Fernsehkonkurrenz wurde man auf den charmanten und munteren Plauderer aufmerksam, und so gelang es schließlich dann dem Sender RTL, den »pensionierten« Eisstar Bäumler für die Quizreihe »Riskant« zu verpflichten.

Auch beliebte Schlagerstars wie Ingrid Peters und Bernhard Brinck probierten einmal die Quizmasterrolle unter der Regie von Hans Rosenthal aus: »Kaum zu glauben« war das Motto für die Moderatorin Peters (ZDF: 24.3.1983) und bei Quizmaster Brinck hieß es »Der lachende Dritte« (ZDF: 30.12.1982). Bereits alte Hasen in diesem Metier waren Christian Simon (»Das Geld liegt auf der Straße« – ZDF: 29.7.1982) und Heinz Eckner (»Ein Wort aus Musik« – ZDF-Vorabendserie 1981/82), die als Spielleiter vor der Kamera debütierten, während der Erfinder Rosenthal hinter den Kulissen agierte.

Übrigens griff der Regisseur und Moderator Rosenthal bei seiner Fernsehtätigkeit, ob nun vor oder hinter der Kamera, gern auch auf Altbewährtes aus dem guten alten »Dampfradio« zurück. Warum auch nicht, denn schließlich waren es ja alles seine Ideen, die er in probater Manier in eine Bildschirmfassung umsetzte. So war beispielsweise die o.g. Serie »Ein Wort aus Musik« mit dem Spielmeister Heinz Eckner, zu der der »Äppelwoi-Wirt« vom »Blauen Bock« Heinz Schenk das Buch schrieb, eine Adaption der beliebten Hörfunksendereihe »Das klingende Sonntagsrätsel«. Dieser erfolgreiche Radio-Dauerbrenner von RIAS Berlin wurde am 7. März 1965 erstmalig ausgestrahlt und erreichte bei den Hörern eine Resonanz, die ohnegleichen in der Rundfunkgeschichte war und ist. Dabei war dieses kleine musikalische Preisrätsel am Sonntagvormittag ursprünglich nur als Testsendung gedacht, bei der man die Hörerresonanz auf eine neue Frequenz des 2. Programms von RIAS Berlin ermitteln wollte. Rosenthals neue Idee kam bei den Hörern so gut an, daß sie nicht ohne Folgen bleiben konnte: Am 15. März 1970 erklang die Titelmelodie »Around The World« bereits zum 250. Male, 15 Jahre später feierte man sogar die 1000. Folge (14. Juli 1985) dieses kleinen musikalischen Ratespiels, das zeitweilig auch vom Saarländischen Rundfunk übernommen wurde. Bis dahin hatten sich bereits Millionen von Radiohörern durch Einsendungen beteiligt, darunter auch viele Zuschriften aus der ehemaligen DDR. Die überaus große Beliebtheit dieser Sendung hat den RIAS seinerzeit wohl auch veranlaßt, das sonntägliche Musik-Quiz nach dem Tode seines Erfinders Rosenthal weiterzuführen. Nach der Wende, als der RIAS abgewickelt wurde und das einst bewährte Programmprofil nicht in den neuen Sender von DeutschlandRadio Berlin überführt werden konnte, wäre das »Sonntagsrätsel« dann beinahe ein Opfer der neuen Programmstruktur geworden: Nur massive Hörerproteste konnten verhindern, daß diese Sendung nicht eingestellt wurde. Nun sitzt Christian Bienert, der schon unter Rosenthals Leitung dieses Ratespiel redaktionell betreut hatte, am Mikrofon und läßt Musiktitel, Komponisten oder Interpreten Buchstabe für Buchstabe erraten.

Als Abteilungsleiter für Unterhaltung war Rosenthal viele Jahre hindurch beim RIAS für die sog. leichte Kost im Programm des Senders zuständig. Daß er sich dabei im Gegensatz zu vielen seiner ARD-Kollegen in gleicher Position, nicht nur auf die administrative Verantwortung zurückzog, sondern auch weiterhin engagiert und kreativ in den Programmalltag eingriff und immer wieder neue Ideen für andere Unterhaltungsprojekte und Sendeformen beisteuerte, liegt bei dem Karriereverlauf dieses Mannes wohl klar auf der Hand. Und so sind beispielsweise viele Sendereihen seines Heimatsenders RIAS auf die Initiative oder Idee von Hans Rosenthal zurückzuführen: »Kutte kennt sich aus« – die Berliner Heimatsendung mit Kurt Pomplun und Horst Kintscher –, »Sieh fern im Hörfunk« (Die TV-Beilage des RIAS), »Bei uns funkt's« (Kinderfunksendung mit Horst Kintscher und Reinhard Stein) und natürlich auch »Ewalds Schlagerparade« mit Ewald Wenck – dem damals ältesten Discjockey der Welt – sind nur einige von vielen Beispielen. Auch an die erfolgreiche Fernsehshow »Musik ist Trumpf!« – zunächst mit Peter Frankenfeld und dann mit Harald Juhnke und Barbara Schöne – soll in diesem Zusammenhang erinnert werden. Die zeitgleiche Übertragung in Hörfunk und Fernsehen war ursprünglich auf eine Idee von Rosenthal zurückzuführen, obwohl er sich zunächst mit seinem Vorschlag in der RIAS-

Chefetage eine Abfuhr einhandelte. Denn dort war man eher abgeneigt und verglich die von Peter Frankenfeld moderierte neue ZDF-Show mit einem »KdF-Wunschkonzert« vergangener brauner Zeiten. Erst nach dreijähriger Laufzeit auf dem Bildschirm, als auch der Österreichische Rundfunk (ORF) und das Schweizer Fernsehen (SRG) die beliebte Fernsehshow im Rahmen der Eurovision mit ausstrahlten, besann man sich im RIAS eines besseren und übernahm die Fernsehsendung auch im Radio (erstmalig am 3.6.1978 aus Innsbruck).

Doch zurück zur Hauptaktivität von Rosenthal; die konzentrierte sich natürlich immer wieder auf Quiz- und Ratespiele und auch auf die sogenannten »Bunten Abende«. Denn hier konnte er nach Herzenslust agieren und improvisieren. Dabei machte er es sich nicht gerade einfach, denn diese Veranstaltungen führte er fast immer mit vorher nicht ausgesuchten Kandidaten durch. Ohne Zweifel hatte er es natürlich dadurch schwerer als seine Showmasterkollegen mit den vielleicht niveauvolleren Spielpartnern. Doch auch hier wußte Quizmaster Rosenthal – Dank seiner langjährigen Erfahrung im Hörfunk – wie er mit seinen Kandidaten umzugehen hatte: So kam es nach einem kurzen Interview, das er vor jedem seiner Spiele führte, meistens gleich zu einem guten Kontakt. Er war ein Showmaster, der sofort auf seine Gäste einging und nie versuchte, seine Witze und Späße auf Kosten seiner Quizpartner zu machen. Zunächst war er erst einmal bemüht, ihnen die Unsicherheit auf der Bühne und das Lampenfieber zu nehmen. Und so stellte er meist vor dem eigentlichen Spiel die Frage nach Beruf und Hobby. Der Gast, der gerade aus dem dunklen Zuschauerraum ins helle Scheinwerferlicht der Bühne kam, konnte nun erst einmal das alles erzählen, was er kannte und was ihm vertraut war, gewann dadurch zunehmend an Sicherheit und Selbstvertrauen, so konnte er sich später um so mehr auf das eigentliche Spiel konzentrieren.

Es grenzt schon fast ein wenig an Psychologie, wenn man die Methoden und Umgangsformen der einzelnen Moderatoren und

Quizmaster einmal etwas näher betrachtet, mit denen sie versuchen, ihre Interview- oder Spielpartner auf die ungewohnte Situation vorzubereiten bzw. wie sie ihnen helfen, damit sie auch nachher alleine vor dem kritischen Publikum bestehen können. So gibt es Kandidaten, die sehr aufgeregt und hektisch sind und manchmal vor Schreck sogar ihren Namen vergessen haben, während andere wieder eher Gelassenheit oder gar Trägheit nach außen hin demonstrieren. Auf all diese Verhaltensweisen muß sich ein Showmaster natürlich sofort einstellen können und blitzschnell reagieren, denn sonst droht das Spiel zur Makulatur zu werden oder wird sowohl für den Mitspieler als auch für das zuschauende Auditorium langweilig und uninteressant. Manche Moderatoren geben sich auch wirklich redlich Mühe und versuchen, ihren Kandidaten die notwendige Hilfe zu geben. Doch mitunter wirkt dieses Bemühen etwas hölzern oder aufgesetzt in der Ausdrucksweise: der richtige herzliche Kontakt, die freundschaftliche Atmosphäre will einfach nicht aufkommen! Andere Spielleiter oder Showmaster wiederum versuchen erst gar nicht, sich um das »unbekannte Wesen« aus dem Publikum zu kümmern, denn schließlich sind sie vielfach mit sich selber so beschäftigt, daß sie keinen neben sich dulden wollen, der ihnen die Schau stehlen könnte! Oft wird auch der Vorwurf erhoben, die Quizmaster würden sich zu »väterlich«, zu »autoritär« oder gar »schulmeisterlich« bewegen. Und doch muß es wohl eine große Gruppe von Verehrern geben, die gerade diese Art der Präsentation bevorzugen, denn wie ist es sonst zu erklären, daß es so wenig weibliche Showmaster gibt?

Alles konnte man Hans Rosenthal nachsagen, nur das nicht: Er war weder autoritär und väterlich, noch lag ihm die schulmeisterliche Art. Selbst, wenn er es mit jugendlichen Kandidaten oder Schülern zu tun hatte, wollte er keineswegs seine Autorität als Spielmeister in den Vordergrund stellen, im Gegenteil, er betrachtete sich eher als Freund, der sich mit seinen jungen Spielpartnern auf eine Stufe stellte und ihnen gleich jegliche Hemmungen nahm, indem er ihnen das »Du« anbot: »Ich heiße Hans und wie heißt

I

So ist er vielen Menschen noch in guter Erinnerung geblieben:
Hans Rosenthal als Quizmaster von »Dalli, Dalli«.

Im Vox-Haus am Potsdamer Platz in Berlin (Aufnahme: 1969)
startete der Deutsche Rundfunk am 29.10.1923 sein Programm.

Oben: Die Greifswalder Straße (Ecke Naugarder Str. um 1925: In diesem Berliner Kiez wuchs Rosenthal auf.
Unten: Blick auf den Sender Freies Berlin. Hier war nach 1945 zunächst der Berliner Rundfunk beheimatet, wo Rosenthal seine Rundfunkkarriere begann.

BERLINER RUNDFUNK

BERLIN-CHARLOTTENBURG 9 · MASURENALLEE 8

Postschliessfach NW 7 Nr. 126
Fernruf: Sammelnummer 92 02 01
Drahtanschrift: Berlinrundfunk

Berlin, den 30. Juni 1948
200/Co.

Z e u g n i s
= = = = = = = = =

Herr Hans R o s e n t h a l , geb. am 2.4.1925, war in der Zeit
vom 28. Mai 1945 bis zum 30. Juni 1948 in unserer Hauptabteilung
Wort / Unterhaltendes Wort als Regieassistent und später als Aufnahmeleiter tätig. Seine Arbeit bestand in der Vorbereitung von
Sendungen und in der Sorge für einen reibungslosen Ablauf der Aufnahmen.

Herr Rosenthal, der bei seinem Eintritt in den Funkbetrieb keiner-
lei Vorkenntnisse hatte, hat sich im Laufe der Zeit auf Grund seiner schnellen Auffassungsgabe, seiner Intelligenz, seines Fleisses
sowie seines vielseitigen Interesses für alle Sendegebiete zu einem
unserer tüchtigsten Mitarbeiter entwickelt. Auf eigenen Wunsch nahm
er seinerzeit auch durch Vermittlung unseres technischen Direktors
an einem Kursus für Cutter-Arbeiten teil.

Seine besonderen Fähigkeiten konnte er bei der Durchführung öffentlicher Veranstaltungen unter Beweis stellen. Im letzten Jahre konnten wir Herrn Rosenthal sogar die musikalische Ausgestaltung verschiedener Sendungen zur vollkommen selbständigen Erledigung übertragen.

Herr Rosenthal hat alle Aufgaben, die ihm gestellt wurden, stets
zuverlässig und mit grossem Einfühlungsvermögen, selbst bei stoff-
lich schwierigen Hörspielarbeiten, erledigt. Seine Lehrjahre kann
man mit dem zur Zeit erreichten Stand seines Könnens als abgeschlos-
sen betrachten.

Wir möchten noch bestätigen, dass wir Herrn Rosenthal nicht nur
arbeitsmässig, sondern auch charakterlich in jeder Beziehung nur
das beste Zeugnis ausstellen können.

BERLINER RUNDFUNK
PERSONAL - DIREKTION
Personaldirektor

Postscheckkonto: Berlin 2040 · Bankkonto: Berliner Stadtkontor Zweigstelle Charlottenburg, Konto 2028

Dieses Zeugnis erhielt Rosenthal, als er 1948 vom
Berliner Rundfunk zum RIAS wechselte.

V

RIAS-Werbeplakat aus den ersten Jahren des Bestehens.

Oben: Hans Rosenthal am Mischpult im RIAS-Studio.
Unten: Beim Sortieren der zahlreich eingegangenen Hörerpost
für seine Sendereihe »Das klingende Sonntagsrätsel«.

Günter Neumann, der Vater der »Insulaner« erhält 1951 für seinen
Film »Herrliche Zeiten« den Silberlorbeer von General Mathewson.

Oben: Das Ensemble des berühmten RIAS-Funkkabaretts »Insulaner«
(1958): 1. Reihe v. r. : Edith Schollwer, Tatjana Sais; 2. Reihe v.l.:
Ilse Trautschold, Agnes Windeck, Jo Furtner, Kurt Pratsch-Kaufmann;
hintere Reihe v.l.: Herr Müller, Ewald Wenck, Bruno Fritz und Olaf
Bienert. Unten: In der Winsstraße im Berliner Bezirk Prenzlauer Berg
verbrachte Rosenthal seine Kindheit (Aufnahme: 1994).

Oben: Zu Gast beim Ratespiel »Wer fragt – gewinnt!«
war auch die berühmte Schauspielerin Grethe Weiser

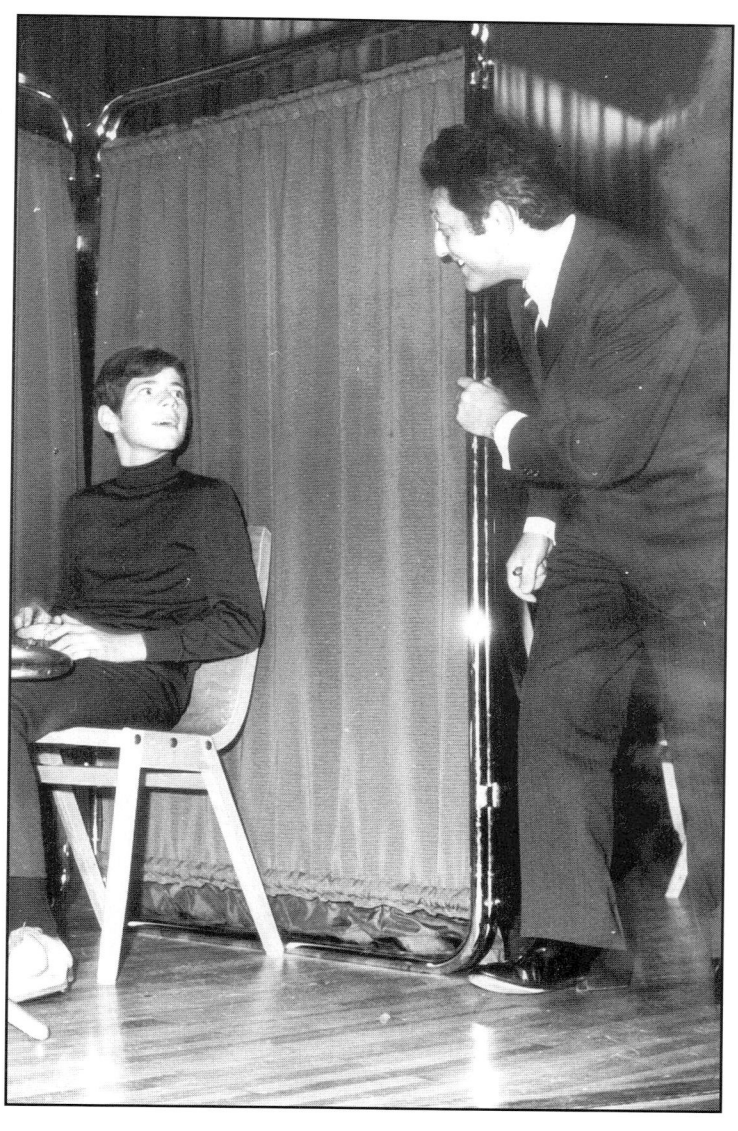

Der »Kinderstar« Heintje als Gast beim Prominentenraten.

Hans Rosenthal war als langjähriger Vorsitzender des Berliner
Fußballvereins »Tennis Borussia« auch selbst aktiv auf dem Rasen
wie hier mit dem Kabarettisten Wolfgang Neuss

Oben: Rosenthal beim sogen. »Warm Up« vor einer
»Allein gegen alle«-Veranstaltung in der Berliner Urania.
Unten: Gruppenbild mit Spielmeister nach einer »Allein gegen alle«
Sendung in Stuttgart: (v. l.) Die Fragesteller Hildegard Koppitz,
Thomas Henschke, Maria Blumer und Klaus Herrmann,
sowie Freddy Quinn als Gesangssolist, Spielmeister Rosenthal
und Anneliese Schwarz als weitere Quizkandidatin

Urkunde

Die Stadt **Remscheid**
hat bei der Rundfunksendung

ALLEIN GEGEN ALLE
Ein Hörer gegen eine ganze Stadt

3mal mitgespielt und 3mal gewonnen!
Die Stadt **Remscheid**
erhält damit die Note
summa cum laude
und wird von den veranstaltenden Rundfunksendern:

Norddeutscher Rundfunk-Hamburg
Süddeutscher Rundfunk-Stuttgart
Westdeutscher Rundfunk-Köln
RIAS Berlin

als **unschlagbar** für Rätselsendungen erklärt

Der Spielmeister

ALLEIN GEGEN ALLE

Wenn eine Stadt dreimal erfolgreich im Ratespiel »Allein gegen alle«
teilgenommen hatte, wurde sie zur »unschlagbaren Rätselstadt«
erklärt und erhielt eine Urkunde, wie hier die Stadt Remscheid
im Bergischen Land.

Oben: Kip Oppermann (rechts) vom NDR war als Produktionsleiter
für die meisten Sendungen von Rosenthal verantwortlich;
neben ihm die »AGA«-Fragestellerin Annemarie Sieg (links).
Unten: Fröhlicher Umtrunk mit dem Spielmeister und seinem
Team nach der Veranstaltung in einem Berliner Restaurant.

Rosenthal »gastierte« mit seinen Sendungen in vielen Städten der Bundesrepublik zwischen Flensburg und München. In Berlin wurden die Veranstaltungen meist in der Urania, im Haus des Rundfunks oder im Ernst-Reuter-Saal (Bild oben) durchgeführt, während man sich in der Hansestadt Hamburg vornehmlich im NDR-Funkhaus oder im Congress-Centrum (Bild unten) zum Raten bei »Allein gegen alle«, »Wer fragt – gewinnt!« oder »Spaß muß sein!« traf.

Eintrittskarten zu Veranstaltungen von Hans Rosenthal.

Hans Rosenthal im Jahre 1982.

»Gut gefragt – ist halb gewonnen«: In der 9.Folge (20.5.1965)
waren zum Ratewettstreit bereit (v.l.n.r.): Gustav Knuth,
Grethe Weiser und Hans Söhnker (Bild oben).
Unten: Zum 50.Jubiläum des heiteren Ratespiels am 6.1.1969
kamen zum Spielmeister Rosenthal und seiner Assistentin
Monica (Mitte) die Schauspieler (v.l.n.r.) Christian Wolff,
Eva Renzi und Paul Hubschmid.

Oben: 60.Folge »Gut gefragt – ist halb gewonnen« vom 8.12.1969 mit (v.l.n.r. stehend) Horst Pillau, Karin Jacobsen, Heinz-Oskar Wuttig, Hilde Weisner, Dunja Rajter, Harald Juhnke und (sitzend) Spielmeister Rosenthal mit Assistentin Monica Sundermann.
Unten: In der 17.Folge (22.1.1966) spielten zwei Schauspieler-Mannschaften aus Wien und Berlin gegeneinander: Dieter Borsche, Sonja Ziemann und Ralf Wolter (v.l.) versuchten für die Spree-Metropole Quiz-Punkte zu erringen.

Oben: In der 39.Folge (16.12.1967) quizzten die Mannschaften
von »Havelstrand gegen Waterkant« um den Sieg: (v.l.n.r. sitzend)
Jo Herbst, Edith Schollwer, Willi Rose und (v.l.n.r. stehend)
Richard Germer, Lale Andersen und Addi Münster.
Unten: »Schauspielerinnen gegen Schauspieler« (10.6.1967)
mit (v.l.n.r. sitzend) Inge Meysel, Marianne Hoppe, Käthe Haack
und (hinten stehend) Joachim Hansen, Spielmeister Rosenthal,
Paul Klinger und Max Eckard.

»Berliner Witz gegen Kölner Humor« (59. Folge vom 10.11. 1969)
mit Kurt Adolf Thelen, Kurt Lauterbach, Lotti Krekel, Bruno Fritz,
Ingrid van Bergen und Bruno W. Pantel, sowie (vorne) dem
Spielmeister und seiner Assistentin Monica (v.l.n.r.).

Oben: In der Sendung vom 9.11.1968 (46.Folge) standen sich die
Mannschaften von »Gesang« und »Tanz« gegenüber: (v.l.)
Roy Black, Ivan Rebroff, Spielleiter Rosenthal, Alexandra, Assistentin
Monica, Jürgen Feindt, Annaluise Schubert und William Milié.
Unten: Im Jahre 1971 startete Hans Rosenthal sein großes Schnell-
denker-Quiz »Dalli, Dalli« und erreichte damit den Zenit seiner
Karriere. Zum Team gehörten: (v.l.n.r.) Brigitte Xander, Oskar,
Monica Sundermann, Ekkehard Fritsch, Heinrich Riethmüller,
Spielmeister Rosenthal und Mady Riehl.

153 Folgen der Sendereihe »Dalli, Dalli« wurden von 1971 – 1986
ausgestrahlt und zwar zunächst aus den Berliner Union Film Studios
und dann jeweils 8 Sendungen pro Jahr aus dem Fernsehstudio
München-Unterföhring (Bild oben) und 2 Sendungen jährlich
aus dem ORF-Zentrum in Wien (Bild unten).

Zu Gast bei »Dalli, Dalli« von und mit Hans Rosenthal:
Rosi Mittermaier (links) und Willi Daume (rechts).

Oben: In der Nostalgie-Gala »Schlagerfestival 1926«
(Sendung: 1.7.1976) führte Hans Rosenthal gemeinsam mit
dem beliebten Schauspieler Theo Lingen durch das Programm.
Unten: Das Berliner Ausstellungsgelände ist alle zwei Jahre Treffpunkt der Funk- und Fernsehindustrie sowie der Rundfunkanstalten
aus aller Welt. Auch Rosenthal war stets mit Sendungen vertreten.

Bild oben: Curth Flatow und Rolf Ulrich (v.l.) gehörten
jahrelang nicht nur zu den Berufskollegen sondern auch zum
Freundeskreis von Hans Rosenthal.
Bild unten: Rosenthal im Gespräch mit dem bekannten
Schriftsteller Ephraim Kishon.

Bild oben: »Jung und alt auf gleicher Welle in der Spandauer Zitadelle« lautete das Motto einer Veranstaltung im September 1975 in Berlin mit Hans Rosenthal als Spielmeister.
Bild unten: »Glück auf, der Steiger kommt« Spielmeister Rosenthal, Produktionschef Kip Oppermann und Aufnahmeleiter Reinhard Stein (v.l.) nach einer Zechenbesichtigung im Ruhrgebiet.

Bild oben: Hans Rosenthal auf der Internationalen Funkausstellung 1985, wo er im Wechsel mit Dieter Thomas Heck an allen Ausstellungsnachmittagen die Livesendung »Zehnkampf der Fernsehfans« präsentierte.

BERLIN

RIAS BERLIN · KUFSTEINER STRASSE 69 · D 1000 BERLIN 62 · POSTFACH

RUNDFUNKANSTALT

Ehepaar Henschke
Hermsdorfer Damm 207
1000 Berlin 28

SAMMELRUF (030) 8302 - 1
APP
TELEX 01 - 8 3790

IHR ZEICHEN	IHRE NACHRICHT VOM	UNSERE ABTEILUNG	UNSER ZEICHEN	DATUM
		Unterhaltung	ro/h	1.8.1978

Liebe Elke, lieber Thomas,

erst heute nach meinem Urlaub finde ich Eure Vermählungs-
anzeige, die mir beweist, daß Ihr auch Mut besitzt, denn
Ihr seid so viel zusammen gewesen und so viel zu den Sendungen gemeinsam gekommen, daß ich dachte: "na, langsam
wird's Zeit".
Sie sind beide große Funk- und Fernseh-Fans; ich bin
sicher, daß diese Leidenschaft letztlich auch zur Ehe
führte, denn gemeinsame Interesse verbinden die Menschen
sehr stark.
Ich wünsche Ihnen beiden eine glückliche Ehe (da ich über
dreißig Jahre glücklich verheiratet bin, weiß ich, was
ich sage); man mag im Leben sehr viele Menschen und
Freunde kennen/lernen, verlassen kann man sich immer
nur auf den Partner.
Alles Gute für den weiteren Lebensweg wünscht Ihnen
Ihr
(Hans Rosenthal)

Persönliche Gratulation von Hans Rosenthal zur
Eheschließung des Autors im Jahre 1978.

Die Erinnerung an Hans Rosenthal lebt fort: Durch die Eröffnung einer Seniorenfreizeitstätte im Berliner Bezirk Zehlendorf, die den Namen des Showmasters trägt (Bild oben) und durch die Einweihung des »Hans-Rosenthal-Platzes« vor dem ehemaligen RIAS-Funkhaus, in dem heute DeutschlandRadio Berlin sein Domizil hat. Im Bild (unten): Bezirksbürgermeister Horst Dohm, sowie Traudl und Gert Rosenthal (v.l.).

Oben: Altbundespräsident Richard von Weizsäcker
im Gespräch mit Hans Rosenthal.
Unten: Als Shows noch TV-Ereignisse waren –
zeitgenössische Ankündigungen von Rosenthal-Sendungen

Du...?« Rosenthal vereinigte in sich Eigenschaften wie Gerechtigkeitssinn, Menschlichkeit und Toleranz. Seine treuen Fans wußten dies zu schätzen, und die, die ihm kritisch-distanzierter gegenüberstanden, konnten es weder leugnen noch bestreiten. Bei Publikumsumfragen wurde immer der besondere Einfallsreichtum Rosenthals und seine humorvolle, schlagfertige Präsentation von Sendungen an erster Stelle genannt. Ferner hat man ihn immer als äußerst gerechten Spielmeister bezeichnet, der menschliche und soziale Qualitäten besaß. »Man muß Menschen mögen«, hatte Rosenthal einmal gesagt, »sonst sollte man den Beruf nicht ausüben!« Mit dieser Aussage hat er nach wie vor Recht behalten, das sei vor allen Dingen den Moderatoren ins Stammbuch geschrieben, die sich einmal als Quizmaster vor dem Mikrofon oder der Kamera versuchen wollen!

Daß Rosenthal die Menschen mochte und Wert darauf legte, ein ganz normaler, ein durchschnittlicher Bürger zu sein, um sich mit ihnen »wie ein guter Nachbar über'n Gartenzaun« unterhalten zu können, bewies er vor allem in einer Sendereihe, an der neben dem NDR, SDR und RIAS zeitweise auch der WDR, BR und HR beteiligt waren: Unter dem Titel »Spaß muß sein!« präsentierte er Quiz, Musik und gute Laune aus den verschiedensten Städten zwischen Kiel (mehrere Folgen, so u.a. am 25.6.83 und 23.6.84) und Lindau am Bodensee (18.11.83), von Bonn/Bad Godesberg (z.B. am 6.5.82) bis Linz/Österreich (am 10.11.84). Die erste Folge dieser Reihe, die nach Einstellung von »Wer fragt – gewinnt!« gestartet wurde, fand am 5. April 1974 (Aufnahmetermin im Humboldtsaal der Urania) in Berlin statt. Absichtlich habe ich von der »ersten Folge dieser Reihe« gesprochen, denn die allererste Sendung mit dem gleichen Titel gab es eigentlich schon viel früher. Nur waren es seinerzeit Veranstaltungen und »Bunte Abende« in loser Folge, die nur zu bestimmten Anlässen oder Jubiläen durchgeführt wurden. So war man zur Berliner Theaterwoche in Bonn/Bad Godesberg, zum 25-jährigen Bestehen des RIAS-Senders Hof in Franken und auch zur Deutsch-Dänischen Woche in der Fördestadt Flensburg zu Gast; man feierte das 750-jährige Bestehen des Heidestädtchens Uelzen an der Ilmenau ebenso wie das noch nicht so alte Amerika-Haus in Berlin-Charlottenburg (25-Jahrfeier). Selbst zur Fußballweltmeisterschaft 1966 in England war der selbst aktiv Fußball spielende, langjährige Tennis Borussia-Vorsitzende Rosenthal nicht mehr zu bremsen: Aus dem Paris-Theater in London präsentierte er im Rahmen eines Reiseabonnements für alle deutschen Schlachtenbummler und Fußballanhänger eine große öffentliche Veranstaltung unter dem Titel »Spaß muß sein!« Wie wir alle wissen, ging Deutschland damals nur knapp am WM-Titel vorbei: Wir wurden Vizeweltmeister, und irgendein Elfmeter war wohl Schuld gewesen oder ein Tor, daß der Schiedsrichter nicht anerkennen wollte!

Betrachtet man rückwirkend die Einzelveranstaltungen und die Serie »Spaß muß sein!« insgesamt, so ist es eigentlich schade, daß bis auf die Sendungen in London und später im österreichischen Linz keine weiteren Veranstaltungen mehr im Ausland stattfanden, wenn man von den Gastspielen in Bayern einmal absieht. Die Sprachbarrieren allein können es nicht gewesen sein, denn auch der schweizerische Telefonrundspruch war ja regelmäßig mit angeschlossen. Wahrscheinlich war es eher ein Koordinations- und Terminproblem. Unlängst erfuhr ich, daß Rosenthal sogar eine Veranstaltung in Israel produzieren wollte; es ist dann leider nicht mehr dazu gekommen: Der überaus reich gefüllte Terminkalender des Quizmasters ist wohl Schuld daran gewesen.

Die Kilometer, die der »flinke Hans« mit dem Auto, der Bahn und vor allen Dingen mit dem Flugzeug zurückgelegt hat, machen wohl zusammengenommen mehrere Weltreisen aus. Allein bei der »Spaß muß sein!«-Serie war er dauernd unterwegs, weil es anfänglich fast monatlich eine Sendung gab (später nur noch 4 – 5 Sendungen pro Jahr). Aus den verschiedensten Städten der Bundesrepublik übertrug man ein abwechslungsreiches Programm mit immer wieder neuen Spielen, lustigen Kandidaten, bekannten Solisten, einem Orchester und natürlich einem schlagfertigen Spielmeister. Mal mußte ein »gruseliges« Schloßgespenst von einem Saalkandidat gefangen werden, oder es wurde »ganz auf die Schnelle«, noch während der Sendung, eine Kurkapelle in einem deutschen Kurort gegründet. Auch mußten einmal U-Bahn-Fahrgästen die Schuhe geputzt werden; dann gab es einen Liegestuhlverleih mitten auf einem Hauptbahnhof der Deutschen Bundesbahn, den ein verdutzter Kandidat aus dem Publikum organisieren sollte. Und auf dem Berliner Ku'damm fand schließlich auch noch ein öffentliches Zähneputzen statt, wobei eine Passantin vor Schreck ihre dritten Zähne vergaß:

Über den Sender wurde dann – unter dem schallenden Gelächter des Saalpublikums – eine Gebiß-Suchmeldung durchgegeben. In einem großen Hamburger Hotel wartete der sympathische und inzwischen leider verstorbene Tagesschau-Chefsprecher Werner Veigel – natürlich mit Bart und Brille maskiert – auf eine ahnungslose Kandidatin, die als Stubenmädchen für einen Abend seine ausgefallenen Wünsche erfüllen sollte. Und die waren natürlich eben nicht gerade alltäglich – aber noch jugendfrei. Nachdem die Kandidatin Herrn Veigel aus einem Buch vorgelesen hatte, sollte sie nicht nur ein Gläschen Sekt mit ihm trinken, sondern obendrein auch noch sein eingeschlafenes Bein massieren! Die Gäste im Congreß-Centrum in Hamburg waren natürlich live dazugeschaltet und konnten die Geschehnisse im Hotelzimmer über Funk mitverfolgen.

In Bad Pyrmont hatten es Rosenthal die Kurschattenspiele angetan, die ihn zu einer lustigen Spielrunde animierten. So schickte er einen Publikumsgast in die nahegelegene Schloßweinstube, wo er sich für einen Abend einen Kurschatten suchen sollte. Als »sachkundiger« Reporter dieser Außenrunde fungierte ein damals noch fast unbekannter Mann, der vom »österreichischen Gastarbeiter« – vornehmlich im Westdeutschen Rundfunk – zum beliebten Fernsehstar avancierte: Max Schautzer, ursprünglich aus Kärnten stammend, hatte den Beruf des Bankkaufmanns erlernt, ehe er beim WDR in Köln anklopfte und den Bankschalter-Dienst mit dem

Programmansagedienst tauschte. Und heute zählt er zu den bekanntesten Conférenciers und Showmastern.

Ein anderer Rundfunkmann, der ebenfalls von Rosenthal entdeckt und gefördert wurde, ist Reinhard Stein, der ehemalige Kandidat von »Allein gegen alle«, der sogar die Stadt Berlin aufs Kreuz legte und zum »Männeken Quiz« avancierte: Wir berichteten bereits darüber. Nachdem er das Rundfunk-Handwerk von der Pieke auf gelernt hatte, fast wie sein großes Vorbild Rosenthal, war er u.a. Reporter und Regieassistent bei einigen Unterhaltungssendungen. Auch die Rolle des Spielmeisters durfte Stein einmal übernehmen, wenn auch eher aus einem traurigen Anlaß. In Füssen/Allgäu war das Kurhaus für den 18. September 1986 bereits angemietet worden, die Radiostationen des Bayerischen Rundfunks, des Norddeutschen Rundfunks, des Süddeutschen Rundfunks und des RIAS Berlin waren für die 100. Folge von »Spaß muß sein!« sendebereit. Solisten, Orchester und das gesamte Team waren in das bayerische Allgäustädtchen gefahren, um eine zünftige Jubiläumssendung mit Quiz, Musik und spielfreudigen Kandidaten zu veranstalten. Nur einer konnte nicht kommen: Der Spielmeister Hans Rosenthal, der nie eine Sendung versäumt hatte, lag bereits mit einer schweren Krebserkrankung im Steglitzer Klinikum in Berlin und drückte seinem Vertreter ganz fest die Daumen. Er konnte mit der Leistung des Moderators Reinhard Stein sehr zufrieden sein, doch die nächste, die 101. Folge, aus Fellbach bei Stuttgart, wollte Rosenthal dann wieder selbst leiten, so sehr sehnte er sich – auch vom Krankenbett aus – nach seinem Publikum. Doch auch dieser Wunsch blieb ihm versagt. Max Schautzer, die andere große Entdeckung Rosenthals, sprang nun ein und moderierte unter dem Titel »Es liegt was in der Luft« einen »Bunten Abend« mit bekannten Solisten und dem Südfunktanzorchester unter Erwin Lehn. Damit ging eigentlich ein weiteres Kapitel in der Chronik der Unterhaltungssendungen von Hans Rosenthal zu Ende, wenn auch – bedingt durch die Krankheit – etwas abrupt. Bestimmt hätte der Spielmeister noch viele Orte und Städte mit seiner Funkcrew bereist und dort vor Ort für gute Laune mit Spaß und Musik gesorgt.

Deshalb blenden wir nocheinmal zurück in das Jahr 1979, da meldete sich Rosenthal im März mit der 54. Ausgabe dieses heiteren Sendespiels aus dem Europasaal der Stadthalle in Osnabrück. Weil diese Stadt einst im Westfälischen Frieden – gemeinsam mit Münster – eine große Rolle gespielt hatte, sollte auch ein Spiel mit dem Friedensschluß des 30jährigen Krieges verbunden werden. Nachdem Rosenthal die einleitenden Begrüßungsworte an die Saalgäste gerichtet und sich für den überaus herzlichen Empfang bedankt hatte, ging's gleich mit Volldampf in die erste Spielrunde. »Wir wollen den Friedensschluß von 1648 wiederholen«, begann er das Spiel zu erklären. »Ist zufällig eine Schwedin oder ein Schwede im Saal? – Oh gleich zwei! Prima! Dann fahren Sie jetzt nach Münster und suchen einen Franzosen!« Der Kandidat und sein begleitender Reporter, Horst Kintscher vom RIAS, sprangen in ein Taxi und fuhren zum Flugplatz Alterheide. Dort stand eine einmotorige »Piper PA 28 Arrow« bereit, die sie zum Flughafen Münster/Greven brachte. Dann ging's wieder mit dem Wagen in die Innenstadt von Münster, wo der Kandidat einen Franzosen ausfindig machen sollte, um dann schnellstmöglich auf dem gleichen Weg und noch vor Ende der Sendung in den Europasaal von Osnabrück zurückzukehren. Wie immer blieben die Saalgäste auf dem laufenden, denn Horst Kintscher informierte das Publikum nicht nur aus dem Übertragungswagen, sondern sogar per Funk aus dem Flugzeug: »Wir landen gleich in Münster und suchen einen Franzosen, dem die Sache nicht spanisch vorkommt!« Um die Auflösung des völkerverbindenden Spiels vorwegzunehmen, der Kandidat hat die Aufgabe natürlich mit Bravour gelöst und auf der Bühne der Osnabrücker Stadthalle wurde nach 331 Jahren – ganz speziell für den Rundfunk – noch einmal Frieden geschlossen, und zwar nach alter Sitte mit einer Tonpfeife, die eine Schwedin, eine Französin und ein Osnabrücker in alle vier Himmelsrichtungen rauchten.

Bei einer anderen Veranstaltung, die in Neuß stattfand, ging ein Lehrer auf die Straße, doch nicht um zu demonstrieren, sondern um als Kandidat auf einer stark befahrenen Straße einen Zebrastreifen zu putzen. Mit Eimer, Kittel, Waschmittel und Bürste ausgerüstet, mußte er außerdem noch vorbeikommende Passanten dazu überreden, ihn bei der Reinigung des Zebrastreifens zu helfen. Der Verkehr wurde sogar während des Scheuervorgangs von der Polizei umgeleitet. Selbst an Fußabtreter hatte man gedacht, damit die Herrschaften, die den Fahrdamm betreten wollten, sich vorher erst einmal die Füße kräftig putzten. Munter plauderte der Reporter Reinhard Stein: »Im ersten Waschgang haben wir zunächst die weißen Streifen gereinigt. Bei den schwarzen Streifen sehe ich gar keine großen Schwierigkeiten, denn hier in der Nähe befindet sich ja die CDU-Geschäftsstelle.« Und als er einen mehrere Minuten haltenden Autofahrer fragte, ob es ihn nicht gestört habe, daß er hier so lange hatte warten müssen, bekam er freundlich zur Antwort: »Nö, dat hat mich nicht jestört, ich bin ja im Dienst!«

Jedes Jahr einmal – es war schon fast zur Tradition geworden – meldete sich »Kapitän« Rosenthal mit seiner Mannschaft von der Internationalen Kieler Woche. Mal war es sein Hörfunk-Knüller »Allein gegen alle« und mal die bunte Sendereihe »Spaß muß sein!«, mit der man die oft zu unrecht als kühle Norddeutsche bezeichneten Menschen aus Kiel und Umgebung unterhielt. Unter dem Gelächter des Auditoriums im Konzertsaal des Kieler Schlosses erklärte Rosenthal seinerzeit eine Aufgabe, bei der zwei Kandidaten in der schleswig-holsteinischen Landeshauptstadt in einer sogenannten Außen(Spiel)runde Männer mit Tätowierungen ausfindig machen sollten: »Die Tätowierungen sollen hier auf der Bühne vorgezeigt werden. Ich hoffe, daß wir die Stellen auch zeigen können!« Als der Spielmeister die beiden Kandidaten obendrein noch fragte, ob sie denn schon ungefähr wüßten, wo sie denn hingehen wollten, bekam er von dem einen zur Antwort: »Na an de Küste«. Und der andere frotzelte: »Ick geh' hier unten zum

Puff!« Großes Gelächter im Saal, und auch Rosenthal schien überrascht zu sein und komplementierte seine Spielpartner schnell mit dem »Klatschmarsch« von der Bühne. Zu seinen Kandidaten konnte man dem Spielmeister Rosenthal eigentlich immer nur beglückwünschen. Tausende haben bei ihm und neben ihm auf der Bühne gestanden, so manches Mal wurden sie mit den merkwürdigsten Aufgaben und den ausgefallendsten Spielen konfrontiert. Und fast immer hat er eine glückliche Hand bei der Auswahl seiner Mitspieler bewiesen. Wie man von vielen anderen Unterhaltungssendungen weiß, steht und fällt eine Veranstaltung oft mit den Kandidaten. Das ist ein ungeheueres Risiko, doch es kann kalkulierbar sein, wenn man wie Rosenthal mit dem notwendigen Instinkt und auch ein wenig Menschenkenntnis ausgerüstet ist und seinen nicht prominenten Interview- oder Spielpartnern ein Gefühl von Geborgenheit und Harmonie – auch auf der Bühne im grellen Scheinwerferlicht – vermitteln kann. Eine heute leider selten gewordene Moderatoreneigenschaft, die dem Konkurrenzdenken gewichen ist. Rosenthal war in dieser Hinsicht ein konservativer Unterhalter, doch im positiven Sinne: Denn Rivalitäten untereinander duldete er nicht, und Scherze auf Kosten seiner Mitspieler waren ihm total fremd. Mitunter waren die Gesprächsbeiträge, die manche Publikumsgäste am Mikrofon vortrugen, so humorvoll und witzig, daß sie ein Komödienautor nicht besser hätte schreiben können.

In Gerabronn (Baden-Württemberg) bekam Rosenthal, der nach dem Geburtsort eines inzwischen dort ansässigen Mitspielers fragte, zur Antwort: »Geboren bin ich in Bremerhaven.« – »Und wie kommt man von Bremerhaven nach Gerabronn?« wollte nun der Spielmeister wissen. Darauf der Kandidat: »Mit dem Zug!« Großes Gelächter im Saal. Und auch Rosenthal nahm's mit Humor: Schließlich hätte er ja auch präziser fragen können! In einer anderen schwäbischen Stadt, nämlich Leonberg, wurde eine Musikgruppe zum Fasching zusammengestellt. Aufgabe des Mitspielers war es, diese bunt zusammengewürfelten Amateurmusiker nicht nur zu dirigieren, sondern auch noch zum Singen zu bringen. Als der Vortrag beendet war, meldete sich der Spielmeister zu Wort: »Sie sind mir nicht böse, wenn ich sage, die Instrumente waren besser im Takt als ihre Stimme!« – »Ja, Herr Rosenthal«, sagte daraufhin der etwas atemlose Kandidat aus dem nahegelegenen Gerlingen, »die Luft in Leonberg ist aber sehr trocken!«

Auch in Berlin war »Hänschen« Rosenthal mit seiner »Spaß muß sein!«-Reihe des öfteren zu Gast: Mal zur Bundesgartenschau, mal zur Internationalen Funkausstellung und natürlich auch zur 750-Jahrfeier des Berliner Bezirkes Spandau an der Havel (10. 9. 1982). In der Aula des Neuen Kant-Gymnasiums wurde zur Freude vieler Havelstädter und Berliner von der Spree ein zünftiger »Bunter Abend« veranstaltet. Gleich zu Beginn der Sendung klärte Rosenthal alle Zuhörer zu Haus über die Besonderheiten von Spandau auf: »Wenn man hier in die Stadt fährt, dann fährt man zum Spandauer Markt. Und wenn man zum Ku'damm fährt, dann geht's nach Berlin!« Für das Stadtjubiläum von Spandau hatte sich der Quizmaster zwei originelle Spiele einfallen lassen. Der erste Mitspieler mußte gleich den Saal verlassen und auf dem Rathausvorplatz oder in der unmittelbaren Umgebung 60 begeisterte und unternehmungsfreudige Passanten finden, die mit ihm eine historische Eisenbahnfahrt von Eiswerder nach Gartenfeld machten. Während der Fahrt mit dem Sonderzug war noch eine alte Milchkanne, ein Postsack und ein Kinderwagen aufzunehmen. Diese Aufgabe wurde ganz ausgezeichnet gelöst. Und auch die andere Kandidatin, die unterdessen 50 Fahrkarten für die neue U-Bahn-Linie nach Spandau (Eröffnung am 1.10.84) zum Stückpreis von DM 1,50 verkaufen sollte, stand mit ihrer Leistung sehr gut da und trug zum Gelingen der Veranstaltung ebenso bei wie die Interpreten Barbara Schöne, Chris Howland und das Medium-Terzett. Bei der 750-Jahrfeier von Spandau bei Berlin war Rosenthal noch dabei; ich bin sicher, daß auch beim 750-jährigen Jubiläum der etwas jüngeren »Nachbarstadt« Berlin – im Jahre 1987 – sein Motto »Spaß muß sein!« gewesen wäre!

KAPITEL 8

DER INSULANER VERLIERT
DIE RUHE NICHT

oder »Es muß nicht immer Quiz sein!«

Heutzutage gibt es fast bei jedem deutschen Sender eine Hitparade, die sich entweder an den Verkaufszahlen der Schallplatten(CD)-Industrie orientiert oder an den Hör(er)gewohnheiten und dem Geschmack des Publikums. Damals – in den Anfangsjahren des Rundfunks in Deutschland – gab es solche Schlagerparaden und Hitlisten noch nicht. Keiner konnte sagen, welcher Schlager nun der absolute Hit des Jahres 1924 oder 1930 war, und keiner war in der Lage, exakt Auskunft darüber zu geben, welche Geschmacksrichtung die Mehrheit des Schlagerpublikums damals nun wirklich bevorzugte. Diesem Umstand verdanken wir es, daß Hans Rosenthal wieder einmal eine Idee hatte und gemeinsam mit Günter Neumann daraus eine Unterhaltungsreihe fabrizierte. In einer nachträglichen Hitparade nämlich wurde nun das nachgeholt, was den Schlagerfreunden damals verwehrt geblieben war: Es gab nun beispielsweise einen Hit des Jahres 1930, wenn auch nachträglich ermittelt, und der hieß »Das gibt's nur einmal«, bekannt aus dem deutschen Spielfilm »Der Kongreß tanzt« mit dem damaligen Film-Traumpaar Lilian Harvey und Willy Fritsch. Rosenthal und Neumann stellten in ihrer Reihe »Opas Schlagerfestival«, die neben RIAS und WDR auch fast alle anderen ARD-Anstalten ausstrahlten, nicht nur Schlager, Chansons und Operettenmelodien eines Jahrgangs vor, sondern ließen auch geschichtliche Ereignisse in ihren Doppelconférencen nochmals Revue passieren. Auch die Witze, Sketche und Anekdoten der damaligen Zeit, die Neumann aus Zeitungen und Zeitschriften von damals gesammelt hatte, wurden eingebaut: Eine eigens für diese Sendereihe eingerichtete »Witzecke«, vornehmlich mit Bruno Fritz, Ekkehard Fritsch und Günter Schwerkolt besetzt, sorgte nach alter Stammtischmanier für Spaß und Humor in diesem Programm. Am Ende einer jeden Veranstaltung wurde von einer Publikumsjury dann der Siegerschlager ermittelt. Das war dann der Hit des jeweiligen Jahrgangs. Eine gleichnamige Serie präsentierte Rosenthal übrigens später auch auf dem Bildschirm, allerdings mit wechselnden Co-Moderatoren: Jeweils zweimal standen der Schauspieler und Regisseur Axel von Ambesser und der unvergessene Theo Lingen mit ihm gemeinsam vor der Kamera und conférierten diesen musikalischen Rückblick auf die »Goldenen Zwanziger Jahre«. Die Jury-Ergebnisse der Bildschirmfassung dieser Hitparade waren mit denen im Hörfunk fast identisch.

ÜBERSICHT DER SIEGERTITEL BEI
»OPAS SCHLAGERFESTIVAL« (Hörfunkfassung)

1923: »Solang noch Untern Linden«
(aus der Revue »Drunter und Drüber«)
Musik: Walter Kollo; Text: Haller/Rideamus/Wolff
Erstinterpretin: Trude Hesterberg
Vortrag i.d. Sendung: Gesamtes Ensemble

1924: »Grüß mir mein Wien«
(aus der Operette »Gräfin Mariza«)
Musik: Emmerich Kálmán; Text: Brammer/Grünwald
Erstinterpret: Hubert Marischka
Vortrag i.d. Sendung: Donald Grobe

1925: »Durch Berlin fließt immernoch die Spree«
(aus der Operette »Annemarie«)
Musik und Text: Jean und Robert Gilbert
Erstinterpretation: unbekannt
Vortrag i.d. Sendung: Gesamtes Ensemble

1926: »Jalousie« (Tango)
Musik: unbekannt
Erstinterpretation: unbekannt
Vortrag i.d. Sendung: RIAS-Unterhaltungsorchester unter der Leitung von Heinrich Riethmüller

1927: »Ol Man River« (aus dem Musical »Show Boat«)
Musik: Jerome Kern; Text: Oscar Hammerstein II
Erstinterpretation: unbekannt
Vortrag i.d. Sendung: Ralf Paulsen

1928: »Wenn der weiße Flieder wieder blüht«
(aus der Revue »Donnerwetter – 1000 Frauen«)
Musik: Franz Doelle; Text: Fritz Rotter
Erstinterpretation: unbekannt
Vortrag i.d.Sendung: Dorothea Christ

1929: »Wer hat die Liebe uns ins Herz gesenkt«
(Duett aus der Operette »Land des Lächelns«)
Musik: Franz Léhar; Text: Herzer/Löhner
Erstinterpreten: Vera Schwarz/Richard Tauber
Vortrag i.d. Sendung: Margit Schramm und Heinz Hoppe

1930: »Im weißen Rösl am Wolfgangsee«
(Finallied aus der gleichn. Operette)
Musik: Ralph Benatzky; Text: Robert Gilbert
Erstinterpret: Max Hansen
Vortrag i.d. Sendung: Monika Dahlberg, Peter Minich und gesamtes Ensemble

1931: »Das gibt's nur einmal«
(aus dem Film »Der Kongreß tanzt«)
Musik: Werner Richard Heymann; Text: Robert Gilbert
Erstinterpretin: Lilian Harvey
Vortrag i.d. Sendung: Gesamtes Ensemble

1932: »Oh Mona«
Musik und Text: unbekannt
Erstinterpretation: unbekannt
Vortrag i.d. Sendung: Medium-Terzett

In insgesamt 10 Hörfunksendungen der Reihe »Opas Schlagerfestival« war – wie bereits erwähnt – Rosenthals Lehrmeister Günter Neumann mit am Mikrofon, beide plauderten sich in humorvoller Doppelmoderation durch die einzelnen Schlagerjahrgänge. »Im Jahre 1928 war der König Amanulla von Afghanistan bei uns zu Gast«, erzählte Neumann, »und die Berliner jubelten ihm zu. Es ist ja eigenartig, daß eine Republik erst so richtig in Stimmung ist, wenn der erste König zu Besuch kommt!« In einer anderen Folge der »Schlagerfestival«-Reihe sollte das Lied »Ich hab' mein Herz in Heidelberg verloren« aus dem Jahre 1925 vorgetragen werden. Neumann begann seine Ansage über die alte Burschenherrlichkeit von damals und stellte gleich einen aktuellen Bezug her. Man muß dazu erklären, daß diese öffentliche Veranstaltung im legendären Berliner Sportpalast aufgenommen wurde und zwar gerade zu der Zeit, als in den sechziger Jahren überall im Lande die Studentenunruhen Schlagzeilen machten. »Draußen steht eine Gruppe von Studenten, die in den Saal wollen«, begann Neumann seine Moderation. »Nee, das geht nun wirklich nicht«, fiel ihm da Rosenthal gleich ins Wort, »wir veranstalten hier nicht ›Apos Schlägerfestival‹, sondern ›Opas Schlagerfestival‹!« Der Sportpalast tobte und es gab viel Applaus, doch, mit der Distanz aus heutiger Sicht, sei die Frage erlaubt, ob der Beifall nicht von der falschen Seite kam? Es ist sicher unbestritten, daß Neumann dieses Wortspiel gereizt hat und er als für den Moderationstext verantwortlicher Autor auf diese Pointe nicht verzichten wollte: Wie bei den »Insulanern«, auf die später noch näher eingegangen werden soll, wurden die wichtigsten politischen Ereignisse manchmal mit Spott oder beißender Ironie, meist aber mit Witz und Humor, in kleinen Chanson-Beiträgen oder in ausgeklügelter Doppelconférence von Rosenthal und Neumann in der »Schlagerfestival«-Reihe verarbeitet. Somit sollte ein Bezug hergestellt werden zwischen den Ereignissen der zwanziger Jahre und der Nachkriegszeit in Deutschland. Dabei wurden auch thematische Verknüpfungen und Auseinandersetzungen mit der »braunen Vergangenheit« in der Sendung nicht ausgespart, denn sowohl Rosenthal als auch Neumann hatten mit Gewalt und Intoleranz in ihrem Leben schon genügend Bekanntschaft gemacht. Darum hatten sie gegen Ideologien jeglicher Art – ob sie nun einer braunen oder roten Diktatur entstammten – eine stark ausgeprägte Abneigung. Dies ist gerade aufgrund der bitteren Erfahrungen, die Hans Rosenthal als jüdischer Mensch im »Dritten Reich« machen mußte, nur allzu verständlich. Die Studentendemonstrationen der 68er-Generation wertete er als ein Akt undemokratischen Verhaltens bzw. als eine Art Mißachtung unserer Demokratie, obwohl die Intentionen der Auseinandersetzung der Studenten und der von ihnen initiierten APO an den Universitäten in Berlin und im Bundesgebiet ein ganz anderes Motiv zu Grunde lag. Es ging vor allen Dingen um die gesellschaftliche Auseinandersetzung mit der faschistischen Vergangenheit, die in der Bundesrepublik Deutschland nach dem Zweiten Weltkrieg leider bisher immer vermieden worden war. Der Auslöser für die Krawalle war dann der von der USA geführte Vietnam-Krieg. Die ganze politische Stimmung und Entwicklung in den Jahren zwischen 1966 und 1969 führte zu einer schweren Krise, auch für Rosenthal und dessen Verhältnis zu seinem Heimatsender RIAS, das im Zusammenhang mit der erzwungenen Wiederaufnahme des »Insulaners« im Jahre 1967 nochmal erörtert werden soll.

Als Beispiel für Neumanns thematische Verarbeitung von aktuellen Ereignissen mit denen aus vergangener Zeit soll das Chanson »Damals in der guten alten Zeit« aus der Sendung »Opas Schlagerfestival 1925« erwähnt werden, daß Tatjana Sais zum Vortrag brachte.

Damals in der guten alten Zeit

...Der Willy Fritsch kam g'rad zum Film
und war so jung wie heut' sein Sohn:
Damals in der guten alten Zeit.

Und viele Filme, die das Fernsehen heute zeigt,
die sah'n wir schon:
Damals in der guten alten Zeit.
Der Kaiser war getürmt,
nun war'n wir demokrat'schen Sinns,
doch fand 'ne Hochzeit statt
mit n'em Hohenzollernprinz,
bracht' jede Zeitung gleich
das Bild vom Hochzeitskleid:
Damals in der guten alten Zeit.
...Nachts auf den Straßen
war'n die Bienen für die Liebe gern bereit
Damals in der guten alten Zeit.
Und manche wandelt da noch heut' im selben Kleid:
Wie damals in der guten alten Zeit!

Ein anderes Beispiel seiner pointierten kabarettistischen Dicht-kunst lieferte Neumann mit dem Schlager »Robes Modes« aus dem Jahre 1927, den er ebenfalls mit aktuellen Zeilen aufpolierte, und der von Bruno Fritz vorgetragen wurde.

Robes Modes ...

...Diplomaten, Potentaten, alles blufft,
Politik und Weltgeschichte nur Geschäft,
was wir hören und lesen dreht sich bloß ums Geld.
Nur ein Kaufhaus ist die ganze Welt.
Robes, Modes, nur die Fensterstores,
Nippes, Kokolores...
Liedtke, Tiedtke, Tauber heut' in Sahne,
Goebbels als Germane: Hurra, Hurra, Hurra!
Heut', wo man im Jahre 67 ist,
hat sich was geändert: Nee, der selbe Mist.
Gingen auch 40 Jahre weg im Dauerlauf,

immerwieder ist hier Ausverkauf.
Robbes, Modes, täglich neue Zores,
Gammler, Stinkadores,
F e r n s e h e n.
Bockbier, Pfingsten,
Schützenfest der Jüngsten
mit den linksten Linksten: Peng!
Skandale, Krüger, Sieger, Liga Nr. Zwo,
neuer nackter Film mit Niveau hier vorne.
Hochhaus, Hochhut, unten wächst die Krise
oben knallt die Düse: Hurra, Hurra, Hurra!

Zurück zu den Schlagern von annodazumal. Woher kamen eigentlich die vielen Melodien, die uns heute noch so zahlreich überliefert sind? Meistens waren es Operettenmelodien bekannter Komponisten wie Léhar, Kálmán, Stolz, Dostal oder Kollo, aber auch Lieder aus Revuen und Tonfilmen, mit denen man vor allen Dingen Namen wie Charell, Nelson oder Heymann verbindet. An die zahlreichen Kabaretts von einst sei ebenfalls erinnert; auch sie brachten viele Chansons und Lieder hervor, die später zu regelrechten Hits wurden. Und dann gab es noch den ganz einfachen Schlager, der die damaligen aktuellen Ereignisse glossierte und so zu einem musikalischen Zeugnis seiner Zeit wurde. Günter Neumann berichtete darüber beispielsweise in der nachträglichen Hitparade des Jahres 1926, wo er sich in seiner besonderen Art und Weise mit den unnötigen Verboten und den überflüssigen Gesetzen der damaligen Zeit auseinandersetzte. Es ging um das »Schund-und-Schmutz-Gesetz«, das seinerzeit für »Reinheit und Ordnung im Deutschen Reich« sorgen sollte. »Das Gesetz hat damals sehr genützt«, begann Neumann seine Conférence, »es hat aus mir einen anständigen Menschen gemacht. Auch dem Kabarett hat es etwas genützt. Man meinte damals: ›Eigentlich müßten die Pferde abgeschafft werden, weil sie den Boden der Republik veräppelten‹.« Und die Schlagertexter reagierten ihrerseits und reimten: »Heut' ist die Käthe etepetete!«

Ein anderer Schlager, der auch heute noch bekannt ist, geht ursprünglich auf eine aktuelle Zeitungsmeldung aus dem Jahre 1930 zurück und durfte natürlich bei »Opas Schlagerfestival« nicht fehlen: »Ich bin das Nachtgespenst« lautet die Titelzeile. Hier geht es um einen älteren Verwaltungsbeamten, der des Einbruchs bezichtigt wurde, weil er nachts nach altbayerischer Sitte »fensterln« ging und bei einsamen Damen nur die Bettdecke auf- und wieder zuklappte. »Dies straft doch alle Lügen, die da behaupten, Beamte seien faul und träge«, witzelte Neumann, »dieser hat hier sogar noch Überstunden gemacht!« Und als Spesen nahm er sich immer nur »das Fahrgeld retour« mit, das er zu Haus als Einnahme schriftlich verbuchte: Schließlich war er ja ein ordentlicher Beamter!

Unvergessen sind auch die Couplets von Otto Reutter, jenem humoristischen Vortragskünstler aus Gardelegen, der in Berlin – im Apollo-Theater und im Wintergarten – große Erfolge feierte: »Der gewissenhafte Maurer« und »Der Überzieher« sind nur einige von vielen Liedern, die Reutter selbst vertont und getextet hatte. Man bezeichnete ihn zuweilen auch als den Volkssänger der kleinen Leute; er hatte einen ausgefallenen Humor und ein unerhörtes Sprachgefühl, woran sich spätere Kabarettautoren wie beispielsweise auch Günter Neumann orientiert haben. »Mein Hauptgenre ist: Zeitereignisse und Strömungen in möglichst drastischer Form, soweit es die Zensur zuläßt, zu glossieren«, äußerte sich Reutter über seine Vortragskunst. Auch Neumann argumentierte später ähnlich, vor allen Dingen bei seiner Arbeit für das Rundfunkkabarett »Die Insulaner«. Bei »Opas Schlagerfestival« durften natürlich Couplets von Otto Reutter nicht fehlen, so brachte man in der Ausgabe des Jahres 1927 beispielsweise das Lied »Ick wundere mir über gar nichts mehr«. Bruno Fritz, ehemaliges Mitglied des »Insulaner«-Ensembles, brillierte in einem unvergessenen Gesangsvortrag.

Ick wundere mir über gar nichts mehr

Die Zeiten sind heute recht sonderbar,
det Wundern verlernt man janz und jar,
d'rum denke ick ein für allemal,
wat ooch passiert, mir isset ejal,
und jeht ooch allet de kreuz und de quer:
Ick wundere mir über jarnischt mehr!

Nen ollen Abreißkalender jab ick weg,
een Freund wollt' ihn zum jewissen Zweck.
Er kam Tag für Tag mit dem Datum aus,
bloß wie die Obstzeit kam, mußt' er öfter raus,
und Ende Aujust sagt PROST NEUJAHR er:
Ick wundere mir über jarnischt mehr!

Auch andere »Insulaner«-Mitglieder wirkten in der Nostalgie-Gala mit, wie z.B. Tatjana Sais, Edith Schollwer, Ekkehard Fritsch und Ewald Wenck. Schlagersternchen und Popsänger sowie Interpreten der ernsten Muse traten vor die Mikrofone, wenn Günter Neumann und Hans Rosenthal zum Stelldichein der musikalischen Erinnerung an die zwanziger Jahre baten: Margot Eskens, Paola, Bill Ramsey und Fred Bertelmann waren ebenso zu Gast wie die Operettendiva Margit Schramm oder Sonja Schöner, und nicht zu vergessen die Herren des klassischen Fachs Donald Grobe und René Kollo.

»Opas Schlagerfestival« war eine Unterhaltungsreihe, in der Neumann und Rosenthal nicht nur gemeinsam conferierten, sondern die sie auch von Anfang an in enger Zusammenarbeit konzipiert und ausgearbeitet hatten. Bis zum Tode von Neumann im Jahre 1972 wurden noch viele gemeinsame Projekte realisiert, zu denen nicht nur die große ZDF-Quizsendung »Dalli, Dalli« gehörte, sondern auch die Geburtstagsgala zum 50. Jubiläum von Groß-Berlin, die im April 1970 im legendären Sportpalast stattfand. Unter dem Titel »Berlin wird fuffzig!« ließ man in einem heiteren Bilderbogen nocheinmal Ereignisse aus 50 Jahren zu Wort bzw. zu Ton kommen, und Edith Schollwer eröffnete als »Berolina« den musikalischen Reigen in dem 6.000 Gäste zählenden Saal:

Das Lied der Berolina

Ick hab' hier'n Krönchen auf'm Haar
und stell die Berolina dar,
denn ich vertrete heut' die Großstadtgründer...
Sie hab'n schon vom Plakat erfahr'n:
Am heutigen Tag vor 50 Jahr'n
da kriegte ick 'nen janzen Haufen Kinder.
Bis dahin war Berlin noch kleen
und uff'n Atlas kaum zu seh'n,
aufeinmal nahm ich zu durch viel Gelände.
Der alte kleene Kloß Berlin,
der nannte sich jetzt Groß-Berlin
und war nicht mehr am Nollendorfplatz zu Ende.
Berlin wird heute 50 Jahre,
denn Groß-Berlin gibt's erst seit dieser Zeit
und dem 50-jährigen Geburtstagskind
gratulieren wir heut'!

Unter der Leitung von Hans Rosenthal, der auch durch das Programm führte, ging eine jener Großveranstaltungen über die Sportpalastbühne, die es später dann in dieser Form nicht mehr geben sollte. Leider – muß man sagen, denn die Stimmung der Zuschauer im Innenrund der Sportarena und auf den Rängen war einfach großartig. Als die Militärbands der alliierten westlichen Schutzmächte aus Großbritannien, Frankreich und den USA einmarschierten, waren die Berliner in ihrem Temperament schon nicht mehr zu bremsen: Der nicht enden wollende Beifall und das

Trampeln der Menge veranlaßten die Musiker immer wieder zu weiteren Zugaben. Als die drei Männer des Trio Sorentos, eine der berühmtesten Berliner Musikgruppen, dann noch so richtig einheizten, geriet das Publikum außer Rand und Band und sang im Chor vereint: »So ein Tag, so wunderschön wie heute!« Doch keine noch so stimmungsvoll heitere Veranstaltung von und mit Günter Neumann ohne die leisen, nachdenklichen Zwischentöne. So brachte man in der gleichen Sendung in einem Vergleich zwischen den Ereignissen von 1920 und 1970 ein Lied zu Gehör, über deren Inhalt es sich auch heute noch lohnt, nachzudenken.

Genau wie heut', so war es damals

Jede Zeit zu ihrer Zeit, liebt die gute alte Zeit,
heute sind die zwanziger Jahre dran ...
Dunnemals war die Justiz kaiserlichen Kolorits,
und man litt an älteren Semestern.
Sünder, die vorm Richter saßen,
maß man mit verschiedenen Maßen,
denn so mancher Richter war von gestern!
Genau wie heut', so war es damals,
damals in der guten alten Zeit...

Bürger dachten satt im Land,
Kinder ist die Zeit pikant,
ewig leben wir nu im Paradies.
Kabaretts haben das erkannt,
malten Teufel an die Wand,
doch der Bürger sprach: Ihr macht nur mies!
...
Heut' haben zwanziger Jahre ihr Comeback.
Stand damals ein SA-Mann stramm,
Dann rief man am Kurfürstendamm:
Macht' wegen der paar Leut' nicht so'n tam-tam...

Genau wie heut', so war es damals...
paßt auf, sonst gibt's Malheur,
sonst komm'n die dreißiger Jahre
auch noch mal her!

An eine andere Sendereihe möchte ich noch erinnern, für die Rosenthal als Herausgeber und Regisseur verantwortlich zeichnete: »Die Rückblende«. In diesem Hörmagazin des RIAS wurden aktuelle Ereignisse der Stadt und aus aller Welt glossiert und karikiert, die Texte stammten von renommierten und namhaften Autoren wie Curth Flatow, Horst Pillau, Rolf Ullrich und auch von Günter Neumann. Als ständige Begleiter führten Sigrid Lagemann und Erich Fiedler durch die Sendung; häufige Gäste waren u.a. Undine von Medvey, Brigitte Mira, Inge Wolfberg und Wolfgang Gruner, Jo und Wilfried Herbst, Harald Juhnke, Günter Pfitzmann, Friedrich Schoenfelder, Hans Söhnker und Georg Thomalla. Als die neue kabarettistische Reihe im Jahre 1954 aus der Taufe gehoben wurde, sollte sie ursprünglich »Das Beste aus RIAS Digest« heißen – in Anlehnung an »Das Beste aus Reader's Digest«. Doch mit diesem Vorschlag konnte Rosenthal die Programmverantwortlichen im RIAS seinerzeit nicht überzeugen, weil der Titel zu sehr auf Berliner und westdeutsches Verständnis zugeschnitten war; in der damaligen DDR, für den der RIAS ja ebenfalls sendete, wäre dieses Wortspiel im Sendetitel jedoch nicht verstanden worden. Und so einigte man sich auf den Titel »Die Rückblende«. Als die ARD, also das Erste Deutsche Fernsehen, Anfang der sechziger Jahre für kurze Zeit ein zweites Fernsehprogramm ausstrahlte, war »Die Rückblende« auch auf der Mattscheibe zu sehen. 22 Sendungen produzierte Rosenthal als Regisseur – neben der Hörfunkfassung – nun auch für das Fernsehen, die zwei Jahre lang fast jeden Monat zu sehen waren. Für dieses Kabarettmagazin konnte Rosenthal auch namhafte Schauspieler verpflichten, selbst eine Künstlerin wie Grethe Weiser war mit von der Partie. Doch im Gegensatz zum Hörfunk, wo »Die Rückblende« bis zum Jahre

1980 zum festen Programmbestandteil des RIAS gehörte, war der Fernsehfassung nur wenig Zeit vergönnt. Wie Rosenthal selbst in seiner Autobiographie feststellte, war die Sendung auf dem Bildschirm kontrovers. »Sie sollte zum Nachdenken anregen, wollte sich nicht an die gängigen, zeitgemäßen Ansichten über Deutschland und seine Beziehung zur Sowjetunion anschließen.« Der Konflikt war also vorprogrammiert, zumal Rosenthal immer mehr harten Kritiken ausgesetzt war: Man bezeichnete »Die Rückblende« gar als ein Fossil längst vergangener Zeiten und beschimpfte Rosenthal als kalten Krieger. Was war passiert? In der alten Bundesrepublik begannen sich die ersten Anzeichen eines politischen Tauwetters zwischen West und Ost bemerkbar zu machen. »Das merkte man weniger an einer Verbesserung der politischen Lage als vielmehr an neuartigen Rücksichten, die auf den ach so empfindlichen Osten genommen werden mußten«, meinte Rosenthal zu dieser Entwicklung. Praktisch merkte er in seiner Arbeit, daß viele kabarettistische Beiträge für die »Rückblende« im Fernsehen, die sich auf das Ost-West-Thema bezogen, von den Programmverantwortlichen entweder scharf kritisiert oder gar abgelehnt wurden. Als man schließlich eine Kabarettnummer über den sowjetisch-chinesischen Konflikt im Jahre 1962, die Günter Neumann in Form eines Kasperle-Theaters glossiert hatte, einfach aus dem Programm herausnahm, »war das Maß voll« und Rosenthal kündigte kurzerhand seine Fernseharbeit mit der »Rückblende« auf.

Obwohl die Hörfunkfassung der »Rückblende« noch bis in die achtziger Jahre hinein regelmäßig im RIAS-Programm vertreten war, ist sie doch eigentlich nie so recht aus dem Schatten der anderen großen Kabarettsendung herausgetreten: »Die Insulaner«, das war die Sendereihe, mit der sich die Berliner jahrelang identifiziert haben und die heute noch als Namenspatron eines aufgeschütteten Nachkriegsberges in Berlin- Steglitz fortlebt. »Ich weiß noch genau, wie es damals war, als Berlin een Jebirje krichte«, erzählte Rosenthal in einem Interview anläßlich des 25-jährigen

Bestehens des Insulanerberges im Juni 1976. »Ich wohnte damals noch in der Schöneberger Peter-Vischer-Straße und habe hautnah miterlebt, wie sich der ›Monte Klamotte‹ immer höher aus der Trümmerebene schob... Freilich, die Nachbarschaft des Trümmerberges war nicht nur Vergnügen. Häufig riß der Sturm gewaltige Sandfontänen aus dem Berg, und wir fühlten uns wie in der Sahara.«

Zum silbernen Jubiläum des Insulaner-Berges gab es im Juni 1976 noch einmal ein Wiederhören mit den Künstlern der alten »Insulaner«-Truppe: Wie einst telefonierte Herr Kummer (Bruno Fritz) mit Pollowetzer, Tatjana Sais fragte wehmütig »Könn' Se mir sagen, warum?« und Edith Schollwer, die im Februar 1999 ihren 90. Geburtstag feierte, sang unter dem Jubel der fünftausend Zuschauer das Insulaner-Lied. Diese Freilichtveranstaltung auf dem Insulaner-Berg war gleichzeitig auch die letzte Wiederauferstehung des unvergessenen Berliner Hörfunkkabaretts, das fast 20 Jahre lang den Berlinern in ihrer schwierigen politischen Lage mit Witz und Humor zur Seite stand.

Günter Neumann hatte die Gabe, in vier Zeilen eigentlich mehr auszudrücken als so mancher Politiker in einer langen Rede. Er war ein Meister der politischen Karikatur und ein scharfsinniger Beobachter der zeitgenössischen Ereignisse. Sein Witz war trocken, berlinisch trocken und seine Pointen piekten, aber sie verletzten nicht. Natürlich machte er auch lächerlich, was meistens noch mehr wehtat. Er ergriff Partei, obwohl er keiner Partei angehörte. Und er schrieb nie mit erhobenem Zeigefinger oder ideologischen Scheuklappen. »Günter Neumann arbeitete noch altmodisch, nämlich mit Einfällen«, so charakterisierte Rosenthal einmal die Tätigkeit seines Lehrmeisters, und ergänzend fügte er an die Adresse der Kritiker gerichtet hinzu: »Einige Leute haben ihm später den Vorwurf gemacht und ihn als ›Kalten Krieger‹ bezeichnet. Das können keine Berliner gewesen sein, denn die wissen, er hat ihnen den Rücken gestärkt, auf dem damals der Kalte Krieg ausgetragen wurde!« Neumann hatte die seltene Gabe, Probleme seiner Mitbürger aufzugreifen und in kabarettistischer Form zu verarbeiten. Sein Bestreben war es, gleichzeitig zu unterhalten, aufzumuntern und auch aufzuklären. Er hat Berlin lachen lassen über Situationen, über die man hätte eigentlich weinen müssen. Und so konnte er auf sein Publikum moralstärkend einwirken.

»Das Licht der Welt erblickte Neumann an der Spree und war Kabarettist von Anbeginn«, schrieb man in einer biographischen Skizze über ihn. Das war genau am 19. März 1913, als er in Berlin als Günter Christian Ludwig Neumann geboren wurde. Schon früh verdiente er sich die ersten Sporen als Komponist und Texter, bis er schließlich mit dem berühmten Werner Finck im »Kadeko« und in der »Katakombe« zusammenarbeitete. Seine erste Revue wurde im »Tingel-Tangel« aufgeführt, wo auch Walter Groß erste Erfolge feierte. Nach der Schließung durch die Nazis wurde es als »Tatzelwurm« neueröffnet. Zu den Gründungsmitgliedern gehörten neben Günter Neumann auch Ursula Herking, Tatjana Sais, Olaf Bienert, Bruno Fritz und Edmund Nick sowie die späteren RIAS-Unterhaltungsspezialisten Werner Oehlschläger und Ivo Veit.

Nach dem Zweiten Weltkrieg entstanden aus Neumanns Feder zahlreiche Bühnenproduktionen wie »Alles Theater«, »Schwarzer Jahrmarkt« und die neubearbeitete Nelson-Revue »Berlin-W-Weh« mit dem Untertitel »Die Läden am Kurfürstendamm«. Noch vor dem Beginn der »Insulaner«-Reihe schrieb Neumann zahlreiche Programme für den Hörfunk; zu den herausragendsten gehörten u.a. »Schneewittchen und die 7 Behörden« für den Nordwestdeutschen Rundfunk (NWDR), »Berlin bleibt Bahnstation« und »Da werden Tiere zu Hyänen« für den RIAS sowie eine Revue für den Titania-Palast als Coproduktion zwischen RIAS und dem »Tagesspiegel«. Dann wurde am 25.12.1948 das erste »Insulaner«-Programm über die RIAS-Wellen ausgestrahlt. Ursprünglich war es nur als eine Art Werbesendung für das gleichnamige Zeitschriften-Magazin gedacht, das Günter Neumann in der Zeit vom 24.6.1948 bis 12.5.1949 herausgab. Da der Absatz der Zeitschrift zu wünschen übrig ließ, entschloß man sich im RIAS Schützen-hilfe zu gewähren und wollte ursprünglich eigentlich nur eine ein-malige Sendung ausstrahlen. Der Erfolg beim Publikum war jedoch so groß, daß das Radio-Kabarett weiterlief und die Zeit-schrift einging. Bereits am 22.1.1949 traf man sich wieder vor den RIAS-Mikrofonen und nahm die politischen Ereignisse von damals unter die kabarettistisch-satirische Lupe. Fortan versam-melte sich »der Club der Insulaner« monatlich einmal, zunächst im RIAS-Studio des Schöneberger Funkhauses an der Kufsteiner Straße, später dann auch vor einem größeren Auditorium im Tita-nia-Palast und im Theater am Kurfürstendamm, sowie zu Sonder- und Großveranstaltungen einige Male in der Waldbühne und im Sportpalast. Über 130 Sendungen, bei denen Hans Rosenthal zunächst als Aufnahmeleiter und später als Regisseur fungierte, wurden im Laufe der Jahre produziert; hinzu kamen die zahlrei-chen Gastspiele und Tourneen im Bundesgebiet und in der Schweiz. Bereits im August 1950 gastierte »Der Insulaner« aus-wärts und meldete sich von der ersten Funkausstellung nach dem Kriege, die in Düsseldorf durchgeführt wurde.

Und Edith Schollwer sang seinerzeit das fast schon zu einer Ber-liner Nationalhymne avancierte »Insulaner«-Lied:

»*Der Insulaner verliert die Ruhe nicht,*
der Insulaner liebt keen Jetue nicht!
Der Insulaner hofft unbeirrt,
daß seine Insel wieder'n schönes Festland wird!«

In seinen westdeutschen Veranstaltungen und Tourneen waren »Günter Neumann und seine Insulaner« ebenso beliebt und umju-belt wie in Berlin. Ob nun in Bonn, Stuttgart oder Hannover, über-all zündeten die treffsicheren Pointen und die mitunter scharfen Angriffe gegen den Osten sofort, weil Neumann den Menschen mit seiner Kabarettkunst ein Ventil zum Abbau von Spannungen

anbot, die sich vor allen Dingen durch den Ost-West-Konflikt erge-
ben hatten.

»Warum piept denn der bloß?« fragten beispielsweise die »Insulaner« anläßlich des Sputnik-Starts im Jahre 1957. »Det weeßte
nich, Mann? Bei den Sowjets is man doch schon froh, wenn man
PIEP sagen kann!« Bei einer anderen »Insulaner«-Folge aus Düsseldorf bemühte sich »Herr Kummer« alias Bruno Fritz um eine
Telefonverbindung zu Pollowetzer nach Berlin: »Was sagen Sie,
Fräulein, Berlin ist besetzt? Um Jotteswillen, von wem denn jetzt
schon wieder? – Was – Berlin is jerade frei? Menschenskind, das
wäre ja nicht auszudenken!«

Im Gegensatz zu heutigen Kabarettdarbietungen ist auffällig,
daß Neumanns »Insulaner« in den ersten Jahren ihres Bestehens
nicht nur generationsübergreifend, sondern auch in allen Gesell-
schaftsschichten gleichermaßen akzeptiert wurden. Zeitweise
waren 80 Prozent aller Radiogeräte eingeschaltet, und das nicht
nur in Berlin und Umgebung, sondern auch in anderen westdeutschen Regionen, denn die meisten ARD-Anstalten übernahmen
fast regelmäßig die »Insulaner«. Allein beim Hessischen Rundfunk
war das Berliner Radio-Kabarett so beliebt, daß man in Frankfurt
sogar erwog, die Reihe ins Fernsehen zu übernehmen. Doch Günter Neumann war in dieser Hinsicht eher konservativ und wider-
setzte sich einer Bildschirm-Adaption, weil für ihn das gesprochene Wort ausschlaggebend war. Nur einmal konnte Rosenthal
den Vater der Insulaner scheinbar überreden, als man Anfang der
sechziger Jahre eine Fernsehaufzeichnung im Theater am Besenbinderhof in Hamburg für den Norddeutschen Rundfunk produzierte.

Wie bereits erwähnt, ging der »Insulaner« anfangs monatlich
einmal auf Sendung; Ende der fünfziger Jahre reduzierte man die
12 Folgen im Jahr auf die Hälfte, und schließlich gab es eine Art
selbstauferlegte Zwangspause wegen des Mauerbaus am 13. 8.
1961. Günter Neumann war im Begriff, die »Insulaner«-Sendun-
gen ganz einzustellen, weil er die politische Zuspitzung im kalten

Krieg – vor allen Dingen für die Berliner – als unerträglich empfand. Doch im RIAS war man sich der Bedeutung des »Insulaners«
bewußt, der ja gerade das besondere Gemeinschaftsgefühl der Berliner in politischen Krisenzeiten immer wieder betont hatte, und
man erreichte schließlich eine Wiederaufnahme des Radio-Kaba-
retts im März 1962. Allerdings sang Edith Schollwer nun nicht
mehr die optimistischen Zeilen des »Insulaner«-Liedes, sondern
ein anderes Eröffnungslied mit dem Titel »Woll'n wir wetten?«
Neumann reimte im Refrain:

>*»Woll'n wir wetten,*
wer sich von uns länger hält:
Herr Ulbricht oder Berlin?
Woll'n wir wetten,
was Bestand hat auf der Welt?
Herr Ulbricht oder Berlin?

>*Das Jestichel und der Jammer*
und die Sichel und der Hammer
Werden sich noch mal verziehen.
Woll'n wir wetten,
Wer sich von uns länger hält:
Herr Ulbricht oder Berlin?«

Es sollte allerdings noch 26 Jahre lang dauern, ehe sich Sichel
und Hammer verzogen hatten. In den Jahren 1962 und 1963 gab
es jeweils 5 »Insulaner«-Sendungen, ehe dann am 8.2.1964 die
letzte Ausgabe im RIAS übertragen wurde.

Das politische Klima in Deutschland war in jener Zeit im Wan-
del begriffen. Die Figuren des »Insulaner«-Kabaretts waren nicht
mehr zeitgemäß, und Neumann zog daraus die Konsequenzen.
Rosenthal, der zu dieser Zeit überregional bekannt wurde und
auch mit seiner ersten Fernsehreihe »Gut gefragt – ist halb gewonnen« auf dem Bildschirm präsent war, war gerade im Begriff, seine

bisher in Berlin so erfolgreich verlaufene Karriere weiter auszubauen. Unermüdlich war er bestrebt, die kulturellen Verbindungen zwischen Berlin und dem Bundesgebiet zu intensivieren, indem er zahlreiche ARD-Anstalten für Coproduktionen mit seinem RIAS-Heimatsender gewinnen konnte. Eigentlich hätte man davon ausgehen müssen, daß dem Förderer solcher so für Berlin wichtigen Kontakte allgemeines Wohlwollen und Unterstützung entgegengebracht worden wäre, doch dies war leider nicht der Fall. Es gab nicht wenige Kollegen im RIAS, die zu Rosenthal auf Distanz gingen, u.a. auch aufgrund seiner politischen Überzeugungen. »Immerwieder hatte der RIAS sich tapfer gegen die kommunistische Übermacht geschlagen«, schreibt Rosenthal in seiner Autobiographie, »aber nun Ende der sechziger, Anfang der siebziger Jahre war die Parole ausgegeben worden, der Kalte Krieg sei vorüber... Die Studentenrevolte entfesselte gleichzeitig eine Welle der Staatsverachtung gegen die Bundesrepublik...« Rosenthal empfand über diese Entwicklung vor allen Dingen in seiner Heimatstadt Berlin, die durch zahlreiche Krawalle und Ausschreitungen bei Demonstrationen tagtäglich in den Schlagzeilen war, große Bitterkeit und Enttäuschung. Damals, als er sich in der Laubenkolonie vor den Nazis verstecken mußte, hatte sich Rosenthal geschworen, daß er sich nach dem Ende der Diktatur mit aller Kraft dafür einsetzen würde, daß sich Fanatismus auf deutschem Boden nicht wiederholen dürfe. Die Studentenkrawalle der APO erzeugten nun bei ihm dieses Gefühl, er sah die freiheitlich demokratische Ordnung gefährdet. Darüberhinaus war er der Ansicht, daß »diese verteidigungswerte politische Lebensform nur erhalten werden kann, wenn sich die Bürger auch dazu bekennen, was Kritik nicht ausschließt«.

Im Juni 1967 erreichten die Studentenunruhen in Berlin ihren Höhepunkt durch die APO-Krawalle vor dem Axel-Springer-Hochhaus in der Kochstraße. Als Rosenthal erfuhr, daß sich auch einige RIAS-Mitarbeiter in den ersten Reihen daran beteiligt hatten, war es ihm unmöglich, sich weiterhin nur auf seine unpolitischen Unterhaltungssendungen zu beschränken. Nachdem er das Verhalten dieser Kollegen als unvereinbar mit der Aufgabe und Zielsetzung des Senders RIAS, »der freien Stimme der freien Welt«, bezeichnet und dafür einen schriftlichen Verweis erhalten hatte, stand für Rosenthal fest, daß nun dem schlechten politischen Image Berlins etwas entgegengesetzt werden müßte. Er überredete Günter Neumann, der sich immer wieder gegen eine Fortsetzung der »Insulaner« gewehrt hatte, schließlich dann doch zu einer Wiederaufnahme des Kabaretts. Doch der Erfolg blieb aus, nur die konservative Presse lobte Neumanns Sticheleien gegen die Studenten. Ansonsten waren die Meinungen sehr gespalten, das Klima im RIAS war nun noch frostiger als vorher. Schließlich wurde der »Insulaner« nach zwei neuen Folgen wieder eingestellt. Obwohl das »Insulaner«-Kabarett damals so sang- und klanglos aus dem Radioprogramm verschwand, ist es doch durchaus bemerkenswert, daß sich auch heute noch viele – nicht nur ältere – Bürger unseres Landes an diese Sendereihe erinnern: An die Klatschdamen vom Kurfürstendamm beispielsweise, die von Tatjana Sais und Agnes Windeck verkörpert wurden, oder den »Jenosse Funzionär Walter Groß (»Und damit, liebe Jenossinnen und Jenossen, komme ick nunmehr zu unserem heutigen Themata...«); unvergessen auch das tete-à-tete per Telefon zwischen Herrn Kummer (Bruno Fritz) und Herrn Pollowetzer, die Karikatur des russischen »Professors Quatschnie« (Joe Furtner) und natürlich die nachdenklichen Chansons und Lieder, die Tatjana Sais vortrug. Ihr Auftritt geriet immer zu einem Höhepunkt einer jeden »Insulaner«-Vorstellung, denn sie umgab das Flair einer Diseuse, die es meisterhaft verstand, die von ihrem Mann erdachten und in Noten gefaßten Zeilen pointiert in Gesang umzusetzen. Die Wirkung beim Publikum wurde auch nicht verfehlt, denn immer wieder mußten einzelne Zeilen oder ganze Strophen wegen des stürmischen Beifalls unterbrochen oder gar wiederholt werden. Viele »Insulaner«-Lieder wurden sogar zu volkstümlichen Schlagern und klingen sicher auch heute noch vielen in den Ohren: »Das ham se wohl vergessen in der Eile«, »Seh'n se das ist Berlin« oder »Woll'n wa wetten?« sind nur einige von vielen Beispielen. Selbst ein Karnevalsschlager stammt aus der Feder von Günter Neumann: »Es ist ja Karneval, die närrische Zeit!« Bei einer Ratefolge der Serie »Allein gegen alle« mit Hans Rosenthal erlangte dieses alte Lied im Jahre 1971 eine Wiederaufführung, und zwar mit aktuellen Zeilen, die von Undine von Medvey, Edith Schollwer, Werner Hass und den Dominos vorgetragen wurden.

Es ist ja Karneval, die närrische Zeit!

Heut' haben wir wieder Papiermützen auf,
denn so verlangt es der Jahresverlauf,
wir woll'n beim närrischen Treiben
nicht mehr im Hintergrund bleiben.
Heut' wird auf jeden Fall Stimmung gemacht,
streut mal Konfetti, das wär doch gelacht.
Heut' wird gefeiert janz groß:
Ick laß' noch ne Papierschlange los.
Es ist ja Karneval, die närrische Zeit,
da ist man für die tollsten Streiche gleich bereit,
und haben wir Bier und haben wir Schnaps
und haben wir Wein,
dann sind wir janz jenauso jeck wie die am Rhein!

Maxi und Mini sind endgültig hin,
jetzt hat die Mode was Neues im Sinn,
künftig bedecken bloß Höschen
knapp alle Mädchen Gesäßchen.
Weil diese Höschen so kleen und pikant
Wurd'n se gleich heiße Höschen jenannt,
die zieht man an, wenn man schwooft:
Oma hat sich schon 3 Stück gekooft!
Es ist ja Karneval, die närrische Zeit,

da ist man für die tollsten Streiche gleich bereit,
was mich im Winter an den heißen Höschen reizt,
wenn's draußen kalt ist,
Ist man unten rum jeheizt!

Eines konnte man weder Neumann noch Rosenthal nachsagen: Sie waren politisch nicht einseitig, sowohl die Rechtsradikalen als auch die linke Opposition in unserem Lande wurden kritisch unter die Lupe genommen. Wer beispielsweise die Ansagen und Moderationen von Rosenthal betrachtet, der merkt, mit welchem Einfühlungsvermögen und Fingerspitzengefühl er vorgegangen ist, und mit welcher Perfektion an jedem Satz, jedem Wort gefeilt wurde. Und obwohl er ein echter Berliner aus dem Arbeiterbezirk Prenzlauer Berg war, lag ihm die typische kesse Berliner Schnauze überhaupt nicht. Rosenthal liebte im Grunde genommen mehr die leisen Töne. Bei der schon erwähnten Kabarettreihe »Die Rückblende« hatte er sich seinerzeit schon ein wenig von dem Quizmasterimage lösen und auch zeigen können, daß er anderen Aufgaben ebenso gewachsen war. So moderierte er im Laufe der Zeit – vor allen Dingen dann auf dem Bildschirm – auch Unterhaltungssendungen, die keine Ratespiele zum Inhalt hatten. Gerade die Fernsehsendung »Das gibt's nur einmal – Noten, die verboten wurden«, die sich mit dem traurigsten Kapitel unserer Geschichte befaßte, war eine Meisterleistung, was Form, Inhalt und Zusammenstellung anging. Rosenthal hatte auch die ursprüngliche Idee, denn aus Anlaß des 50. Jahrestages der Machtergreifung durch die Nationalsozialisten gab es am 30. Januar 1983 sowohl bei ARD als auch beim ZDF viele politische Informationssendungen, geschichtliche Dokumentationen und auch Fernsehspiele, die sich mit dieser Thematik auseinandersetzten. So kam Rosenthal schließlich der Gedanke, an einem Samstagabend, der normalerweise der großen Familienunterhaltung gewidmet war und ist, eine Fernsehsendung zu präsentieren, die auch dem politisch nicht so interessierten Zuschauer die Zusammenhänge um Hitlers Machtergreifung am 30.1.1933 vermitteln konnte. Rosenthals Freund, der Berliner Autor Curth Flatow, schrieb das Buch für diese Fernsehproduktion, die als öffentliche Veranstaltung im Theater der Freien Volksbühne in Berlin durchgeführt wurde. Wie bereits bei seinem Theaterstück »Die Durchreise« (Hauptrolle: Georg Thomalla), das die Chronik einer jüdischen Konfektionsfirma zum Inhalt hat, bescheinigten die meisten Kritiker auch hier dem Autor, daß er es meisterhaft verstand, mit seinem unverwechselbaren Stil, auf einer Gradwanderung zwischen Weinen und Lachen, ein Stück deutscher Vergangenheit zu bewältigen.

»Mit dieser Sendung wollen wir zeigen, wie unsinnig eine Politik war, die irgend etwas verbieten wollte, was ja doch gar nicht möglich war«, erläuterte Rosenthal in einem Interview zu dieser Veranstaltung. »Und wenn wir dies flankierend zu den Sendungen, die es zum 50-jährigen Tag der Machtergreifung Hitlers gibt, dazutun – vom musikalischen Gebiet her –, dann wäre ich sehr glücklich, wenn man begreift: ›Aha, auch das haben sie gewollt und Gott sei Dank nicht geschafft!‹... wir werden Jacques Offenbach zeigen, von der Oper bis zur Operette, bis zum Cancan – all das wird in der Sendung zu hören sein... Ja, und noch einer, von dem man sagt, er habe die deutscheste Operette geschrieben, die überhaupt nur deutsch sein konnte, und zwar war das Leon Jessel (1871 – 1942) mit dem ›Schwarzwaldmädel‹. Das ›Schwarzwaldmädel‹ war von einem jüdischen Komponisten. In Nürnberg hat der Gauleiter Streich verlangt, die Operette (...) darf gespielt werden, weil er sie als deutsch empfand. Er hat also dann etwas ›entjudet‹, weil es seiner Meinung nach deutsch war...«

Mit dem bekannten Filmschlager »Das gibt's nur einmal« wurde die Sendung eingeleitet, danach meldete sich Hans Rosenthal mit seiner Moderation: »Guten Abend, meine Damen und Herren. ›Das gibt's nur einmal, das kommt nicht wieder.‹ Ein Lied aus dem erfolgreichen Tonfilm der Jahre 1931/32 ›Der Kongreß tanzt‹. Musik: Werner Richard Heymann. Text: Robert Gilbert. Ein Schlager, der zum Evergreen wurde. Überall wurde er gesungen, gesummt oder gepfiffen. Aber, Hand auf's Herz: Hätten Sie gewußt, daß dieses Lied eine Zeitlang nicht gespielt wurde, nicht gespielt werden durfte, genauso wie dieser berühmte Hochzeitsmarsch? (Es folgte eine Einspielung des ›Hochzeitsmarsches‹) Die Musik zum ›Sommernachtstraum‹ schrieb Felix Mendelssohn-Bartholdy. Auch diese Noten waren einmal verboten. Ja – das geschah zu einer Zeit, an die sich die meisten nicht mehr werden erinnern können. Viele werden sich nicht gern daran erinnern. Einige wenige wollen nicht gern daran erinnert werden: Das sind die, die sich gern daran erinnern!«

Dieser musikalisch-historische Abend, der in einer unterhaltenden Retrospektive an die Jahre 1933 – 1945 erinnerte, in denen viele Noten verboten wurden, hatte sich verständlicherweise schon lange im Kopf von Rosenthal festgesetzt. Die Realisation dieser Idee und die Präsentation durch einen Quizmaster, der in dieser Zeit von einem Großteil des Fernsehpublikums als Spaßmacher der Nation eigentlich immer nur mit »Dalli, Dalli« in Verbindung gebracht wurde, kann man sicherlich als einen Höhepunkt in seiner Rundfunkkarriere betrachten. Die Worte von Hans Rosenthal zum Abschluß der Sendung sollten uns alle mahnend in den Ohren klingen: »...Ich glaube, auch daran muß man einmal erinnern. Es war ein dunkles, trauriges Kapitel im Buch der deutschen Geschichte. Vor 50 Jahren fing alles an. Und ich glaube, wir alle können nur hoffen, daß diese Vergangenheit keine Zukunft hat!«

KAPITEL 9

DER WEG ZUM BILDSCHIRM GING GAR NICHT »DALLI, DALLI«

Die Fernsehlaufbahn von Hans Rosenthal

Obwohl sich »Hänschen« Rosenthal schon sehr früh einen Namen im Hörfunk gemacht hatte, ließ seine Popularität im Fernsehen noch lange auf sich warten. Zwar hatte er bereits im Jahre 1958 sein Bildschirmdebüt als Regisseur bzw. Leiter einer Unterhaltungssendung für den Sender Freies Berlin (SFB) gegeben, doch nachdem seine Fernsehpremiere (»Raus ins Grüne – Rein ins Lokal«) ganz ordentlich ausgefallen war, entwickelte sich die zweite Produktion (»Leichte Muse – Schwere Maschinen«) – eine Livesendung zur Industrieausstellung in Berlin – zum größten Mißerfolg. Denn aufgrund mangelnder Vorbereitungszeit und Probenarbeit, die der verantwortliche Sender in der Hektik einer Messe nicht einräumen konnte, gab es dann während der Direktsendung eine Menge Pannen: Vom Mikrofonausfall bis zur falschen Ausleuchtung, vom Durcheinander der Sendeabfolge bis zur chaotischen Kameraführung war wohl alles vertreten, was schließlich für Rosenthal zu einer vernichtenden Niederlage wurde. Seine Fernsehkarriere war damit beendet, noch ehe sie richtig begonnen hatte. Auch der Chefsessel in der SFB-Unterhaltungsabteilung, für den er eigentlich vorgesehen war, rückte nun – nach diesem Desaster – in weite Ferne. Doch manchmal entwickeln sich die Dinge eben anders, und wer weiß, ob Rosenthal auch im SFB dieselben Möglichkeiten der Entfaltung und Kreativität gehabt hätte wie beispielsweise beim RIAS.

Auch der zweite Anlauf, den Bildschirm zu erobern, war nicht unbedingt sehr erfolgreich, denn die Fernsehfassung seines RIAS-Kabaretts »Die Rückblende«, das bereits erwähnt wurde, erhitzte vielfach die Gemüter, weil es von seiner Anlage her eher konservativ gestaltet war. Bei allen bisher genannten Fernsehproduktionen trat Rosenthal selbst auf dem Bildschirm noch nicht in Erscheinung, sondern war mehr im Hintergrund als Leiter oder Regisseur tätig. Dann erhielt er von Henri Regnier vom Norddeutschen Rundfunk (NDR) Anfang der sechziger Jahre den Auftrag, die beliebte RIAS-Sendung »Schlagermagazin« mit dem damaligen Tanzorchesterchef Werner Müller in eine Fernsehfassung zu bringen; gleichzeitig sollte Rosenthal noch zusätzlich ein Musik-Quiz mit Kandidaten durchführen, das man »Hammel raus« nannte. Zum ersten Mal erschien »Hänschen« Rosenthal nun als Quizmaster auf dem Bildschirm, wenn auch nur in einer kleinen Rolle, denn im eigentlichen Mittelpunkt der Sendung stand das RIAS-Tanzorchester unter der Leitung von Werner Müller sowie in- und ausländische Stars der aktuellen Schlagerszene. Als Moderator fungierte Harald Juhnke, der damals bereits Fernseherfahrungen im Showbereich sammelte, ehe er viele Jahre später als Präsentator von »Musik ist Trumpf!« große Erfolge feiern sollte. Für das kleine Quiz war jedoch Rosenthal zuständig, und so ließ er bei einer Sendung die Namen von Komponisten in alphabetischer Reihenfolge aufsagen. Die Kandidaten zählten auf: »Adam, Beethoven, Chopin«, doch dann folgte von einem Mitspieler der Name »Dibelius«. Rosenthal in seinem Quizmasterelement ließ das Spiel einfach weiterlaufen, doch nach der Ausstrahlung der Sendung war der Teufel los. Denn viele Anrufer beim NDR ließen ihrem Ärger freien Lauf und griffen den Spielmeister als unfähig, ungebildet und anmaßend an, weil er nicht wußte, daß Dibelius ja evangelischer Bischof und kein Komponist sei. Tatsächlich hatte Rosenthal im Spieleifer wohl die Namen von Dibelius und Sibelius, einem finnischen Komponisten, durcheinandergebracht, der Fehler war nun nicht mehr gutzumachen, man strich kurzerhand das kleine Musik-Quiz, und die Fernsehkarriere als Quizmaster war erst einmal zuende. Später erhielt Rosenthal jedoch einen tröstenden Brief, indem ihm bescheinigt wurde, daß es doch einen Komponisten namens Dibelius gab: Es war der Neffe des Bischofs, der viele Musikstücke für den Bayerischen Rundfunk komponiert hatte. Doch dieses aufmunternde Schreiben kam für den gefeuerten Spielmeister leider zu spät.

»Aller guten Dinge sind vier«, müßte man eigentlich in Bezug auf die Fernsehlaufbahn von Hans Rosenthal sagen, denn nach den zahlreichen Niederlagen vor und hinter der Kamera, entschloß er sich, das Fernsehmetier richtig zu erlernen. Da kam ihm das Angebot der Bavaria in München gerade zum rechten Zeitpunkt. Denn hier konnte er mit später so namhaften Regisseuren und Unterhaltungsprofis wie Michael Braun, Dr. Heinz Liesendahl, Michael Pfleghar, Rolf von Sydow und Franz Peter Wirth zusammenarbeiten und Konzepte und Modelle für zahlreiche Unterhaltungsproduktionen ausarbeiten. Für seinen ihm über viele Jahre freundschaftlich verbundenen Kollegen Vico Torriani konzipierte Rosenthal als verantwortlicher Redakteur u.a. die Serie »Hotel Victoria«, die seinerzeit sehr beliebt war. Von dieser einjährigen Lehrzeit bei der Bavaria konnte Rosenthal wirklich eine Menge profitieren, wie er später in seiner Autobiographie zugab: »Denn damals begriff ich, daß bei einer Fernsehsendung alles akkurat vorbereitet sein muß, nichts dem Zufall überlassen bleiben darf, jede Einzelheit stimmen und stehen muß.« Vor allen Dingen für seine späteren Fernseherfolge »Dalli, Dalli« und »Schlagerfestival« waren die Erfahrungen, die er bei der Bavaria machte, von entscheidender, wenn nicht prägender Bedeutung.

Nun wartete Rosenthal auf eine neue Chance, und die kam von der Berliner Allianz-Film, die im Auftrage des Zweiten Deutschen Fernsehens (ZDF) ein Vorabendprogramm gestalten und produzieren sollte. Er unterbreitete den verantwortlichen Herren das Konzept für eine kurzweilige 25-Minuten-Sendung, in der von zwei Mannschaften abwechselnd Begriffe aus dem Mineral- und Pflanzenreich sowie dem Bereich Lebewesen zu erraten waren. Einmal war die Anzahl der Fragen maßgeblich, und in der zweiten Runde ging es schließlich gegen den Sekundenzeiger der Uhr. Mit diesem Spiel, daß unter dem Titel »Wer fragt – gewinnt!« gerade 10 Jahre erfolgreich im Hörfunk gelaufen war, konnte eigentlich nichts schiefgehen. Rosenthal transponierte das Radio-Quiz in eine entsprechende Bildschirmfassung, und der Erfolg gab ihm recht: Im vierten Anlauf hatte er es nun endlich geschafft. Mit der ZDF-Vorabendreihe »Gut gefragt – ist halb gewonnen!« begann am 26.9.1964 die Erfolgskarriere des Fernsehshowmasters Hans Rosenthal.

Von 1964 – 1970 wurden im ZDF insgesamt 66 Folgen dieses Ratespiels ausgestrahlt, die Joachim Krüger organisatorisch betreute; als Regisseur zeichnete überwiegend Günter Bartosch verantwortlich, den Rosenthal bereits vom RIAS kannte. Bartosch hatte 1948 beim Radio angefangen und u.a. mit Erik Ode und Werner Oehlschläger zusammengearbeitet, ehe er 1962 das Programm des neugegründeten Senders ZDF mitaufbaute. Neben der Quiz-Reihe »Gut gefragt – ist halb gewonnen« war Bartosch auch für die große ZDF-Show »Der Goldene Schuß« verantwortlich. Alles, was seinerzeit Rang und Namen hatte, wurde von Joachim Krüger für das neue Rosenthal-Quiz im ZDF verpflichtet und von Günter Bartosch kameragerecht in Szene gesetzt. So liest sich die Gästeliste dieser Sendereihe auch wie das deutsche »Who is Who?«: Bekannte Schauspieler von Lilian Harvey, Marianne Hoppe, Zarah Leander, Inge Meysel, Maria Schell, Sonja Ziemann und Grethe Weiser bis Mario Adorf, Willy Birgel, Dieter Borsche, Horst Buchholz, Viktor de Kowa, Gustav Knuth, Hans Söhnker, Horst Tappert und Georg Thomalla waren ebenso zu Gast wie große Sänger der Oper und Operette, von denen Erika Köth, Margit Schramm, Jan Kiepura und René Kollo nur stellvertretend für viele genannt werden sollen. Selbst Politiker wie Dr. Hildegard Hamm-Brücher, Ernst Lemmer und Hans Dietrich Genscher stellten sich dem Begrifferaten ebenso wie die bekannten Sportler Toni Sailer, Alwin Schockemöhle, Georg Thoma, Hans Günter Winkler und Emil Zatopek. In der ersten Folge kämpften Kabarettisten gegen Politiker: Sammy Drechsel, Werner Finck und Walter Groß sowie Franz Barsig, Dr. Thomas Dehler und Karl Theodor Freiherr von und zu Gutenberg. Von Anfang dabei waren auch Monica Sundermann als Assistentin, Heinrich Riethmüller als musikalischer Leiter und natürlich Oskar, der Berliner Karikaturist, der die einzelnen zu erratenen Begriffe zeichnete.

Nach diesem vielversprechenden Start im ZDF schien sich das Blatt für Rosenthal nun wirklich, was die Fernseharbeit anging, zum Guten gewendet zu haben. Die verantwortlichen Herren vom

ZDF waren zufrieden, denn die Strukturierung ihres Vorabend-
programms war eine echte Alternative zu den Regionalprogram-
men der ARD und kam beim Fernsehpublikum auch gleich gut an.
Nur Rosenthal war skeptisch, denn er mußte auf der Hut sein,
weil der Kampf um Einschaltquoten zwischen den beiden Fern-
sehprogrammen bereits begonnen hatte. Er wußte nur zu gut, daß
es zwar nicht leicht war, auf Anhieb einen Erfolg zu erringen, einen
Erfolg aber zu halten, das war noch viel schwieriger. So sollte es
auch nicht lange dauern, bis der Quizmaster die Rivalitäten zwischen ARD und ZDF voll zu spüren bekam. Man muß dazu
erklären, daß Rosenthal beim Beginn der Sendereihe »Gut gefragt
– ist halb gewonnen« mehr oder weniger darauf bestanden hatte,
daß diese Unterhaltungsproduktion in Berlin durchgeführt werden sollte, und zwar im Ernst-Reuter-Saal in Berlin-Reinickendorf,
einem der akustisch besten Säle der Stadt. Diesen Veranstaltungs-
raum kannte er bereits von zahlreichen Radiosendungen, und
immer, wenn er auch später in seiner Heimatstadt überregionale
Hörfunk-Sendungen wie »Allein gegen alle« oder »Spaß muß
sein!« produzierte, stand dieser Saal, neben der Berliner Urania
oder dem Großen Sendesaal im SFB-Funkhaus, ganz oben auf seiner Wunschliste. Das ZDF hatte anfangs auch nichts dagegen, die
neue Rateserie von Berlin aus zu senden. Doch nachdem die Pro-
duktionsstätte – angeblich aus Kostengründen – von Berlin nach
München verlegt worden war und Rosenthal mit seinen Vor-
schlägen zur Veränderung der Sendeform und Attraktivitätsstei-
gerung der Spiele immer wieder auf taube Ohren bei den maß-
geblichen Herren in Mainz gestoßen war, sah er eigentlich keine
Chance mehr, seine Pläne auf Ausbau seiner kleinen Fernsehsendung zu realisieren. So nahm er schließlich Verbindung mit den
Kollegen vom Saarländischen Rundfunk Saarbrücken auf und startete dort im ARD-Regionalprogramm die Vorabendserie »Der
Apfel fällt nicht weit vom Stamm«, die später durch »Bitte zur
Kasse« abgelöst wurde. Die Reaktion vom ZDF in Mainz ließ nicht
lange auf sich warten. Der damalige ZDF-Unterhaltungschef Dr.

Oepen gab zu verstehen, daß Träger einer Sendereihe nur bei einem der beiden Fernsehsysteme angesiedelt sein sollten. Und schließlich verwies er auch auf eine angebliche Äußerung des Programmdirektors Joseph Viehöver, der gesagt haben soll, daß sich die Sendung totgelaufen habe und nun eingestellt werden müsse. Rosenthal war von dieser Mainzer Entscheidung wie vor den Kopf gestoßen und entschloß sich zur Umsiedlung ins erste Programm.

Neben der Regionalsendereihe im Saarländischen Rundfunk wurde Rosenthal nun sporadisch für Sendungen im Nachmittagsprogramm der ARD eingesetzt, wie z.B. »Die Quizparty« (Erinnern Sie sich noch?), einer Show für Senioren oder dem Verkehrsquiz »Eins plus eins gegen zwei«, das später von dem Sportmoderator Werner Zimmer übernommen wurde. Die Hörfunkarbeit wurde von Rosenthal natürlich nicht vernachlässigt, im Gegenteil, er weitete seine Aktivitäten sogar noch aus und entwickelte sich zum »Hans-Dampf« auf allen Radiowellen! Er betreute mehr als ein Dutzend Sendereihen, Ratespiele und Unterhaltungsserien gleichzeitig, war unterwegs landauf, landab, im Dienste der Rundfunkunterhaltung und aus Freude am Spiel(en). Unermüdlich war er auf der Suche nach neuen Ideen, oder er war damit beschäftigt, sie in ein sendefähiges Konzept zu verarbeiten. Damals hatte er gerade eine neue Spielidee für den Hörfunk entwickelt, die er schon gelegentlich in seiner Reihe »Spaß muß sein!« (z.B. Sondersendung aus London zur Fußball WM 1966) eingesetzt hatte. Ernst Kalthoff, der damalige WDR-Unterhaltungschef, mit dem Rosenthal noch eine langjährige Zusammenarbeit verbinden sollte (»Opas Schlagerfestival«, »Spiel über Grenzen«), war von der Idee wohl ganz angetan und setzte das kleine Spiel, bei dem Mannschaften in 15 Sekunden nach dem Ping-Pong-System zu einem bestimmten Thema unendlich viele Begriffe nennen und aufsagen sollten, bei großen WDR-Unterhaltungsveranstaltungen mit dem Tanzorchester Werner Müller als sogenannter Pausenfüller ein (erstmalig: »Bunter Nachmittag aus Euskirchen«, 1968). Das Spiel nannte Rosenthal »Die dreifache Chance« und keiner ahnte wohl damals, daß dem Berliner Quizmaster mit dieser Idee nocheinmal der große Coup auf dem Bildschirm gelingen würde. Doch noch war es nicht soweit, noch präsentierte er das kleine Quiz von 10 – 15 Minuten Länge in einem eher bescheidenen Rahmen. Nach insgesamt 8 Spieleinsätzen im Sendegebiet des WDR (letzte Folge: »Musik ist Trumpf« aus Mönchen-Gladbach, 1970) war Rosenthal im Begriff, die Spielidee aufzugeben und in der Versenkung verschwinden zu lassen, weil eine Erweiterung des Schnelldenkerspiels im Rahmen dieser Veranstaltungsreihe nicht möglich war.

Doch Rosenthal hatte wieder einmal Glück. Denn völlig unerwartet kam plötzlich ein Anruf aus Mainz. Der ZDF-Programmdirektor Joseph Viehöver und sein damaliger persönlicher Referent Peter Gerlach, der später zum Leiter der Unterhaltungsabteilung aufstieg, waren in Nöten. Denn man hatte im Laufe des Jahres 1970 das Programmangebot des ZDF in der Sparte Unterhaltung völlig neu strukturiert und sich aufgrund dieser Entwicklung auch von einigen beliebten Sendungen wie »Vergißmeinnicht« von und mit Peter Frankenfeld (letzte Folge: 16.4.1970) und »Der Goldene Schuß« mit Vico Torriani (letzte Folge: 2.7.1970) verabschiedet. Die Nachfolgesendungen fanden jedoch ein unterschiedliches Echo: Während die neue Show »Drei mal neun« mit Wim Thoelke (1. Folge: 10.9.1970) bei Publikum und Kritikern gleichermaßen gut ankam, fiel das Unterhaltungsspiel »Schwarzer Peter« (1. Folge: 3.9.1970) mit Peter Garden durch. Die Absetzung dieser Sendung im Dezember 1970 war bereits beschlossene Sache. Für den Moderator der Sendung, Peter Garden, den man noch Monate zuvor für seine Personality-Shows in den höchsten Tönen gelobt hatte, war dies gewissermaßen das Aus, denn ihm, der als Präsentator des visuell aufbereiteten Kartenspiels »Schwarzer Peter« fungierte, hatte man nun letztendlich den schwarzen Peter zugeschoben, obwohl er das Konzept der Sendung nicht zu verantworten hatte. Herr Garden verschwand in der Versenkung, und Hans Rosenthal tauchte wieder auf! Als man ihm Ende 1970 die Nachfolgesendung des gescheiterten »Schwarzen Peters« anvertraute, ergriff der Berliner Quizmaster sofort seine Chance und legte den verantwortlichen Herren vom ZDF in kurzer Zeit ein sendefähiges Konzept vor: Aus dem zunächst als Pausenfüller konzipierten Ratespiel »Die dreifache Chance« im WDR-Hörfunk entstand so letztendlich seine so erfolgreich gewordene Unterhaltungsreihe »Dalli, Dalli«, mit der der Name Rosenthal auch heute noch – über 10 Jahre nach seinem Tode – eng verbunden ist.

Den Programmauftrag für diese neue ZDF-Unterhaltungsreihe formulierte Herr Viehöver etwa so: »Ich brauche eine Sendung ohne Denkanstöße, dafür habe ich ›Wünsch Dir Was‹ (mit Vivi Bach und Dietmar Schönherr). Ich brauche eine Sendung ohne große internationale Stars, Riesenorchester und Ballett, denn dafür habe ich die ›Starparade‹ (mit Rainer Holbe) und ›Drei mal neun‹ (mit Wim Thoelke). Statt dessen brauche ich eine Unterhaltung, die Entspannung bringen soll ohne große Kulissenkunststücke. Bestes Beispiel für eine solche Sendung wäre Robert Lembke (›Was bin ich‹).« Das war nun einfacher gesagt als getan. Und ich glaube, Rosenthal machte sich damals auch keine großen Illusionen, denn er wußte aufgrund seiner Erfahrungen nur zu gut, daß dieser Programmauftrag nicht leicht zu erfüllen war. Die Leute zum Lachen zu bringen, sie von den Sorgen des Alltags abzulenken und sie einfach nur gut zu unterhalten, das war und ist auch heute noch eine der schwierigsten Aufgaben in Hörfunk und Fernsehen. Es ist sicherlich auch nicht abwegig, wenn ich behaupte, daß die Vorstellungen des ZDF-Programmdirektors nicht ganz in allen Punkten erfüllt wurden. »Dalli, Dalli« war zwar nur ein simples Ratespiel, daß den Zuschauer am Abend, nach getaner Arbeit, in erster Linie amüsieren und Vergnügen bereiten sollte, dennoch wollte auch Rosenthal nicht gänzlich auf kleine Denkanstöße verzichten. Dafür garantierte schon der »Vater der Insulaner«, Günter Neumann, der in den ersten beiden Jahren des Bestehens der Sendereihe für die Chansons und Lieder im musikalischen Beiprogramm verantwortlich war. Mit seiner unnachahmlichen Art glossierte er die Ereignisse der Politik und des aktuellen Tagesgeschehens. So mancher Fernsehzuschauer wird sich da bestimmt an die Glanzzeiten des »Insulaner«-Kabaretts erinnert haben. Nach dem Tode Neumanns arbeitete Rosenthal überwiegend mit den Autoren Curth Flatow und Horst Pillau zusammen, die letztendlich auch zum großen Erfolg von »Dalli, Dalli« beigetragen haben.

Die Premiere des Fragespiels für Schnelldenker auf bundesdeutschen Bildschirmen fand am 13.5.1971 statt. Als coproduzierender Partner war der Österreichische Rundfunk (ORF) von Anfang an dabei. Um das Timing für die Sendung exakt festlegen zu können und die Möglichkeit von korrigierenden Schnitten bei der Erstsendung nicht gleich von vornherein auszuschließen, hatte Rosenthal für die Premiere auf einer Aufzeichnung bestanden, die einen Tag vorher, am 12.5.1971, in den Berliner Union-Film-Studios produziert wurde. Denn nun ging der Quizmaster auf Nummer sicher: Ein neues Desaster mit einer Livesendung wie damals bei der Berliner Industrieausstellung 1958 sollte Rosenthal nicht noch einmal passieren! Alle weiteren Sendefolgen wurden dann allerdings immer live ausgestrahlt. Viele Künstler, Politiker, Sportler und andere interessante Persönlichkeiten wirkten in den 15 Jahren des Bestehens der Sendereihe mit. In Folge 1 waren u.a. Lieselotte Pulver (»Kohlhiesels Töchter«) und Fritz Eckhardt (»Hallo, Hotel Sacher, Portier«) dabei. 18 Jahre später erinnerten sich die beiden Künstler in einem 3-SAT-Rückblick (»Erinnern Sie sich noch?«) an ihre damalige Pionierarbeit. »Ich bin stolz, daß ich in der ersten Sendung dabei war«, erzählte Frau Pulver in einem 3-SAT-Interview. »Hoffentlich habe ich mich nicht so sehr blamiert! Anfangs hatte ich ja Bedenken, weil es alles so schnell gehen muß. Das ist ja ein Problem bei mir.« Fritz Eckhardt, der den Berliner Quizmaster Rosenthal überhaupt nicht kannte und den in Wien ein Telefonanruf erreichte, ob er nicht bei dem neuen Fragespiel mitspielen wolle, sagte eigentlich nur zu, weil er mit Lieselotte Pulver in einer Mannschaft sein sollte. »Doch seit meiner

Mitwirkung verband uns dann eine langjährige Freundschaft«, verriet der langjährige fernseherfahrene »Portier« vom Hotel Sacher, der auch als eigenwilliger Wiener »Tatort«-Kommissar auf dem Bildschirm zu sehen war. »Rosenthal war eine liebenswerte Persönlichkeit, die gleichermaßen beim Publikum und auch bei den Kollegen sehr geschätzt und beliebt war. Und er war ein Fernsehprofi, der nie den Faden verlor und keine Unsicherheiten aufkommen ließ.« Und etwas nachdenklich fügte Fritz Eckhardt hinzu: »Ein sympathischer Jude stand auf dem Podium und die Leute jubelten ihm zu. Das hätte vor einigen Jahren noch keiner für möglich gehalten!« Lieselotte Pulver erinnerte sich indes noch an eine spätere Mitwirkung Ende der siebziger Jahre, als sie für das musikalische Beiprogramm verpflichtet wurde: »Er hat darauf bestanden, daß live gesungen wurde. Er war ein harter Bursche gegen sich selbst und auch gegen andere. Ich war in der Ansicht angereist, einfach mein Playback singen zu dürfen!«

Doch zurück zur ersten Sendefolge von »Dalli, Dalli«. Neben Lieselotte Pulver und Fritz Eckhardt, die als Mannschaft »Film« einen guten vorletzten Platz belegten, starteten für den »Sport« Ilona Gusenbauer und Manfred Germar, für die »Politik« die Polizeipräsidenten Hübner (Berlin) und Müller (Frankfurt a.M.) sowie Heinz Haber und Walter Bruch für die »Wissenschafts-Mannschaft«. Zu Walter Bruch, der ja als der Erfinder des deutschen Farbfernsehens bei seiner Einführung im Jahre 1967 gelobt und gefeiert wurde, sei noch eine lustige Anmerkung erlaubt: Als Rosenthal den Wissenschaftler Bruch vorstellte und in einem kleinen Interview vor dem eigentlichen Spiel fragte, warum denn das Farbfernsehsystem in Deutschland »PAL« genannt wurde und nicht den Namen des Erfinders trug, erntete der Quizmaster gleich einen großen Lacherfolg: »Bruch-Fernsehen wäre ja nun auch wirklich keine gute Werbung gewesen!« Die musikalischen Beiträge in dieser Sendung wurden von Cornelia Froboess, Robert Rober, Uwe Friedrichsen und den Rosy-Singers dargeboten. Günter Neumann hatte die Texte verfaßt, und bei dem Vortrag der

Rosy-Singers trat wiedereinmal Neumanns Begabung in den Vordergrund, zu bestimmten aktuellen Themen Stellung zu beziehen, und zwar in seiner ihm eigenen Art und Weise: So unterlegte er seine Texte mit bekannten Melodien, die eigentlich jeder mitsummen konnte. Und den Textzeilen verlieh er durch Weglassen, Hinzufügen oder Ersetzen eines einzigen Wortes und manchmal gar eines einzigen Buchstabens einen ganz anderen Sinn. Diesmal ging es um die aktuelle Mode, um die seinerzeit sehr umstrittenen »Heißen Höschen«. Für die »Dalli, Dalli«-Sendung schrieb er folgende Spezialfassung:

»Ganz ohne heiße Höschen (Weiber) geht die Chose nicht.
Das ist der Sinn der heißen Höschen (Das ist die Liebe der Matrosen).
Höschen (Häschen) in der Grube.
Trägst heiße Höschen du, gib acht auf den Jahrgang (Trinkst du mal Wein vom Rhein, gib acht auf den Jahrgang).
Denn sonst zeigt uns unsere Oma ihr klein Höschen (Wir versaufen unser Oma ihr klein Häuschen).
Sah ein Knab' ein Höslein (Röslein) steh'n, etwas dick um die Lende.
Höslein, Höslein, krieg ich dich, dann will ich nie mehr auseinandergeh'n!«

Zum »Dalli, Dalli«-Team gehörte auch der Karikaturist Oskar, der bereits bei Rosenthals erster ZDF-Reihe »Gut gefragt – ist halb gewonnen« dabei war, und die ebenfalls bereits bekannte Assistentin Monica Sundermann. Im Schiedsgericht saßen die ORF-Moderatorin Brigitte Xander (»Ö 3 – Wecker«) und die ZDF-Ansagerin Mady Riehl (ab 2. Folge), als Sprecher der Jury fungierte der Berliner Schauspieler und Kabarettist Ekkehard Fritsch, der später von Christian Neureuther abgelöst wurde. Neben den festen Mannschaftsrunden und dem »Dalli-Klick-Spiel« gab es immer wieder Sonderrunden für die Zuschauer und Gäste im Studio: Das Fragenlotto, das Reisequiz oder die Spezialfragen zu bestimmten, vorher ausgelosten Themenbereichen sind nur einige Beispiele. Schließlich ließ der Quizmaster auch sein Studio-Publikum am Spielgeschehen teilhaben, indem er sie über die einzelnen Leistungen der Mannschaften mit abstimmen ließ. Rosenthal war eben ein eingefleischter Demokrat, der auch die Gäste geschickt mit in den Entscheidungsprozeß der Punktebewertung einbezog. Und wenn die überwiegende Mehrheit auf einen roten Knopf gedrückt hatte, dann ertönte ein unüberhörbares Signal an der Wabenwand, das den Spielleiter zum »Hochspringer« werden ließ: »Sie sind der Meinung, das war Spitze!«

»Spitzenmäßig« war die Sendung, denn immerhin ist sie nicht ohne Grund 153 mal über den Bildschirm geflimmert. Eine Telefonaktion im Jahre 1984 ergab sogar eine unüberhörbare Forderung der Zuschauer auf Ausdehnung der Sendezeit. Trotz aller euphorischen Äußerungen über »Dalli, Dalli«, im nachhinein muß man auch hier zu bedenken geben, daß der Erfolg dieser Rateshow sich erst allmählich einstellte. In der Premierensendung hatte Rosenthal in seiner einleitenden Conférence kurz skizziert, wie er seine neue Spielshow verstanden wissen wollte:

»Guten Abend, liebe Zuschauerinnen und Zuschauer zu Haus im Sessel, auf der Couch, auf der Sitzbank, auf dem Teppich, im Bett. Guten Abend, liebe Zuschauer hier im Studio Berlin des Zweiten Deutschen Fernsehens. ›Dalli, Dalli‹ heißt unser Spiel für Schnelldenker. Tempo ist unsere Devise! Sie haben Zeit, lassen Sie sich durch uns nicht anstecken. Gehen Sie in Ruhe zum Kühlschrank, verknacken Sie sich dabei nicht das Bein! Sie wissen: Es ist der 13. Uns berührt das nicht...«

Der Beifall des Publikums in den Union-Film-Studios von Berlin-Tempelhof konnte Rosenthal auf jeden Fall gewiß sein, denn die Berliner hielten wie »Pech und Schwefel zusammen« und unterstützten natürlich ihren Landsmann, der sich gerade anschickte, eine nicht unwesentliche Rolle in der deutschen Fernsehunterhaltung spielen zu wollen. Auch die bundesdeutschen Zuschauer freundeten sich ungeheuer schnell mit dem munteren und kurzweiligen Fragespiel an; immerhin konnte bei der Erstsendung eine Sehbeteiligung von 29 Prozent (Beurteilungsindex: + 4) und bei der 6. Folge (16.12.1971) eine Sehbeteiligung von bereits 45 Prozent (Beurteilungsindex unverändert bei + 4) verzeichnet werden. Anders in Österreich: Hier war die Fernsehgemeinde zunächst eher reserviert und die Pressekritiken durchweg schlecht. Im ORF-Wien hagelte es gar Protestbriefe über diese »geistlose Sendung«: »Wen interessiert schon so ein Quatsch?« – oder »Man erspare mir eine schon zwölfmal erfolgte Kritik an der infantilen Durchführung dieses Quiz-Spiels...« Und in der »Wiener Kronenzeitung« hieß es: »Es verblüfft regelmäßig, mit welch' bescheidenen Mitteln man versucht, in ›Dalli, Dalli‹ Unterhaltung zu machen!«

Trotz aller negativen Kritik aus der Alpenrepublik, die Programmverantwortlichen vom ZDF unterstützten Rosenthal: Erstens mußte sich eine neue Sendung auch erst einmal einspielen, und zweitens konnte man sich einen weiteren Flop wie beim »Schwarzen Peter« nicht nocheinmal erlauben. Die Zuschauer, vor allen Dingen in Österreich, mußten sich mit der neuen Spielform erst anfreunden. In der 9. Folge (20.4.1972) konnte man eine Sehbeteiligung von 62 Prozent verbuchen, ein Spitzenwert, der fast an die Zuschauerzahlen der damals beliebten »Peter-Alexander-Show« heranreichte. Die Herren Viehöver und Gerlach aus Mainz sollten recht behalten, denn allmählich wurden auch die Kritiken bei unseren österreichischen Nachbarn besser. Schließlich erhielt der Berliner Quizmaster aufgrund von Publikums- und Presseabstimmungen mehrere Auszeichnungen wie den »Goldenen Bildschirm« und den »Bambi«, später kam auch noch die »Goldene Kamera«, das »Goldene Mikrofon« und der »Telestar« dazu. Das Eis war nun endlich gebrochen, es ging bergauf. In Wien redete niemand mehr von dem »preußischen« Quizmaster aus Berlin, im Gegenteil, man riß sich förmlich um die Eintrittskarten, wenn das

»Dalli, Dalli«-Team zweimal jährlich im ORF-Sendezentrum zu Gast war. Die Wiener hatten den Berliner in ihr Herz geschlossen und quittierten seinen ungeheueren Fleiß, seinen Ideenreichtum und seine nachgiebige Art im Umgang mit unbeholfenen Kandidaten immer mit sehr viel Beifall und Zustimmung. So schnell konnte sich das Blatt also wenden.

Wer hätte gedacht, daß Hans Rosenthal, der sich noch 30 Jahre zuvor vor den Nazis in Deutschland verstecken mußte, weil man ihm als Juden nach dem Leben trachtete, nun in dem gleichen Land zum zweitbeliebtesten TV-Star aller Zeiten und zum beliebtesten Quizmaster gewählt wurde? Nun war er auf dem Zenit seiner Karriere angelangt, nun hieß es, diesen harterarbeiteten Erfolg auch zu halten und sich gegen die Konkurrenz, die immer stärker wurde, zu behaupten. Auch dies gelang ihm nun. Denn, wer Rosenthal kannte, der wußte, daß er sich nicht lange auf seinen Lorbeeren ausruhen würde. Durch ungeheueren Fleiß und unermüdlichen Einsatz sicherte er seinen Erfolg ab und war dabei immer noch etwas produktiver als andere Mitstreiter in diesem Genre. Bald trat er auch wieder mit neuen Ideen und Sendungen vor sein Publikum.

Bereits Ende 1973 konnte man in den Zeitungen von einem neuen Fernsehprojekt lesen: »Schlagerfestival« hieß die neue Unterhaltungsreihe, die Rosenthal in Anlehnung an die mit Günter Neumann produzierte Hörfunkserie »Opas Schlagerfestival« nun für das Pantoffelkino aufbereitete. Das Konzept der Sendereihe, deren erste Folge am 16.3.1974 (»Schlagerfestival 1929«) im ZDF gesendet wurde, war einfach und doch verblüffend zugleich: In jeder Folge wurden populäre Schlager, Chansons und Operettenlieder eines Jahrgangs aus der Zeit zwischen 1925 und 1930 präsentiert. Aus diesem Melodienangebot mußte dann eine Jury, die sich mal aus Publikumsgästen verschiedener Generationen und mal aus Prominenten zusammensetzte, den Schlager auswählen, der dann zum jeweiligen Jahrgangs-Hit gekürt wurde. Außerdem war wieder – wie seinerzeit bei der Hörfunkfassung –

auch eine Witzecke dabei, die die gute alte Zeit mit humoristischen Einlagen und Sketchen auf ihre Weise glossierte. Besonders herausragende Ereignisse aus Politik, Sport und Kultur wurden noch durch filmische Raritäten aus dem Archiv der Wochenschau bebildert. Und dabei mußte der »flinke Hans«, der die Sendungen abwechselnd in Doppelconférence mit so berühmten Schauspielern wie Theo Lingen und Axel von Ambesser moderierte, stets auf der Hut sein, daß er keine künstlichen Pausen entstehen ließ. Denn die eingespielten Filme der Wochenschau mußten sich nahtlos wie ein Mosaik in die Liveconférencen vor Publikum einfügen und auf Stichwort auch wieder beendet sein. Da gab es nicht viel zu improvisieren, da mußte der Text ganz einfach sitzen. Hier war wieder einmal der Perfektionist Rosenthal gefordert; man spürte förmlich, mit welcher Routine und mit welcher Sicherheit er jede noch so schwierige Passage meisterte und sich nicht nur als Stichwortgeber für die berühmten Kollegen Lingen und von Ambesser profilierte, sondern während der Aufzeichnung in den Berliner Union-Film-Studios auch als »heimlicher Fernsehregisseur« agierte. Er wußte genau, wer von wo aufzutreten und wo er wieder abzugehen hatte bzw. welchen Standpunkt der jeweilige Künstler während des Vortrags vor der Kamera einnehmen mußte. Gerade bei dieser Sendung merkte man, daß Rosenthal nicht zu den Leuten gehörte, die – vom Hörfunk kommend – einfach in die Fernseharena gedrängt worden waren oder sich selber danach drängten, und nun mit dem neuen Medium nicht so recht klar kamen. Unser »Hans-Dampf« war ein äußerst präziser Rundfunkmann, der seine Fernseh-Lehrjahre als Unterhaltungsredakteur bei der Bavaria in München seinerzeit nicht umsonst absolviert hatte. Und ging infolge einer technischen Panne oder eines unkorrekten Gesangsvortrages einmal etwas daneben, so war es wiederum Rosenthal, der nicht aus der Ruhe zu bringen war. Er kannte das ganze Drehbuch natürlich auswendig und half den Mitwirkenden mit dem entsprechenden Stichwort wieder auf die Bühne. Dabei versuchte er gleichzeitig noch, das Publikum in Stimmung zu halten und zum Applaudieren zu animieren, obwohl das fast überflüssig war, denn die Zuschauer im Studio waren gewissermaßen beteiligt am Geschehen, fühlten sich mitverantwortlich für eine gute und gelungene Aufzeichnung, die von Berlin aus in die gesamte Bundesrepublik ausgestrahlt wurde. Rosenthal hatte auch ein gewisses Gespür, was gute Atmosphäre und optimale Arbeitsbedingungen anbelangte. Ihm gelang es immer wieder eine vertraute, fast familiäre Stimmung zu erzeugen, um so das bestmöglichste Ergebnis für die Produktion zu erzielen. Das spürten nicht nur die mitwirkenden Kollegen, sondern auch das anwesende Saalpublikum. Und so unterstützten sie ihn alle nach Kräften. Hinterher – bei der Ausstrahlung der eigentlichen Sendung – merkte niemand mehr, daß es bei der Aufzeichnung auch mal eine Panne gegeben hatte.

Daß es Rosenthal auch verstanden hat, gute unterhaltende Hörfunkproduktionen für das Fernsehen zu adaptieren und sie auch in der bearbeiteten Bildschirmfassung wieder zu einem Erfolg zu führen, das konnte er im Laufe seiner Karriere gleich mehrfach unter Beweis stellen. Denn auch die am 31.1.1977 gestartete ZDF-Vorabendserie »KO oder Okay« hatte einen Radio-Vorläufer: »Da ist man sprachlos« nannte man das heitere Rededuell im Hörfunk, das in einer Coproduktion von RIAS und Westdeutschen Rundfunk fast vier Jahre lang für kurzweilige Unterhaltung am Radioapparat sorgte. In dieser Serie mußten Prominente einminütige Referate über ein bestimmtes, vom Quizmaster vorgegebenes Thema halten. Dabei war es dann verboten, innerhalb der Zeit von 60 Sekunden ein bestimmtes, vorher festgelegtes Tabuwort zu benutzen. So mancher Redefluß wurde da zur Schadenfreude der Gegnermannschaft und auch des Publikums unterbrochen, wenn das Tabuwort plötzlich doch ausgesprochen wurde. Sprechen Sie mal über »Fußballsport« und lassen beispielsweise das Wort »Ball« weg, oder halten Sie mal ein Referat über das Thema »Kuß«, ohne das Wort »Liebe« zu erwähnen. Ein schwieriges Unterfangen ist es zudem noch, wenn man alltägliche Floskeln wie

»Äh« zum Tabuwort macht; da kommt zwangsläufig jeder ins Schwitzen: So manche Parlamentsrede müßte da wohl abrupt abgebrochen werden!

Erwähnt wurden ja bereits die teilweise stark überzogenen Rivalitäten zwischen ARD und ZDF, die man sich heute kaum mehr vorstellen kann, denn längst kooperieren die beiden öffentlich-rechtlichen Fernsehsysteme in vielen Fragen und Angelegenheiten miteinander. Damals war es z.B. nicht möglich, daß ein Mann wie Rosenthal, der beim ZDF mit »Dalli, Dalli« unter Vertrag war, auch gleichzeitig eine Sendereihe in der ARD hätte moderieren können. Aus diesem Grunde mußte beispielsweise im Jahre 1978, als die erfolgreiche Hörfunk-Sendung »Allein gegen alle« mit Rosenthal ins ARD-Fernsehprogramm kam, ein anderer Moderator für diese Quiz-Show gefunden werden. Die Programmdirektoren suchten seinerzeit fieberhaft nach einer Lösung und verpflichteten schließlich den schon fernseherprobten Wolfgang Spier, der bereits mit der Reihe »Wer dreimal lügt« bekanntgeworden war. Für vier Sendungen war Spier das »Fernsehversuchskaninchen«, wie er sich bei der Bildschirmpremiere am 18. März 1978 im Funkhaus Hannover selbst vostellte, dann »warf er das Handtuch«. Wolfgang Spier ist sicherlich ein exzellenter Schauspieler und Theaterregisseur, doch als Moderator einer solchen Samstagabendsendung, die aufgrund ihrer Anlage – durch viele Liveschaltungen – oft einen etwas chaotischen Sendeablauf erreichen konnte und deshalb zu schnellen, nachvollziehbaren Entscheidungen des Spielleiters zwang, der gleichzeitig den Überblick über die Geschehnisse im Studio und in den vielen Außenstellen behalten mußte, da war ein Mann wie Spier, der ja nicht vom Rundfunk kam wie Rosenthal, einfach überfordert. Die großangelegte und im Rahmen der Eurovision (ARD/ORF/SRG) gestartete Fernsehreihe drohte fast zu platzen, denn im Sommer 1978 suchte man krampfhaft nach einem »Ersatzmann« für »Allein gegen alle« und fand ihn schließlich – auf Vorschlag von Hans Rosenthal und Kip Oppermann – in dem damals noch unbekannten Hörfunk- und Fernsehansager des WDR Max Schautzer. Er konnte als neuer »Kapitän« das Steuer auf dem »sinkenden Quiz-Schiff« gerade noch herumreißen, doch an den einstigen Radioerfolg konnte auch er nicht mehr anknüpfen. Denn zu sehr war »Allein gegen alle« mit Hans Rosenthal verbunden gewesen, zu sehr hatte der Berliner Quizmaster dem munteren Ratespiel jahrelang seinen Stempel aufgesetzt, seine Prägung gegeben. Da konnte auch ein so charmanter Österreicher wie Schautzer nicht mehr viel ausrichten. Dennoch hat er, das muß zu seiner Ehrenrettung hier festgehalten werden, noch mehr als 20 Folgen im ARD-Fernsehen moderiert. Die Eurovisionsfanfare ertönte allerdings vom Januar 1979 an nicht mehr, denn die koproduzierenden Partner vom ORF und der SRG waren inzwischen ausgestiegen. Für Max Schautzer war »Allein gegen alle« jedoch der Beginn einer großen Fernsehkarriere, denn nach dem Aus des Ratespiels bekam er gleich eine neue Chance: Die alte Quizreihe »Alles oder nichts« wurde wieder neu aufgelegt. Später folgten noch viele Sendereihen, in denen Max Schautzer, der von sich selber sagt, daß er eigentlich von Hans Rosenthal für die Unterhaltung entdeckt wurde, seine Talente unter Beweis stellen konnte: »ARD- Wunschkonzert«, »Die Goldene Eins«, »Immer wieder sonntags« und »Pleiten, Pech und Pannen« sind nur einige von vielen Beispielen.

Doch zurück zu Hans Rosenthal. Nachdem er seine Position im ZDF-Fernsehprogramm mehr und mehr gefestigt hatte, wurde er auch für andere Bildschirmeinsätze verpflichtet. Und hier konnte er auch wieder des öfteren beweisen, daß er nicht nur der »Quizonkel der Nation« war, wie Kritiker zuweilen etwas abfällig behaupteten, sondern, daß er auch ein ebenso wortgewandter Moderator und Präsentator von Unterhaltungssendungen sein konnte, in denen mal keine Rate- oder Spielaufgaben gelöst werden mußten. Das ZDF bot ihm mehrfach die Chance, sein Können und seine Vielseitigkeit unter Beweis zu stellen. Nach der Nostalgiesendung »Schlagerfestival«, die bereits Erwähnung fand, war Rosenthal u.a. einmal conférierender »Zirkusdirektor« beim alljährlichen Gala-Abend im »Cirkus Krone« in München (»Stars in der Manege«: 31.12.1980). Dann moderierte er sozusagen als »Obergärtner« die Eröffnungsshow zur Bundesgartenschau 1985 in Berlin (»Mal seh'n was uns blüht«: 25.4.1985) und einige Monate später tauchte er als »Zugabfertiger« bei der Jubiläumssendung »150 Jahre Deutsche Eisenbahn« (7.12.1985) in Nürnberg auf. Selbst beim traditionellen ZDF-Sonntagskonzert wollte man nicht auf ihn verzichten: Und so moderierte er noch einmal eine Livesendung von der Bundesgartenschau in Berlin (12. 5. 1985) und als erprobter »Seemann« – mit Ferienhaus auf der Insel Föhr – ein zünftiges Programm mit steifer Brise aus dem ostfriesischen Ort Greetsiel (16.6.1985). Außerdem präsentierte er eine Sendung, die sich für den Umweltschutz einsetzte und in der so unterschiedliche Künstler wie Daliah Lavi, Reinhard Mey, Jürgen Barz & Grunewald, die Gruppe Gänsehaut und die Menskes-Chöre mitwirkten (»Wer hat dich du schöner Wald...?«: 20. 10. 1984). Hinzu kamen noch zahlreiche Mitwirkungen in anderen Unterhaltungssendungen wie »Musik ist Trumpf«, wo er u.a. als Co-Moderator von Anneliese Rothenberger, Frank Elstner, Peter Alexander und Michael Schanze fungierte und das große Fernsehwunschkonzert für den erkrankten Peter Frankenfeld ansagte (21.10.1978). In der »Peter-Alexander-Show«, die seinerzeit die höchsten Einschaltquoten im ZDF erzielte, war Rosenthal gleich dreimal zu Gast (28.11.1974 / 29.11.1979 / 2.12.1982), während er sich bei Anneliese Rothenberger einmal die Ehre gab (7.5.1981).

Nachdem sich Anfang der achtziger Jahre die Konkurrenzkämpfe zwischen ARD und ZDF in gemäßigteren Bahnen bewegten und man mehr und mehr miteinander kooperierte, wie z.B. bei den Funkausstellungen in Berlin, da war es nun plötzlich auch möglich, daß Moderatoren des einen Systems auch beim anderen tätig sein konnten. Zuerst meldete sich der Sender Freies Berlin (SFB) bei Rosenthal und produzierte – 24 Jahre nach dem Flop von damals – wieder eine Unterhaltungssendung mit dem inzwischen erfolgreich gewordenen Fernsehmann. Es handelte sich um eine musikalische Revue zum 10. Todestag des »Insulaners« Günter Neumann (»Schlag nach bei Neumann« – ARD: 30.10.1982), die er zusammen mit dem bekannten Autor Curth Flatow moderierte. Schon ein Jahr später folgte die bereits erwähnte Sendung »Das gibt's nur einmal – Noten, die verboten wurden« (ARD: 5.2.1983), in der die Nazi-Zeit nicht nur musikalisch beleuchtet wurde und für die ebenfalls der SFB verantwortlich zeichnete. Und schließlich wiederum ein Jahr später war Rosenthal Präsentator einer ARD-Abschiedsgala für den scheidenden Bundespräsidenten Karl Carstens (»Käpt'n Good-Bye« – ARD: 1.6.1984) im Internationalen Congress-Centrum in Berlin. Hier hatte sich der »Dalli, Dalli«- Spielmeister einige besondere Überraschungen ausgedacht; so veranstaltete er z.B. mit dem singenden Präsidenten-Vorgänger Walter Scheel (»Hoch auf dem gelben Wagen«) und dem Nachfolger Richard von Weizsäcker ein kleines Quiz, in dem die beiden Kandidaten bekannte Politikerstimmen erraten mußten. Selbst den als Gag dazwischengemogelten Künstler Otto Waalkes konnte Weizsäcker auf Anhieb erkennen. Und dann darf natürlich nicht der »Berliner Senatschor« vergessen werden, der dem Bundespräsidenten zum wohlverdienten Ruhestand ein Abschiedsständchen sang. Neben sämtlichen Berliner Senatoren war auch der Regierende Bürgermeister Eberhard Diepgen mit von der Partie und sang unter dem Beifall und Gelächter der Gäste im ICC den beziehungsreichen Titel: »Ich bin von Kopf bis Fuß auf's Rathaus eingestellt, denn das ist meine Welt und sonst gar nichts!«

Die große Leidenschaft von Rosenthal waren natürlich die Quiz- und Ratespiele. Er war – was allein die Zahl der Quizsendungen anging, die er gleichzeitig betreute – der ungekrönte »Quizkönig« in unseren Landen. Im ZDF hob er nach einigen Probesendungen auf der Internationalen Funkausstellung 1979 die Vorabendserie »Rate mal mit Rosenthal« aus der Taufe, die von 1980 – 1986 als »Spiel für Leute wie du und ich« erfolgreich war. Und ebenfalls auf einer Berliner Funkausstellung erprobte er die spätere Nachmittagsreihe beim »Samstagtreff im ZDF«: »Gefragt – Gewußt –

Gewonnen«. Hier stellte »Hänschen« Rosenthal in unterhaltsamer und spielerischer Form mal bekannte und unbekannte kleinere Städte und Landschaften Deutschlands vor und zwar unter Einbeziehung ihrer Eigenarten und unter Berücksichtigung des Denkmalschutzgedankens (1. Folge: 23.3.1985).

Auch auf musikalischen Pfaden ließ man ihn wandeln: So entstand in Fortsetzung so erfolgreicher ZDF-Sendereihen wie »Erkennen Sie die Melodie?« (moderiert von Ernst Stankovski, Johanna von Koczian und Günter Schramm), »Spaß mit Musik« (mit Elfie von Kalkreuth) und »Quiz-As« (mit Günter Schramm) eine neue musikalische Quiz-Serie unter dem Titel »Alles mit Musik« (1. Folge: 6.12.1983). Selbst das Theater reizte den unermüdlichen Hans und so verhalf er dem »Schmalzstullentheater« aus Alt-Berlin zu einer unverhofften Renaissance, als er anläßlich der Internationalen Funkausstellung 1981 im Berliner Prälaten Schöneberg drei Einakter von Horst Pillau (ZDF-Sendung: 13.6.1982) präsentierte. Ein pedantischer Finanzbeamter, ein Student als Ersatzliebhaber und ein gestreßter Top-Manager waren die Hauptpersonen in diesen drei Miniatur-Theaterstücken.

Mit Host Pillau, der sich bereits als Funk- und Fernsehautor (»Großer Mann – was nun?«) und vielseitiger Stückeschreiber (»Das Fenster zum Flur« mit Curth Flatow, »Der Kaiser vom Alexanderplatz«) einen Namen gemacht hatte, verband Rosenthal eine lange Freundschaft. Sie hatten sich bereits 1948 beim RIAS kennengelernt und seitdem viele gemeinsame Projekte im Hörfunk und im Fernsehen realisiert. Auch der Autor der so erfolgreichen ZDF-Reihe »Ich heirate eine Familie« (mit Thekla Carola Wied und Peter Weck) gehörte nicht nur zum Team um Rosenthal, sondern ebenso wie Pillau zum Freundeskreis: Curth Flatow – aus seiner Feder stammen nicht nur so bekannte Fernsehserien wie »Gertrud Stranitzky« und »Ida Rogalski« (beide mit Inge Meysel), sondern auch Theaterstücke wie »Das Geld liegt auf der Bank« (mit Rudolf Platte) und »Der Mann, der sich nicht traut«, in dem der beliebte Schauspieler Georg Thomalla in der Rolle als Standesbeamter brillierte. Auch an die Thematik der Judenverfolgung im Dritten Reich wagte sich der Autor heran und verarbeitete sie in einem nachdenklichen, dennoch aber unterhaltsamen Theaterstück: »Die Durchreise« behandelt die Geschichte einer jüdischen Konfektionsfirma in Berlin, die schließlich nach 1933 »arisiert« wird. Der jüdische Inhaber (dargestellt von Georg Thomalla) kann die Schrecken der Nazi-Herrschaft dennoch überwinden und wagt nach 1945 einen Neubeginn im zerbombten Berlin. Ein wirklich gelungenes Werk, das trotz des ernsten und anspruchsvollen Themas dem Zuschauer die damalige Zeit auf unterhaltsame Art näherbringen kann. Eine Fernsehfassung dieses Theaterstückes wurde vom ZDF mit Erfolg als Mehrteiler verarbeitet; hierbei spielte Udo Samuel die Hauptrolle.

Wen wundert's da, wenn Curth Flatow und Horst Pillau – nach dem Tode von Günter Neumann – auch für das beliebte »Dalli, Dalli«-Quiz aktiv wurden. Nicht nur die Chanson- und Liedtexte stammten aus der Feder der beiden Autoren, sondern auch die kleinen Theateraufführungen, die mit vielen lustigen Fehlern versehen waren, die die prominenten Kandidaten-Mannschaften in der Endrunde herausfinden sollten. Für die musikalische Umrahmung war Rosenthals beständigster Begleiter Heinrich Riethmüller verantwortlich. Er war schon bei der ersten Quizsendung von Hans Rosenthal – »Wer fragt – gewinnt!« – dabeigewesen und hatte die Ratemannschaften damals mit seiner »Schnipp-Schnapp-Musik« an der Hammondorgel auf die Bühne geholt; er dirigierte die Formationen des RIAS-Orchesters und des RIAS-Tanzorchesters bei den Berliner Sendefolgen von »Allein gegen alle«, »Spaß muß sein« und »Frag mich was«. Er komponierte fast alle Titelmelodien von Rosenthal-Sendereihen, und er saß auch beim Schnelldenkerspiel »Dalli, Dalli« als musikalischer Leiter am Flügel. Daß das beliebte Quiz sogar in einem bekannten Schlager zu Ehren kam, ist jedoch ausnahmsweise nicht Riethmüllers Verdienst, denn ein großer Komponisten-Kollege, der seine Lieder und Chansons selbst vorträgt, hat das schnelle Fragespiel in seinem Werk »Ich war noch niemals in New York« verewigt: Udo Jürgens – Hätten Sie's gewußt?

Ohne Zweifel kann man wohl heute sagen, daß der beliebte und unvergessene Showmaster und Unterhaltungsmann Rosenthal seine große Popularität vor allen Dingen der Tatsache zu verdanken hat, daß er »Dalli, Dalli« erfand und damit einem Millionenpublikum in Mitteleuropa bekannt wurde. Landauf, landab hat man seine Sendungen gesehen, nicht nur in Deutschland und Österreich, sondern auch im benachbarten Ausland, in den Grenzregionen von Belgien und den Niederlanden bis nach Tschechien und Polen, von Dänemark bis in die Schweiz. Wenn die verantwortlichen Abteilungsleiter beim Schweizer Fernsehen vielleicht etwas schneller geschaltet hätten, dann wäre das Schnelldenkerspiel sicher auch eines Tages noch als Coproduktion von ZDF, ORF und SRG (DRS) im Rahmen der Eurovision gesendet worden. Denn wie zahlreiche Zuschauerbriefe gerade aus dem Alpenland zwischen Zürich und Basel bewiesen haben, war »Dalli, Dalli« trotz seiner Schnelligkeit auch bei den Schweizern sehr beliebt.

Doch – auch ohne die Eurovisionsfanfare war das Rosenthal-Quiz lange Zeit der Renner unter den Unterhaltungssendungen der öffentlich-rechtlichen Rundfunkanstalten. Die Zuschauerresonanz war nach den anfänglichen Schwierigkeiten durchweg positiv und jung und alt – von 8 bis 80 – waren versammelt, wenn sich donnerstags, alle 4 – 6 Wochen, um 19.30 Uhr die berühmte Wabenwand öffnete und der Spielmeister seine 15-Sekunden-Fragen an die prominenten Mitspieler richtete. Noch Jahre nach der letzten Sendung – dies ergab eine Umfrage – ist »Dalli, Dalli« und Hans Rosenthal vielen Leuten immer noch ein Begriff.

Wen wundert's – »Hänschen« war eben Spitze!

KAPITEL 10

SEIN NAME WIRD IMMER UNVERGESSEN BLEIBEN

oder: Das Leben für die Unterhaltung war viel zu kurz

Es war einmal ein ganz normaler Donnerstag im September des Jahres 1986, so könnte man eigentlich dieses Kapitel überschreiben und gleich wieder zur Tagesordnung übergehen. Und doch, das ahnte damals nur noch niemand, war dieser Tag ein besonderer Schicksalstag für den Berliner Quizmaster. Es war genau der 11. September 1986, ein warmer Spätsommerabend neigte sich zuende, die meisten Fernsehapparate zwischen Flensburg und Sonthofen, von Aachen bis Wien, waren an diesem Donnerstagabend auf »Dalli, Dalli« eingestellt. Im ZDF-Fernsehstudio München-Unterföhring herrschte wie immer eine ausgezeichnete Stimmung. Publikum, Kandidaten, die Mitarbeiter des Teams und auch der Spielmeister selbst waren wie immer in Topform und zauberten eine rasante und amüsante Spielshow auf den Bildschirm, die es so nie wieder geben sollte.

Die 90 Sendeminuten vergingen wie im Fluge, und am Schluß der Sendung angelangt, verkündete Hans Rosenthal, wie gewohnt, wer die von allen prominenten Mitspielern eingespielte Gewinnsumme erhalten sollte: Das Geld – insgesamt 18.443,00 DM (oder 129.101,00 öster. Schilling) – wurde einem arbeitslosen Maurer in Westfalen und seinen vier Töchtern zugedacht. Die Ehefrau und Mutter war kurz zuvor im Alter von nur 39 Jahren an Krebs gestorben, so daß das gesamte »Dalli, Dalli«-Team sofort entschied, hier schnelle und unbürokratische Hilfe zu leisten. Niemand wußte, ja ahnte zu diesem Zeitpunkt, daß der Quizmaster selbst schon mit dieser schrecklichen Krankheit kämpfte. Einen Tag vor der Livesendung erhielt Rosenthal die Diagnose von seinem Berliner Hausarzt. Keiner merkte ihm etwas an, denn »the show must go on«. Nur beim Verlesen der Begründung für die schnelle »Dalli, Dalli«-Hilfe an den westfälischen Maurer mit seinen vier Töchtern hätte er beinahe die Fassung verloren. Was mag wohl in diesem Augenblick in ihm vorgegangen sein? Können sich Ereignisse wiederholen? Hier war eine Mutter an Krebs gestorben, auch Rosenthals eigene Mutter starb an Krebs. Und nun hatte er selbst diese Krankheit. Würde er sie besiegen können? War es ihm vergönnt, nochmals – nach erfolgreich verlaufener Operation neu anzufangen mit einem »dritten Leben in Deutschland«? Zum Besinnen blieb ihm jetzt wenig Zeit, denn er mußte die Sendung erst einmal zu einem guten Ende bringen: »Und nun verabschiedet sich aus diesem Sendesaal bis zum nächsten Mal das gesamte Team und ihr Hans Rosenthal!« Doch ein nächstes Mal gab es nicht mehr. Der Schlußgesang von »Dalli, Dalli« erklang, das Publikum klatschte und trampelte, alle Mitwirkenden erschienen zum letzten Male zum Finale vor der Wabenwand: Anita Kupsch, Ekkehard Fritsch, Lena Valaitis, Vera Tschechova, Gabriele Schuchter, Gudrun Hogaust-Pleuger, Riccarda Tourou, Illo Schieder, Gerhard Wendland, Christian Bruhn und Frank Duval sowie die Jurymitglieder Sabine Noethen, Brigitte Xander und Christian Neureuther, die Assistentin Monica Sundermann, der Karikaturist Oskar und Heinrich Riethmüller mit der Jochen Brauer-Band, sie alle gruppierten sich um den Erfinder und Spielleiter von »Dalli, Dalli«. Und Hans Rosenthal, ein scheinbar glücklicher und gelöster Quizmaster, sagte »Adieu – bis zur nächsten Sendung, am 9. Oktober 1986 aus Wien«, und war voll des Dankes für alle, die zum Gelingen seiner Sendung beigetragen hatten.

Über 150 mal hatte das »Dalli, Dalli-Hänschen« hier im Studio München und im ORF-Fernsehtheater in Wien vor der Kamera gestanden und sein Fragespiel für Schnelldenker präsentiert und geleitet. Und in all den Jahren war es nie zu nennenswerten Zwischenfällen oder großen Pannen gekommen. Bei ihm lief immer alles wie am Schnürchen! Kritiker warfen ihm oft gerade diese – vielleicht ein wenig überzogene – Perfektion vor, weil sie ihrer Meinung nach wenig Spielraum für Improvisation zuließ, doch sie vergaßen dabei, daß eine live dargebotene Unterhaltungssendung alleine von Spontaneität und Zufall nicht leben bzw. bestehen kann. Auch der zunächst bestechend wirkende Redeschwall von vielen anderen Moderatoren kann nicht darüber hinwegtäuschen, daß dort meist eine Sendung mit der heißen Nadel gemacht wird und eine intensive Probenarbeit nicht stattgefunden hat. Nicht so bei Rosenthal. Er war ein Perfektionist in seiner Arbeitsweise und wußte genau, was er seinem Publikum schuldig war. Das Beste war ihm meistens nicht gut genug. Und so wurde für alle seine Sendungen immer hart geprobt. Wenn am Donnerstagabend das muntere Ratespiel »Dalli, Dalli« über die Bildschirme flimmerte, so war der eigentlichen Liveveranstaltung bereits eine Probenarbeit von fast 5 Tagen vorausgegangen. Sonntags vor der Sendung traf die Crew meist am Tatort des Quizgeschehens ein, dann begann in mühevoller Kleinarbeit die Zusammenstellung einer Show, die am Tage der Sendung bereits nach 90 Minuten schon wieder fast vergessen war.

Der Star – Rosenthal hätte sich natürlich selbst nie so bezeichnet – reiste nicht erst, wie heutzutage oft üblich, einen Tag vor dem eigentlichen Fernsehereignis an, sondern war von Anfang an bei allen Probenarbeiten dabei. So konnte er noch einmal Spiele und Quizaufgaben mit Studenten und Strohkandidaten ausprobieren, um nötigenfalls den Ablauf zu ändern oder zu vereinfachen. Übrigens – die spätere Moderatorin Sabine Sauer und Rosenthals Sohn Gert waren bei diesen Probenarbeiten einige Male als Strohkandidaten dabei. Beim begleitenden Musikprogramm, daß überwiegend aus Chansons und Liedern bestand, konnte es dann auch mal passieren, daß der Spielmeister, mit der Stoppuhr in der Hand, aus der Wabenwand-Kulisse hervortrat und die Probe mit den Worten unterbrach: »Ein wirklich sehr schöner Vortrag, wunderbar, aber Sie sind mit 3 Minuten viel zu lang. Zwei Minuten 30 Sekunden und nicht länger!« Das klang bei vielen, die Rosenthal nicht kannten, zunächst etwas hart und vielleicht auch diktatorisch, doch er wußte, wovon er sprach: Ein zu langer Gesangsvortrag konnte unter Umständen den gesamten schnellen Sendeablauf nur stören und die Aufmerksamkeit der Zuschauer über Gebühr strapazieren. Bei dieser Show war Tempo angesagt, das Spiel sollte im Vordergrund stehen. Die zunächst vielleicht etwas verschreckten Künstler haben die harte Probenkritik im nachhinein auch nie übel genommen. Selbst eine so anerkannte und professionelle Schauspielerin wie Lieselotte Pulver, die für eine Sendung als Chanson-Sängerin verpflichtet wurde, mußte sich dem eigenwilligen Arbeitsstil eines Hans Rosenthal unterordnen: Sie mußte den Vortrag live präsentieren und konnte nicht einfach ihr Playback absingen. Und sie hatte großen Erfolg mit ihrer Darbietung.

Rosenthal verstand nicht nur etwas, sondern sehr viel von seinem Fach. Man kann es eigentlich nicht oft genug wiederholen. Wo gibt es heute noch derartige Showmaster, Moderatoren oder Fernsehunterhalter, die sich wirklich redlich, mit viel Fleiß, Akribie und mit Kreativität um die Gunst der Zuschauer bemühen? Alfred Biolek, Rudi Carrell, Frank Elstner, Dieter Thomas Heck oder Max Schautzer gehören zum Beispiel zu den Präsentatoren von Sendungen, die auch am Programmkonzept mitarbeiten oder gar die Erfinder dieser mehr oder minder erfolgreichen Unterhaltungsreihen sind. Ansonsten werden auf diesem Gebiet, das eigentlich immer etwas stiefmütterlich behandelt wurde, nur noch Fließbandproduktionen abgeliefert. Weil die Rundfunkanstalten sparen müssen, so die Ausrede, werden Game-Shows und Quizserien gleich in einem Paket von mehreren Folgen hintereinander produziert. Oder man hängt sich ganz einfach an einen Trend oder Erfolg an und übernimmt bewährte Sendekonzepte von anderen Shows, die man dann unter einem anderen Titel neu auf den Bildschirm bringt. Beispiele gibt es derzeit viele, man hat manchmal den Eindruck, daß die vielen Fernsehkanäle, die wir derzeit durch die privaten Anbieter noch dazu bekommen haben, nicht unbedingt zu einer qualitativen Programmvielfalt geführt haben. Auch hier scheint nur das Mittelmaß zu dominieren, wenn man den Ausspruch von Günter Grass auch auf die Medien beziehen möchte.

Vor vielen Jahren sagte ein deutscher Rundfunkintendant, daß Unterhaltung das Schwierigste, Undankbarste, Verkannteste, Verachteste und das Nötigste sei. Auch heute noch scheint dieser Satz von seiner Aktualität und seiner Aussagekraft nichts eingebüßt zu haben. Überlegen wir doch einmal selbst. Gelingt mal eine Unter-

haltungssendung oder Show, so heißt es mit einem etwas zyni-
schem Unterton: »Na, ja, war ganz nett!« Mißlingt sie jedoch, so
hagelt es Verbalinjurien, Proteste und harte Kritiken! »Auf alle
Fälle ist die Unterhaltung suspekt, künstlerisch nicht ernst zu nehmen und natürlich kinderleicht«, wenn man die Leute so reden
hört. Dabei muß die Unterhaltung nicht unbedingt nur niveaulos
sein, sie ist durchaus auch in der Lage, Bildung und Wissen auf
den verschiedensten Gebieten zu vermitteln. So haben Meinungs-
forscher herausgefunden, daß Quizsendungen beispielsweise für
Zuschauer, die nicht die Möglichkeit einer abgeschlossenen oder
umfangreichen Schul- und Ausbildung hatten, eine Art Bildungs-
institution sein können. Denn durch Preise belohntes Wissen und
Können kann durchaus ein Anreiz zum Lernen und in diesem Falle
zum Mitspielen sein. Wenn man Rosenthal auch oft den Vorwurf
gemacht hat, daß er mit seiner Art von leichter, spielerischer Unterhaltung die eigentlichen Probleme, die die Menschen wirklich
angehen, überdecken würde, dann kann man über diese Mei-
nungsäußerung sicherlich ausgiebig diskutieren. Eines steht jedoch
unbestritten fest, und das sollten auch seine Kritiker nicht übersehen, den Menschen hat Rosenthal immer in den Mittelpunkt
seiner Spiele gestellt. »Gäbe es den Humor nicht, wären diese Probleme noch viel größer und ausschließlicher«, sagt der Spielmeister in seiner Autobiographie. »Wer weiß, wie schwer das Leben
dem Menschen werden kann, der weiß Unterhaltung, Humor und
unbeschwertes Spiel zu schätzen... Und während ich mir irgendein lustiges Spiel für meine Kandidaten ausdenke, vergesse ich darüber durchaus nicht, wieviel Not und Gewalt und Bedrängnis in
der Welt ist. Terrorismus, kriegerische Verwicklungen, Hunger,
Tyrannei, Fanatismus und Angst berühren mich tief. Ich mache
meine Sendungen nicht trotzdem – ich mache sie deshalb.« Die
bitteren Erfahrungen, die Hans Rosenthal in der Nazi-Zeit in
Deutschland gemacht hatte, gaben ihm auch die Legitimation, sich
mit den Problemen auf diese Art und Weise auseinanderzusetzen.
Die Kritiker mögens ihm verzeihen.

Als Hans Rosenthal am 10. Februar 1987 nach wochenlangem Kampf gegen den Krebs aufgeben mußte, da wurde plötzlich klar, welche Lücke dieser Mann hinterlassen würde. Mit seinem Tode ging eine Ära von Unterhaltungssendungen zuende, die es in dieser Form und Vielfalt nie wieder geben sollte. »Es ist schwerer, von Sorgen abzulenken, als auf eine Welt hinzuweisen, die voller Entsetzen und Bitterkeit ist«, soll er einmal gesagt haben. Und es gab wohl kaum jemand, der ihm an seinem Todestag nicht mindestens für ein paar Stunden Heiterkeit und Entspannung im Funk und Fernsehen zu danken hatte. Dem letzten Wunsche Rosenthals entsprechend, richtete der damalige RIAS die Trauerfeier im Schöneberger Funkhaus an der Kufsteiner Straße (heute: Hans-Rosenthal-Platz) aus. Fast 400 geladene Gäste kamen am 13. Februar 1987 in den großen Sendesaal (Studio 10), um dem allseits geachteten Menschen und beliebten Showmaster die letzte Ehre zu erweisen. Trotz des nassen winterlichen Wetters versammelten sich spontan viele tausend Berliner vor dem Funkhaus und verfolgten die Trauerzeremonie, die über Lautsprecher auch ins Freie übertragen wurde.

Der langjährige berufliche Weggefährte und Freund Rosenthals, Heinrich Riethmüller, eröffnete die Trauerfeierlichkeiten im RIAS-Studio 10 und intonierte am Flügel die »Dalli, Dalli«-Titelmelodie und das »Insulaner«-Lied in Moll. Dann trat als erster Redner der damalige RIAS-Intendant, Dr. Peter Schiwy, ans Mikrofon: »Wir nehmen Abschied von Hans Rosenthal, unserem Freund, unserem Kollegen, dem großen Künstler, ein guter Mensch hat uns verlassen... Fast vierzig Jahre hatte er den RIAS begleitet und das Programm dieses Senders mitgeprägt. Diesem Haus ist er bis zum Ende treu geblieben, gerade ihm verdankt der kleine Sender in Berlin seine Popularität. Und auch als Hans große Erfolge im Land feiern konnte, hat er nie vergessen, daß er zu uns gehört. Hier hatte er künstlerisch und menschlich seine Heimat.« Und in Anspielung auf so manchen Kritiker der Fernsehunterhaltung führte Dr. Schiwy weiter aus: »Berufskollegen und Kritiker blicken oft geringschätzig auf die leichte Muse herab. Er aber war einer der ganz großen der deutschen Unterhaltung und hat Maßstäbe gesetzt. Ein Millionenpublikum war begeistert, mit Herzlichkeit und Heiterkeit hat er die Menschen gewonnen, weil er sie liebte. Damit hat er sein Publikum die größte Reverenz erwiesen. Hans Rosenthal war ein Meister des Spiels. Millionen hat er froh gemacht. Routine und Oberflächlichkeit waren ihm gleichermaßen verhaßt. Das Geheimnis seiner hohen Kunst war harte Arbeit, die er leicht und beschwingt präsentierte.«

Nach weiteren Gedenkansprachen des ZDF-Programmdirektors Alois Schardt, des damaligen Vorsitzenden der Jüdischen Gemeinde zu Berlin, Heinz Gallinski, und des Regierenden Bürgermeisters von Berlin, Eberhard Diepgen, der in seiner Rede insbesondere auf den Menschen Rosenthal und die »glücklichen Umstände, die zum Überleben des Holocausts führten«, einging, ergriff ein anderer langjähriger Freund das Wort. Curth Flatow sprach zur Trauergemeinde: »Das Showgeschäft hat einen seiner ganz Großen verloren, die jüdische Gemeinde einen ihrer wichtigsten Repräsentanten, einen Mann, auf den man mit Recht stolz sein konnte. Und viele von uns verloren einen guten Freund. Im Showgeschäft war er ein Vollprofi, ein Mann mit vielen Ideen, der eine Veranstaltung ebenso leiten konnte wie eine Sitzung der Gemeinde. Er liebte keine Umwege, sondern kam immer direkt auf den Kern der Sache. Und so war er auch, wenn er auf einer Bühne oder vor der Fernsehkamera stand: Offen, natürlich, freundlich und nie verletzend. Er gehörte nicht zu den Überheblichen, die sich über einen Kandidaten lustig machten. Er ging auf die Menschen zu, und keiner konnte an ihm vorbeigehen. Wenn ›Dalli, Dalli‹-Zeit war, saßen viele Millionen Menschen vor dem Fernsehschirm, und sie hatten das Gefühl, einen Freund im Wohnzimmer zu haben... Rechnen konnte er wie kaum ein zweiter, und man konnte auf ihn rechnen, auf ihn zählen. Er war für alle da und setzte sich für seine Freunde ein... Er hatte eine beispiellose Karriere gemacht, der kleine jüdische Junge, der untertauchen mußte. Wenige Jahre später haben ihm die, vor denen er sich verstecken mußte und die es nicht verhindern konnten oder wollten, zugejubelt... Seine Popularität verdankte er nicht dem Zufall. Er hat zeit seines Lebens hart gearbeitet, war immer etwas fleißiger, etwas pfiffiger als die anderen... Die letzten Wochen waren eine schwere Zeit. Wildfremde Menschen haben für ihn gebetet, waschkörbeweise kamen Genesungswünsche, ein ganzes Land bangte um ihn. Nun, da er für immer eingeschlafen ist, weint man um ihn, um den Mann, den die Menschen liebten, weil er die Menschen liebte... Wir trauern um einen großen Mann, der auf dem Höhepunkt seiner Karriere immer das blieb, was er einmal war: ein einfacher, bescheidener Berliner Junge!«

Am 10. Februar 1987 ist Hans Rosenthal in Berlin gestorben, doch seine Popularität blieb auch nach seinem Tode ungebrochen. Als am 9. November 1989 in Berlin die Mauer fiel, kamen gerade aus der DDR waschkörbeweise Karten und Briefe, adressiert an das »Klingende Sonntagsrätsel«, RIAS Berlin. Christian Bienert, der nach dem Tode Rosenthals die beliebte Sendereihe fortführte, konnte sich in den Wochen und Monaten nach dem Mauerfall vor Sympathiebekundungen und Dankschreiben ehemaliger DDR-Bürger kaum retten. Viele Menschen zwischen Rostock und Dresden konnten sich nun endlich als passionierte RIAS-Hörer outen und sich offen zu »ihrem« Sender bekennen, der ja einst von der DDR als westlicher »Hetzsender« abqualifiziert worden war. Man bedankte sich vor allen Dingen dafür, daß der RIAS in all den Jahren der deutschen Teilung nie die Menschen drüben vergessen hatte und sein Programm – quasi in Vorahnung auf einen späteren nationalen Hörfunksender – bereits von Anbeginn nicht nur auf Berliner Lokalverhältnisse ausgerichtet hatte.

In vielen Briefen erinnerte man sich natürlich auch voller Dankbarkeit an die zahllosen Sendungen von Hans Rosenthal, und nicht selten konnte man lesen: »Mann – wenn das unser ›Hänschen‹ noch erlebt hätte.«

Bestimmt wäre Rosenthal auch heute noch mit seinem Team vertrauter Mitarbeiter und Kollegen durch die nun etwas größere Bundesrepublik gereist und hätte zum Beispiel in Cottbus, Dresden oder Rostock genauso Station gemacht wie früher in München, Hamburg oder Stuttgart. Und sicher würde sich auch im ZDF und ORF die berühmte Wabenwand noch immer öffnen für ein neues »Dalli, Dalli«-Spiel. Ob er wohl auch beim Privatfernsehen eingestiegen wäre? Da sich Rosenthal neuen Entwicklungen eigentlich nie verschlossen hatte, wäre es sogar sehr wahrscheinlich gewesen, daß er auch hier seine Aktivitäten ausgeweitet hätte. In diesem Zusammenhang sei darauf hingewiesen, daß Rosenthal – lange bevor man in diesem Land an private Anbieter dachte – bereits einen eigenen privaten Radiosender besaß. Es war im Jahre 1968, als der Berliner Spielmeister auf der Urlaubsinsel Teneriffa eine Sendelizenz erwarb und für vier Monate den »Deutschsprachigen Touristen-Funk (DTF)« betrieb. Seine Sendungen kamen nicht nur bei den deutschen Urlaubern sehr gut an, auch die Einheimischen waren begeistert von dem neuen Programm. Anfangs moderierte Rosenthal noch selber, dann übernahm Heinz Junge, ein enger Berliner Mitarbeiter des Spielmeisters, die Ansagen und die Zusammenstellung des touristischen Musikprogramms. Finanziert werden sollte der neue Sender durch Einnahmen aus Werbung deutscher Firmen. Doch so sehr sich Rosenthal auch bemühte, Aufträge von Firmen aus Deutschland zu bekommen, es gelang nicht. Keiner von den angesprochenen Betrieben wollte Werbung im DTF verbreiten. So mußte er das Radioprojekt nach kurzer Zeit wieder aufgeben: Er war seiner Zeit voraus gewesen!

Wenn man das Berufsleben von Hans Rosenthal insgesamt betrachtet, dann fällt einem als erstes auf, daß er ein ungeheuer ideenreicher und produktiver Mensch war. Er faszinierte Millionen von Menschen mit seinen zahllosen Sendungen und Sendereihen, weil er Heiterkeit und Freude erfahren ließ, ohne sich über andere lustig zu machen. Man spürte, daß er die Menschen liebte, mit all ihren Schwächen.

Richard von Weizsäcker, der ehemalige deutsche Bundespräsident, charakterisierte den unvergessenen Berliner Showmaster wohl am besten, als er mir folgende Zeilen übermittelte, die gleichzeitig den Schlußpunkt in dieser Betrachtung über ein Phänomen in der deutschen Rundfunkunterhaltung setzen sollen: »Meine Neigung, als Politiker an Fernsehshows teilzunehmen, war immer sehr gering. Hans Rosenthal gelang es dreimal, diese Bedenken zu zerstreuen. Bei solchen Sendungen kann man natürlich nicht in Ruhe miteinander sprechen, aber als eingeladener Gast ganz gut den unter Hochspannung stehenden Showmaster beobachten. Für mich war das Erstaunlichste, wie Hans Rosenthal auf das Publikum im Saal einging, wie höflich er seine Gäste behandelte, wie bescheiden er auftrat und doch der selbstverständliche Mittelpunkt der Sendung war. Eine Professionalität, die auf Mätzchen verzichten konnte, half ihm dabei. Aber ein wichtiger Teil seines Erfolgsgeheimnisses war nach meiner Beobachtung, daß er niemanden zum Statisten degradierte. Er behandelte die Teilnehmer der Sendung tatsächlich als Gäste und wurde so selbst der unumstrittene und zugleich immer warmherzige, menschliche Gastgeber.«

»WER ZÄHLT DIE SENDUNGEN – NENNT DIE NAMEN?«
Übersicht von Sendungen und Sendereihen von Hans Rosenthal

Mit dieser Aufstellung soll erstmals der Versuch unternommen werden, einen Überblick über die zahllosen Einzelsendungen, Sendereihen und Veranstaltungen zu geben, die von Hans Rosenthal erfunden, moderiert bzw. geleitet wurden. Außerdem werden Sendungen erwähnt, in denen er mitgewirkt hat bzw. die über ihn berichtet haben.

Abkürzungen:
HF = Hörfunk
FS = Fernsehen
BR (Bayerischer Rundfunk)
RIAS (Rundfunk Im Amerikanischen Sektor)
DLF (Deutschlandfunk)
SDR (Süddeutscher Rundfunk)
DLR (DeutschlandRadio)
SFB (Sender Freies Berlin)
DW (Deutsche Welle)
SR (Saarländischer Rundfunk)
HR (Hessischer Rundfunk)
SWF (Südwestfunk)
NDR (Norddeutscher Rundfunk) WDR (Westdeutscher Rundfunk)
RB (Radio Bremen)
ZDF (Zweites Deutsches Fernsehen)
ORF (Österreichisches Fernsehen)
SRG (Schweizer Fernsehen)

Ach, du liebe Schulzeit (HF)
Autor: Michael Alex Regie: Hans Rosenthal. Produktion: RIAS Berlin Sendung: 20. 7. 1974 (SDR)

(Peter)-Alexander-Show (FS)
Peter Alexander präsentiert Spezialitäten Buch: Hans Hubberten Regie: Ekkehard Böhmer. Mitwirkung von Hans Rosen-thal. Produktion: ZDF / ORF / SRG Sendung: 3. 12. 1972 (ZDF / ORF 1)

(Peter)-Alexander-Show (FS)
Peter Alexander präsentiert Spezialitäten Buch: Hans Hubberten Regie: Ekkehard Böhmer. Mitwirkung von Hans Rosen-thal. Weitere Mitwirkende: Gigliola Cinquetti, Gisela Schlüter, Nicki, Hans-Jürgen Bäumler, Peter Weck, Kurt Edelhagen, Silvio Francesco, Tony Marshall, Horst Jankowski, Fritz Muliar, Gerd Müller, Peer Schmidt, H. A. Simon, Eduard Zimmermann, u. v. a. Produktion: ZDF / ORF Sendung: 28. 11. 1974 (ZDF / ORF 1)

(Peter) Alexander: Wir gratulieren (FS)
Eine Spezialitätenshow um Jubiläen, Geburtstage und Ereignisse von Hans Hubberten. Regie: Ekkehard Böhmer. Mitwirkung von Hans Rosenthal. Weitere Mitwirkende: Camilla Horn, Lilli Palmer, Lucia Popp, Gisela Schlüter, Neil Armstrong, Roberto Blanco, Gustav Fröhlich, Gustav Knuth, Peter Kreuder, Karl-Heinz Köpke, Reno Nonsens, Max Strecker, Hamburger-Hafenkonzert-Orchester unter der Leitung von Hans Freese, Regensburger Domspatzen, u. v. a. Produktion: ZDF / ORF Sendung: 29. 11. 1979 (ZDF) – 25. 12. 1979 (ORF 1)

(Peter) Alexander: Wir gratulieren (FS)
Eine Spezialitätenshow um Jubiläen, Geburtstage und Ereignisse von Hans Hubberten. Regie: Dieter Wendrich Mitwirkung von Hans Rosenthal Weitere Mitwirkende: Corinna Genest, Milva, Brigitte Xander, Beppo Brehm,

Fritz Eckhardt, Klaus Havenstein, Horst Tappert, Luis Trenker, u. v. a. Produktion: ZDF / ORF / SRG Sendung: 2. 12. 1982 (ZDF) – 8. 12. 1982 (ORF 1)

Allein gegen alle (HF)
ARD-Sendereihe in 161 Folgen nach einer Idee von Jean-Paul Blondeau. Drei Hörer gegen 3 Städte, mit mehreren Reportern, einer Jury und bekannten Solisten. Spielmeister und Leiter der Sendung: Hans Rosenthal. 1. Folge: 23. 1. 1963 aus dem NDR-Studio 10 in Hamburg. Städte: Barmstedt – Schwarzenbek – Bremervörde – Winsen a. d. Luhe. Hörer: Walter Krippendorff – Hermann Ridder – Christel Oberkofler – Klaus Zacharias. Mitw. : Leo Leandros, Ines Taddio, Hamburger Studio-Orchester unter der Leitung von Rolf Kühn und Heinrich Riethmüller.
25. Folge: 8. 5. 1965 aus dem SWF-Unterhaltungsstudio in Baden-Baden. Städte: Bersenbrück – Mergentheim – Konstanz Hörer: Peter Deussen – Helmut Luckert – Ferdinand Brauer. Mitw: Nina Westen, Ralph Bendix, Heinrich Riethmüller und das SWF-Tanzorchester unter der Leitung von Rolf-Hans Müller.
50. Folge: 26. 8. 1967 aus dem Großen Sendesaal des SFB-Funkhauses in Berlin anläßlich der 25. Deutschen Funkausstellung. Städte: Bebra – Lahr – Geislingen / Steige. Hörer: Käthe Marten – Heinz Hesemann – Josef Tappe. Mitw. : Alexandra, Carmela Corren, Andrea Horn & Wyn Hoop und das RIAS-Tanzorchester unter der Leitung von Dave Hildinger und Heinrich Riethmüller.
75. Folge: 20. 9. 1969 aus dem Auditorium Maximum der Universität in Hamburg. Städte: Sulzbach / Saar – Herrenberg – Kiel. Hörer: H. -J. Metternich – H. J. Weihe – Eberhard Weyrauch. Mitw. : Heidi Brühl, Edith Schollwer, Peter Fröhlich, Werner Hass, Andreas Mannkopf, Günter Neumann und das NDR-Tanz und Unterhaltungsorchester unter der Leitung von Alfred Hause und Heinrich Riethmüller.

100. Folge: 30. 10. 1971 aus dem Funkstudio Berg in Stuttgart. Städte: Dudweiler – Telgte – Flensburg. Hörer: Engelhard von Geldern – Manfred Ohl – RIAS-Intendant Roland Müllerburg als Pate für einen DDR-Hörer. Mitw. : Dunja Rajter, Karel Gott, Los Romeros, das Radio-Orchester Stuttgart unter der Leitung von Willy Mattes und der SDR-Intendant Prof. Dr. Hans Bausch.
125. Folge: 30. 3. 1974 aus dem Humboldtsaal der Berliner Urania. Städte: Gaildorf – Nordhorn – Solingen Hörer: Enne Faupel – Wolfgang Schilling – Karl-Jörg Walter. Mitw. : Gitte, Olivia Molina, Roberto Blanco und das RIAS-Tanzorchester unter der Leitung von Heinrich Riethmüller.
150. Folge: 25. 9. 1976 aus dem Funkstudio Berg in Stuttgart. Städte: Stadthagen – Bad Münstereifel – Karlsruhe. Hörer: Hildegard Koppitz – Inge Leidig – Hartmut Lunze. Mitw. : Dagmar Koller, Carol Dawn Reinhard, Harry Friedauer und das Südfunktanzorchester unter der Leitung von Erwin Lehn.
161. Folge: 17. 12. 1977 aus der Villa Berg in Stuttgart Städte: Husum – Krefeld – Murrhardt. Hörer: Charlotte Braun – Hans Rudolph – Klaus Schneider Mitw. : Mary Roos, Béla Erny, Horst Jankowski und das Südfunktanzorchester unter der Leitung von Erwin Lehn.

Übersicht der Sendezentralen / Veranstaltungsorte:
Hamburg (NDR): 23. 1. 63 / 16. 2. 63 / 27. 4. 63 / 28. 9. 63 / 21. 12. 63 / 15. 2. 64 / 6. 6. 64 / 7. 11. 64 / 13. 3. 65 / 19. 6. 65 / 4. 12. 65 / 23. 4. 66 / 10. 9. 66 / 5. 11. 66 / 11. 2. 67 / 23. 9. 67 / 16. 12. 67 / 21. 9. 68 / 9. 11. 68 / 31. 5. 69 / 20. 9. 69 / 7. 2. 70 / 12. 12. 70 / 19. 2. 72 / 27. 1. 73 / 23. 6. 73 / 2. 2. 74 / 29. 6. 74 / 23. 11. 74 / 15. 2. 75 / 6. 12. 75 / 14. 2. 76 / 10. 4. 76 / 29. 1. 77 / 28. 6. 77 / 19. 11. 77
Hannover (NDR): 17. 4. 71 / 2. 10. 71 / 7. 6. 75 / 28. 8. 76 (Fernsehtestsendung)
Holzminden (NDR): 16. 3. 63

Peine (NDR): 11. 5. 63
Travemünde (NDR): 8. 6. 63
Kiel (NDR): 27. 6. 70 / 10. 6. 72
Berlin (RIAS): 31. 8. 63 / 18. 1. 64 / 9. 5.
64 / 10. 10. 64 / 16. 1. 65 / 17. 7. 65 / 6.
11. 65 / 12. 3. 66 / 16. 7. 66 / 14. 1. 67 /
6. 5. 67 / 26. 8. 67 / 13. 1. 68 / 4. 5. 68 /
24. 8. 68 / 11. 1. 69 / 5. 4. 69 / 15. 11. 69
/ 4. 4. 70 / 22. 8. 70 / 20. 2. 71 / 10. 7. 71
/ 4. 9. 71 (Zentrale: SWF – als Beitrag zur
Internationalen Funkausstellung) / 22. 1.
72 / 2. 9. 72 / 25. 11. 72 / 1. 9. 73 / 30.
3. 74 / 25. 5. 74 / 26. 10. 74 / 12. 4. 75 /
30. 8. 75 / 17. 1. 76 / 13. 3. 76 / 23. 10.
76 / 27. 8. 77
(Zentrale: SDR – als Beitrag zur Internationalen Funkausstellung) / 24. 9. 77
Stuttgart (SDR): 14. 3. 64 / 4. 7. 64 / 5.
12. 64 / 10. 4. 65 / 4. 9. 65 / 15. 1. 66 /
21. 5. 66 / 8. 4. 67 / 3. 6. 67 / 10. 2. 68 /
1. 6. 68 / 19. 10. 68 / 8. 2. 69 / 28. 6. 69
/ 30. 8. 69
(Zentrale: SR – als Beitrag zur Deutschen
Funkausstellung) / 13. 12. 69 / 2. 5. 70 /
19. 9. 70 / 23. 1. 71 / 15. 5. 71 / 30. 10.
71 /
15. 4. 72 / 30. 9. 72 / 28. 4. 73 / 27. 10.
73 / 2. 3. 74 / 31. 8. 74 / 15. 3. 75 / 8. 11.
75 / 8. 5. 76 / 25. 9. 76 / 26. 2. 77 / 17.
12. 77
Mannheim (SDR): 27. 9. 75
Köln (WDR): 31. 3. 73 / 24. 11. 73 / 27.
4. 74 / 28. 9. 74 / 18. 1. 75 / 10. 5. 75 /
19. 6. 76 / 20. 11. 76 / 7. 5. 77 / 22. 10.
77
Frankfurt (HR): 8. 10. 66 / 11. 3. 67 / 18.
11. 67 / 9. 3. 68
Baden-Baden (SWF): 12. 9. 64 / 13. 2. 65
/ 8. 5. 65 / 9. 10. 65 / 12. 2. 66 / 18. 6. 66
/ 3. 12. 66 / 1. 7. 67 / 21. 10. 67 / 6. 4. 68
/ 29. 6. 68 / 7. 12. 68 / 3. 5. 69 / 18. 10.
69 / 7. 3. 70 / 17. 10. 70 / 20. 3. 71 / 18.
3. 72 / 8. 7. 72 / 24. 2. 73 / 29. 9. 73
Freiburg (SWF): 11. 4. 64
Saarbrücken (SR): 8. 3. 69 / 10. 1. 70 /
30. 5. 70 / 14. 11. 70 / 12. 6. 71 / 27. 11.
71 / 13. 5. 72 / 28. 10. 72 / 26. 5. 73
Produktion: NDR / RIAS Berlin – sowie
SWF (1964-1973), SDR (1964-1977),

SR (1966-1973), WDR (1973-1977) und
HR(1966-1968). Produktionsleiter: Kip
Oppermann(NDR), Norbert Scheumann
(SDR), Margot Charles(WDR), u. a.
Aufnahmeleiter: Roman Neymanns,
Reinhard Stein, Ulrich Urbanski, u. a.
Jury: Liesel Christ, Ursula Deutschendorf,
Ruth Herrmann, Vera Miltner, Helga
Schlack, Edith Schollwer, Ilse Werner,
Hermann Brüstle, Dr. W. Carlein,Curth
Flatow, Richard Glaser, Alexander Gol-
ling, Edmund Haßdenteufel, Walter von
Hollander, Kurt Hopfner, Ernst Jäger, Dr.
Otto Jauch, Erich Lemmer, Willy Millo-
witsch, Dr. Neugebauer, Günter Neu-
mann, Hermann Noack, Wolfgang Pahde,
Dr. Bernd Rosemeier, Peer Schmidt, Rein-
hard Schmid, Dr. Harald Sieg, Rolf Step-
han, Hannes Tannert, K. -H. Welke,
Heinz-Oskar Wuttig, Karl-Heinz
Wüstenberg, u. a.
Reporter: Lilo Katzke, Ilse Neubauer,
Christine Rackuff, Lea Rosh, Horst
Braun, Axel Buchholz, Walter Fischer,
Helmut Fleischer, Heinz Rudolf Fritsche,
Eckhardt Günther, Helmut Günther, Gert
Hente, Hajo Jahn, Heinz Junge, Franz
Kellers, Werner Kieser, Horst Kindler,
Horst Kintscher, Felix Knemöller, Fritz
Knippenberg, Klaus Werner Koch, Georg
Oschmann, Hans-Günter Patzschke, Kurt
Postel, Gerd Schneider, Reinhard Stein,
Werner Stenzel, Hans-Jürgen Tietze,
Manfred Wende, Günter Willmann, u. a.
Zum »Mannequin Quiz« bzw. »Männe-
ken Quiz« wurden ernannt: Dr. Walter
Holtz (14. Folge vom 9. 5. 64) gegen Ber-
lin; Martina Mannsmann (26. Folge vom
19. 6. 65) gegen Berlin; Reinhard Stein
(46. Folge vom 8. 4. 67) gegen Berlin;
Eberhard Weyrauch (75. Folge vom 20.
9. 69) gegen Kiel; Peter Mehlin (78. Folge
vom 13. 12. 69) gegen Saarbrücken;
Wolfgang Anibas (89. Folge vom 14. 11.
70) gegen Hannover; Renate Kuri (93.
Folge vom 20. 3. 71) gegen Saarbrücken;
Klaus A. Gelleschuhn (118. Folge vom 23.
6. 73) gegen Stuttgart; Werner Thießen
(147. Folge vom 8. 5. 76) gegen Bonn;
Maria Blumer (155. Folge vom 7. 5. 77)

gegen Essen; Axel Steiger (156. Folge vom 18. 6. 77) gegen Essen; Charlotte Braun (161. Folge vom 17. 12. 77) gegen Krefeld; Hans Rudolph (161. Folge vom 17. 12. 77) gegen Husum.
Assistentinnen: Anita Behrendt (Folge 1-35, 37-50, 52-55); Ingrid Beyer (Folge 139, 145); Birgit Hofmann (Folge 114-138, 140-144, 146-161); Marlies Kahlfeldt (Folge 36, 51, 56-113).
An- und Absage: Elke Hermann(SR), Renate Hubig(RIAS), Lilo Katzke(NDR), Gaby Kowalski(WDR), Barbara Lienau (NDR), Irmentraud Seyfert(SDR), Karin Tietze-Ludwig(HR), Elisabeth Winckler-Pahl(RIAS), Ellen Xenakis(SWF), u. a.
Orchesterleiter / Dirigenten: Willy Berking, Helmuth Brandenburg, Hans Hammerschmid, Alfred Hause, Dave Hildinger, Horst Jankowski, Paul Kuhn, Rolf Kühn, Erwin Lehn, Willy Mattes, Rolf-Hans Müller, Werner Müller, Eberhard Pokorny, Johannes Pütz, Kurt Rehfeld, Heinrich Riethmüller, Franz Thon, u. a.
* Anmerkung: Eine Fernsehfassung von »Allein gegen alle« wurde am 18. 3. 1978(aus dem NDR-Funkhaus Hannover) als Gemeinschaftssendung von ARD(NDR / BR / HR / SFB), ORF und SRG im Rahmen der Eurovision gestartet und zwar zunächst mit Wolfgang Spier als Spielmeister, der dann (ab Folge 5 vom 5. 8. 78) von Max Schautzer abgelöst wurde.

Alles mit Musik (FS)
Ein Musik-Quiz von und mit Hans Rosenthal in 4 Folgen. Produktion: Entertainment Berlin GmbH für das ZDF Aufzeichnungen in den Berliner Union Film Studios. Regie: Klaus-Dieter Schuster. Sendung: Folge 1 am 6. 12. 1983 (ZDF)

Am Mikrofon: Hans Rosenthal (HF)
Bunte Unterhaltungssendung. Produktion: RIAS Berlin. Sendung: 21. 4. 1964 (RIAS).

Auf die Plätze! Fertig – Los (HF)
Die große RIAS-Sportschau im Titania-Palast. Mitwirkung von Hans Rosenthal Weitere Mitwirkende: Charlotte Brummerhoff, Ivo Veit, Bruno Fritz, Erich Fiedler, Bobby Barell, Hanne Sobeck, Hanne Berndt, Werner Bunzel, Heinz Raack, Helmuth Deutschland, »Wüste«-Hoffmann, Hans Schwarz jr., Karl Wiemer, Roman Najuch, sowie die RIAS-Sportreporter Wolf Dietrich, Charly Kanngießer, Sammy Drechsel, Heinz Guttmann, Horst Schallon, Harry Urbano, Jutta Karp, Hans Joachim Dellé, Dieter Jensch, Paul Oertwig, Wolf Gabbe mit seinen Solisten, u. a. Manager: Alfred Klapstein(Leiter RIAS Sportfunk) Öffentliche Veranstaltung im Titania-Palast in Berlin-Steglitz vom 2. 1. 1949. Produktion: RIAS Berlin. Sendung: Januar 1949 (RIAS)

Bach nach Acht (FS)
Eine Berliner Nacht mit Johann Sebastian Bach live. Mitwirkung von Hans Rosenthal. Produktion: ORF. Sendung: 16. 3. 1985 (ORF 2). * Anmerkung: In einem Beitrag dieser Unterhaltungssendung spielt Rosenthal am Walzenklavier »Ave Maria«.

Beinahe Friedensmäßig (HF)
Ein Rückblick als Vorschau von Curth Flatow. Musikalische Leitung: Olaf Bienert. Regieassistenz: Hans Rosenthal Mitwirkende: Christina Ohlsen, Edith Schollwer, Lene Obermeier, Curth Flatow, Bruno Fritz, Georg Thomalla, Sunshine-Quartett, u. a. Produktion: RIAS Berlin. Sendung: 1949 (RIAS)

Berliner Stadtjubiläum: 750 Jahre Berlin (FS) Auftaktsendung zum Stadtjubiläum nach einer Idee von Hans Rosenthal und Curth Flatow. Öffentliche Veranstaltung in der Berliner Deutschlandhalle. Produktion: ZDF Sendung: 30. 4. 1987. * Anmerkung: An dieser Show hatte Rosenthal bis zu seinem Tode noch mitgearbeitet und da es um das Jubiläum seiner Heimatstadt Berlin ging, war er natürlich auch in dem entsprechenden Gremium (Beirat »750 Jahre Berlin«) vertreten (1. Sitzung: 26. 4. 1985). Außerdem wollte Rosenthal auch die beiden »Sternstunden« (Großveranstaltungen vor der Berliner Siegessäule) moderieren und zwar Folge 1 (8. 8. 87) und Folge 4 (30. 8. 87).

Berlin gehört zu Steglitz (HF)
Quiz, Musik und gute Laune im Berliner Titania-Palast anläßlich der Steglitzer Heimatwoche Spielmeister: Hans Rosenthal. Mitwirkende: Maria Ney, Kurt Pratsch-Kaufmann, Heinrich Riethmüller, u. a. Produktion: RIAS Berlin
Sendung: 6. 9. 1958 (RIAS 1)
*Anmerkung: Diese Veranstaltung war von der Anlage her vergleichbar mit der späteren Reihe »Spaß muß sein!«, bei der die Kandidaten aus dem Publikum die Hauptpersonen des Abends waren und manchmal vor ungewöhnliche Aufgaben gestellt wurden.

Berlin ist eine Reise wert (HF)
Ein volkstümlicher Nachmittag zur Internationalen Funkausstellung 1981 in Berlin mit Maria Hellwig und Hans Rosenthal. Öffentliche Veranstaltung im Sommergarten unter dem Berliner Funkturm. Produktion: ZDF. Sendung: 13. 9. 1981 (ZDF)

Berlin und Willi Schaeffers (HF)
Ein bunter Abend im Berliner Sportpalast Mitwirkung von Hans Rosenthal. Weitere Mitwirkende: Lale Andersen, Fifi Brix, Erika Brüning, Werner Finck, Ekkehard Fritsch, Joe Furtner, Heino Gaze, Loni Heuser, Trude Herr, Trude Heesterberg, Paul Hörbiger, Günter Keil, Johanna König, Peter Kreuder, Franz Otto Krüger, Joachim Krüger, Will Meisel, Klaus-Günter Neumann, Ferry Olsen, Horst Nowack, Robert T. Odemann, Marianne Pohlenz, Kurt Pratsch-Kaufmann, Willi Rose, Gisela Schlüter, Max Schmeling, Claire Schlichting, Edith Schollwer, Günter Schwerkolt, Fredy Sieg, Kurt Waitz-

mann, Ernst Stankovski, Grethe Weiser, Cornichons, Mäcki-Trio, die Insulaner, Trio Sorento, die Stachelschweine, ein Tanzorchester unter der Leitung von Wilfried Krüger, u. v. a. Öffentliche Veranstaltung im Berliner Sportpalast am 5. 9. und 6. 9. 1959. Produktion: RIAS Berlin. Sendung: September 1959
*Anmerkung: Willi Schaeffers (4. 9. 1884-10. 8. 1962) war ein Allroundtalent, der nicht nur als Schauspieler und Conferencier in vielen Revuen von Rudolf Nelson brillierte, sondern der auch als Kabarettist und Leiter des berühmten »Kabaretts der Komiker« bekannt wurde. Nach dem Kriege leitete er u. a. das Kabarett »Tingel Tangel«, wo u. a. Angèle Durand, Trude Heesterberg, Evelyn Künneke, Zarah Leander, Eddi Constantine, Werner Finck, Peter Kreuder und Vico Torriani auftraten.

Berlin wird fuffzig (HF)
Die Geburtstagsfeier für Groß-Berlin. Ein musikalischer Bilderbogen von Günter Neumann und Hans Rosenthal.
Mitwirkende: Ingrid van Bergen, Tina Hansen, Renate Holm, Tatjana Sais, Edith Schollwer, Bully Buhlan, Erich Fiedler, Ekkehard Fritsch, Bruno Fritz, Walter Groß, Werner Hass, Host Kintscher, Felix Knemöller, Lord Knud, »Kutte« Pomplun, Günter Schwerkolt, Horst Wilhelm, Willi Rose, Trio Sorento, Ingo Insterburg & Co., RIAS-Tanzorchester unter der Leitung von Helmuth Brandenburg, Heinrich Riethmüller und Günter Neumann an zwei Flügeln, sowie die 12 Bezirksbürgermeister von West-Berlin, die Pankgrafen und die alliierten Militärkapellen aus Frankreich, Großbritannien und den USA. Leitung der Sendung: Hans Rosenthal. Öffentliche Veranstaltung vom 25. 4. 1970 im Berliner Sportpalast. Produktion: RIAS Berlin. Sendung: 26. 4. 1970 (RIAS 2).
*Anmerkung: Die Sendung wurde von allen ARD-Rundfunkanstalten zeitversetzt übernommen.

Berlin W-Weh (HF)

Die Läden am Kurfürstendamm. Eine Revue von Rudolf Nelson mit neuen Texten von Günter Neumann. Aufnahmeleitung: Hans Rosenthal. Regie: Erik Ode. Produktion: RIAS Berlin Sendung: 1949 (RIAS) *Anmerkung: Rudolf Nelson (18. 4. 1878 – 5. 2. 1960) war einer der bekanntesten Kabarett- und Operettenkomponisten im Berlin der zwanziger Jahre. 1904 gründete er bereits sein erstes Kabarett, den »Roland von Berlin«; später folgten »Chat Noir« und das »Metropol-Kabarett«. Er komponierte zahlreiche Operettenrevuen, die vor allen Dingen in seinem »Nelson-Theater« am Kurfürstendamm aufgeführt wurden. Nach dem 2. Weltkrieg kehrte er 1949 aus dem holländischen Exil nach Berlin zurück. Aus diesem Anlaß inszenierte man seine große Kabarettrevue »Berlin W-Weh« neu und führte sie im Theater am Kurfürstendamm vom 30. 4. – 5. 5. 1949 auf . Eine Hörfunkfassung wurde anschließend für den RIAS produziert.

Berlin 1985 (FS)

Eine Show anläßlich der 20. Verleihung der Goldenen Kamera der Funk- und Fernsehzeitschrift HÖR ZU. Verleihung der Goldenen Kamera an Hans Rosenthal. Sendung: 24. 2. 1985 (ORF 2)

Berliner Bonn-Sens (HF)

Ein Godesberger Programm des RIAS anläßlich der 12. Berliner Theaterwoche in Bonn / Bad Godesberg. Conference: Ekkehard Fritsch und Günter Schwerkolt Leitung der Sendung: Hans Rosenthal Mitwirkende: Dorthe, Joana, Undine von Medvey, Rainer Brandt, Gerd Duwner, Jürgen Marcus, Bruce Low, Bully Buhlan und Heinrich Riethmüller mit dem RIAS-Tanzorchester. Öffentliche Veranstaltung vom 8. 11. 1974 im Stadttheater Bad Godesberg. Produktionsleitung: Horst Kintscher. Produktion: RIAS Berlin / WDR Sendung: 16. 11. 1974 (RIAS) – 22. 3. 1975 (SDR)

Bitte zur Kasse (FS)

Regionalsendereihe des Saarländischen Rundfunks mit über 500 Folgen im Vorabendprogramm. Spielmeister: Hans Rosenthal. Assistentin: Ingrid Beyer Produktion: Telefilm Saar für den SR *Anmerkung: Das Spiel »Bitte zur Kasse« war in etwas abgewandelter Form auch Bestandteil der Hörfunksendungen »Wer fragt – gewinnt« und »Spaß muß sein!«, sowie der Fernsehreihe »Dalli, Dalli«.

Blumen nach Noten (HF)

Bunte Unterhaltungssendung zur Bundesgartenschau 1971 in Köln. Mitwirkung von Hans Rosenthal, der zwei Spielrunden präsentiert. Weitere Mitwirkende: Paola, Roy Black, Fred Bertelmann, Donald Grobe, Willy Schneider, Kölner Kinderchor, Werner Müller mit dem WDR-Tanzorchester, u. v. a. Conference: Louise Martini und Gerhard Wolff. Leitung der Sendung: Ernst Kalthoff. Öffentliche Veranstaltung vom Gelände der Bundesgartenschau in Köln vom 5. 5. 1971. Produktion: WDR. Sendung: Mai 1971 (WDR und RIAS)

(100 Jahre) BOLLE

Eine Betriebsveranstaltung zum 100-jährigen Jubiläum der Firma Bolle in Berlin. Moderation: Hans Rosenthal. Veranstaltungstermin: 28. 2. 1981

(Horst) Braun (HF)

Eine Porträtsendung über den bekannten Berliner Kabarettisten, Schauspieler, Autor und Regisseur Horst Braun. Leitung der Sendung: Hans Rosenthal. Studioproduktion von RIAS Berlin vom 29. 3. 1978. Sendung: April 1978 (RIAS) *Anmerkung: Horst Braun war Regisseur des Berliner Kabaretts »Die Stachelschweine« und wirkte u. a. auch in dem satirischen Spielfilm »Wir Kellerkinder« (von und mit Wolfgang Neuss) mit. Außerdem war er in vielen Sendereihen von Rosenthal dabei, wie z. B. auch als witziger und schlagfertiger Reporter bei »Allein gegen alle« und »Spaß muß sein!«

Boulevard (HF)
Der Sonnabendmorgen auf RIAS 1.
Erinnerung an den 65. Geburtstag – in
memoriam – von Hans Rosenthal. Moderation: Dieter Thomas Heck. Gäste im
Studio: Curth Flatow und Horst Kintscher. Produktion: RIAS Berlin. Sendung:
31. 3. 1970 (RIAS 1)

BVG-Veranstaltung: 50 Jahre BVG (HF)
Drei bunte Unterhaltungsveranstaltun-
gen zum Jubiläum der Berliner Verkehrs-
Betriebe im ICC. Mitwirkung von Hans
Rosenthal, der u. a. mehrere Spielrunden
mit Kandidaten aus dem Publikum durch-
führt, darunter auch eine extra Runde
»Dalli, Dalli«. Weitere Mitwirkende: Ilse
Werner, Polizei-Orchester Berlin, u. a.
Öffentliche Veranstaltungen im Berliner
ICC am 6. 4., 7. 4. und 8. 4. 1979. Pro-
duktion: BVG und RIAS Berlin. Sendung:
April 1979 (RIAS)

Cabaret – Cabaret (FS)
Unterhaltungssendung aus dem ORF-
Zentrum in Wien. Mitwirkung von Hans
Rosenthal. Weitere Mitwirkende: Chri-
stiane Rücker, Maxi Böhm, Felix Dvorak,
Ossy Kolmann, Otto Schenk, Kurt
Sobotka, u. v. a. Öffentliche Veranstaltung
vom 4. 9. 1974 im ORF-Zentrum Wien.
Produktion: ORF / ZDF Sendung: 16. 11.
1974 (ORF 1)

Da ist man sprachlos (HF)
Ein heiteres Rededuell zwischen dem
Funkhaus Stuttgart und dem Funkhaus
Berlin. Eine Sendereihe in 12 Folgen nach
einer Idee von Jan Messeter-London.
Spielmeister: Hans Rosenthal und Hans-
Ulrich Reichert. Produktion: SDR / RIAS
Berlin Sendung: 1. Folge 20. 11. 1956
(SDR) – 12. Folge 4. 3. 1958 (SDR)

Da ist man sprachlos (HF)
Ein heiteres Rededuell des WDR und
RIAS Berlin in 50 Folgen. Spielmeister:
Hans Rosenthal. Öffentliche Studio-
produktionen im WDR-Funkhaus in Köln
und im RIAS-Studio 7 in Berlin.

Produktion: WDR / RIAS. Sendung: 1.
Folge 3. 2. 1968 (WDR 1) – 50. Folge 18.
12. 1971 (WDR 1) *Anmerkung: Die
Fernsehfassung der o. g. Reihe wurde
unter dem Titel »KO oder OKAY« im Vorabendprogramm des ZDF ausgestrahlt.

Dalli, Dalli« (FS)
Ein Fragespiel für Schnelldenker – Spiel
und Spaß von und mit Hans Rosenthal
(153 Folgen). Assistentin: Monica
Sundermann. Karikaturist: Oskar. Mit
bekannten Solisten, sowie der Götz-
Wendlandt-Combo und der Jochen-
Brauer-Band. Musikalische Leitung:
Heinrich Riethmüller. Text: Günter Neu-
mann, Curth Flatow, Horst Pillau, u. a.
Jury: Brigitte Xander, Mady Riehl, Ekke-
hard Fritsch, Christian Neureuther, u. a.
Bühnenbild: Heinz Brendel, Jan Eyck,
Adolf Smalix, Otto Stich, u. a. Öffentli-
che Veranstaltungen in den Berliner
Union Film Studios, im FSM (München-
Unterföhring) und im ORF-Fernsehthea-
ter in Wien. Regie: Hartmut Schottler,
Truck Branss, Inge Letz, Dieter Wendrich,
u. a. Produktion: ZDF / ORFSendung: 1.
Folge 13. 5. 1971 (Aufz. vom 12. 5. 71)
– 50. Folge 1. 5. 1976 - 100. Folge 16. 4.
1981 – 150. Folge 15. 5. 1986 – 153.
(letzte) Folge 11. 9. 1986
*Anmerkung: Die 50. Folge dieser belieb-
ten Sendereihe eröffnete Rosenthal mit
Gesang: »Mit ein bißchen Mut geht's
gleich nochmal so gut« (auch als Schallplatte erschienen). - Die Aktion »Dalli,
Dalli hilft« wurde ab 22. 9. 1983 eingeführt. Neben einer notleidenden Familie,
die bisher schon den Spielgewinn bekam,
erhielt eine weiterebedürftige Familie
einen Betrag, der aus dem Erlös des Volks-
liederbuches »Kein schöner Land« und
einer gleichnamigen Schallplatte eingespielt wurde. Nach dem Tode von Hans
Rosenthal entstand daraus die Hans-
Rosenthal-Stiftung. Als Nachfolgesendung von »Dalli, Dalli« startete Dieter
Thomas Heck im April 1987 die Reihe
»Ihr Einsatz bitte«. Im 1. Halbjahr des Jahres 1988 wurden für unverschuldet in Not

geratene Familien 242. 160,32 DM im Rahmen der Hans-Rosenthal-Stiftung eingespielt. Auch der Reinerlös aus der ZDF-Reihe »Pyramide« mit D. T. Heck wurde der Stiftung zugeführt.

Dalli, Dalli – Kleine Leute ganz groß (FS)
Spiel und Spaß für Kinder von und mit Hans Rosenthal. Ausschnitte aus 5 Veranstaltungen auf der Internationalen Funkausstellung 1977 in Berlin. Assistentin: Monica Sundermann Karikaturist: Oskar. Musikalische Leitung: Heinrich Riethmüller. Regie: Truck Branss. Produktion: ZDF Sendung: 24. 9. 1977 (ZDF).

Dalli, Dalli – Damals (FS)
Live im 3-SAT-Studio: Liselotte Pulver und Fritz Eckhardt erinnern sich an die erste »Dalli, Dalli«-Sendung. Moderation: Angela Maas. Produktion: 3-SAT / ZDF Sendung: 28. 5. 1989 (3-SAT)

Dalli, Dalli – Damals (FS)
Zum 5. Todestag von Hans Rosenthal live im 3-SAT-Studio: Gert Rosenthal, Oskar und Inge Letz erinnern sich an die letzte »Dalli, Dalli«-Sendung. Moderation: Stefan Schulz-Hausmann. Produktion: 3-SAT / ZDF Sendung: 10. 2. 1991 (3-SAT) *Anmerkung: In der Reihe »Dalli, Dalli – Damals« wurden noch weitere Folgen dieses Fragespiels für Schnelldenker wiederholt. Im 3-SAT-Studio waren u. a. zu Gast: Grit Böttcher, Rolf von Sydow, Klaus Wildbolz, Karl Lieffen, Ossy Kolmann und Marianne & Michael.

Das Gespräch (HF)
Eine Sendung mit Walter Fischer. Als Gast: Hans Rosenthal. Produktion: WDR. Sendung: 29. 7. 1979 (WDR 1)

Das gibt's nur einmal (FS / HF)
Noten, die verboten wurden
Conference und Leitung der Sendung: Hans Rosenthal. Buch: Curth Flatow Musikalische Leitung: Willy Matttes und Horst Jankowski. Mitwirkende: Ilse Gra-

matzki, Beate Granzow, Dagmar Koller, Tamara Lund, Elfriede Otto, Mona Seefried, Caterina Valente, Martin Finke, Reinhard Glemnitz, Ernst H. Hilbich, Heinz Holecek, Rudolf Schock, Frieder Stricker, Berliner Hymentafel, Botho-Lucas-Chor, Studio-Orchester Berlin, RIAS-Tanzorchester, u. v. a. Öffentliche Veranstaltung aus dem Theater der Freien Volksbühne in Berlin. Produktion: SFB / RIAS Berlin Sendung(Live): 5. 2. 1983 (SFB / ARD)

Das Programm geht weiter (FS)
Victor de Kowas leise Abendunterhaltung. Mitwirkung von Hans Rosenthal Weitere Mitwirkende: Gitte, Ernst Waldbrunn, Bully Buhlan, Herbert-Dancers, Johannes-Rediske-Quintett, u. v. a. Aufzeichnung einer öffentlichen Veranstaltung im Theater am Besenbinderhof in Hamburg. Produktion: NDR Sendung: 3. 8. 1961 (NDR / ARD 2. Programm)

Das Sonntagskonzert auf Tournee (FS)
Live von der Bundesgartenschau 1985 in Berlin – Von »Opus One« bis zum »Glühwürmchen«. Präsentation: Hans Rosenthal. Mit dem RIAS-Tanzorchester unter der Leitung von Horst Jankowski u. v. a. Regie: Jochen Müller-Laue. Produktion: ZDF. Sendung: 12. 5. 1985 (ZDF)

Das Sonntagskonzert auf Tournee (FS)
Live aus Greetsiel / Ostfriesland – Ein volkstümlicher Mittag mit Hans Rosenthal und vielen bekannten Solisten. Regie: Jochen Müller-Laue. Produktion: ZDF. Sendung: 16. 6. 1985 (ZDF)

Das war in Schöneberg (HF)
Wir feiern den 90. Geburtstag von Walter Kollo. Ein heiterer Bilderbogen von Günter Neumann. Leitung der Sendung: Hans Rosenthal. Mitwirkende: Maria Alexander, Waldemar Arnold, Bruno Fritz, Ekkehard Fritsch, Dorthe Kollo, René Kollo, Willi Kollo, Undine von Medvey, Willi Rose, Rosy-Singers, Tatjana Sais, Edith Schollwer, Ewald Wenck, das

große RIAS-Orchester unter der Leitung von Fried Walter, sowie Günter Neumann und Heinrich Riethmüller an zwei Flügeln. Öffentliche Veranstaltung im Berliner Sportpalast am 27. 1. 1968. Produktion: RIAS Berlin Sendung: Januar / Februar 1968 (RIAS)

Das war Spitze (FS)
Eine Sendung zum 65. Geburtstag – in memoriam – von Hans Rosenthal. Buch: Curth Flatow. Sprecher: Rainer Brandt. Produktion: ZDF. Sendung: 30. 3. 1990 (ZDF)

Das war Spitze (FS)
Eine Sendung zum 10. Todestag von Hans Rosenthal... mit Ausschnitten aus seinen Sendungen und vielen Interviews mit Weggefährten und Kollegen des beliebten Showmasters. MAZ-Bearbeitung: Inge Klos und Dietrich Dodt Redaktion: Gaby Brauer. Produktion: ZDF / 3-SAT. Sendung: 16. 2. 1997. (3-SAT)

Da werden Tiere zu Hyänen (HF)
Ein Hörspiel nach dem bekannten Roman »Animal Farm« von George Orwell. Aufnahmeleitung: Hans Rosenthal. Mitwirkende: Tatjana Sais, Erwin Biegel, Pelz von Felinau, Erich Fiedler, Bruno Fritz, Joe Furtner, Otto Matthies, Wolfgang Müller, Herbert Weissbach und das Sunshine-Quartett. Text und Musik: Günter Neumann. Musikalische Leitung: Olaf Bienert. Regie: Erik Ode Produktion: RIAS Berlin. Sendung: September 1948 (RIAS) – 16. 4. 1970 (RIAS Wdhlg. einer Kurzfassung)
*Anmerkung: Die Sendung war ein großer Erfolg und ging als Mustersendung in deutscher Sprache um die ganze Welt. Besonders die Universitäten in Amerika, die über eigene Sender verfügten, waren an dieser Hörfunkproduktion interessiert. Es wurden Abhandlungen über die RIAS-Sendung geschrieben, Vorträge gehalten und in vielen Seminaren darüber diskutiert. Schließlich veranlaßte

der große Erfolg Erik Ode dazu, aus der Sendung auch noch ein Ballett zu machen, das mit ebenso großem Erfolg im Titania-Palast in Berlin aufgeführt wurde. Es tanzte das Ballett der Städtischen Oper Berlin unter der Choreographie von Jockel Stahl.

Denk mit
Spiel und Spaß von und mit Hans Rosenthal. Mehrere Veranstaltungen zu bestimmten Anlässen wie z. B. Messen, Firmenjubiläen und Stadtfesten (15. 3. 1974 in Hamburg, 19. 10. 1975 in Karlsruhe, 10. 9. 1976 in Erbach / Odenwald, 24. 10. 1976 zur »Offerta-Messe« in Karlsruhe, etc.)

Der allerschönste Liebesbrief (HF)
Leitung: Hans Rosenthal. Mitwirkende: Lieselotte Rau, Ursula Schirrmacher, Zsa Zsa Torday, René Kollo, Deng Huey Ming und Stefan Wigger. Aufnahme einer öffentlichen Veranstaltung von und mit Egon Jameson. Produktion: RIAS Berlin. Sendung: 15. 5. 1967 (RIAS 1)

Der Apfel fällt nicht weit vom Stamm (FS).
Regionalsenderreihe des Saarländischen Rundfunks im Vorabendprogramm (mehrere Folgen im Jahre 1970). Spielleiter: Hans Rosenthal. Mitwirkende der 1. Folge: Petra Schürmann, Luise Ullrich, Werner Zimmer, Martin Jente, u. a. Regie: Klaus Groth. Produktion: SR. Sendung / 1. Folge: 6. 1. 1970 (SR / ARD-Regionalprogramm)

Der Apfel fällt nicht weit vom Stamm (FS).
ZDF-Vorabendserie in 26 Folgen. Buch und Idee: Hans Rosenthal. Spielleiter: Hans-Jürgen Bäumler. Mitwirkende: Holde Heuer, Horst Pillau, Carlo von Thiedemann, u. v. a. Regie: Ferry Olsen. Produktion: ZDF Sendung / 1. Folge: 30. 11. 1984 (ZDF)

Der direkte Draht (HF)
Eine Talkshow-Reihe des WDR. Erster Gast: Hans Rosenthal. Produktion: WDR Sendung / 1. Folge: 19. 1. 1976 (WDR 2) *Anmerkung: In dieser Sendereihe konnten die Rundfunkhörer des WDR eine Stunde lang Prominente aus dem Showgeschäft, Funk- und Fernsehmacher sowie Persönlichkeiten aus benachbarten Lebensbereichen per Telefon live befragen.

Der Goldene Bildschirm (FS)
Bericht von der Verleihung mit den Preisträgern. Hans Rosenthal erhielt den Goldenen Bildschirm 1972 – verliehen von der Funk-und Fernsehzeitschrift TV HÖREN UND SEHEN. Produktion: ZDF Sendung: 30. 1. 1972 (ZDF)

Der Große Preis (FS)
Ein Ratespiel für gescheite Leute mit Wim Thoelke. Mitwirkung von Hans Rosenthal als Ehrengast. Öffentliche Aufzeichnung in den Berliner Union Film Studios vom 8. 7. 1975. Produktion: ZDF Sendung: 10. 7. 1975 (ZDF)

Der Kongreß lacht (HF)
Ein bunter Abend aus der Berliner Kongreßhalle. Leitung der Sendung: Hans Rosenthal. Mitwirkende: Iska Geri, Lonny Kellner, Edith Schollwer, Peter Frankenfeld, Ekkehard Fritsch, Franz-Otto Krüger, Werner Oehlschläger, Heinz Reinfeld, Willi Rose, Fritz Schulz-Reichel, Günter Schwerkolt, Ewald Wenck, Trio Sorento, RIAS-Combo und das Streichorchester Adolf Wreege. Produktion: RIAS Berlin. Sendung: 19. 7. 1958 (RIAS 2)

Der Rundfunk ist immer dabei (HF)
Ein bunter Unterhaltungsabend zur 15. Berliner Theaterwoche in Bonn / Bad Godesberg. Conference: Hans Rosenthal und Günter Schwerkolt. Leitung der Sendung: Hans Rosenthal. Mitwirkende: Dorthe, Marianne Mendt, Barbara Schöne, Ekkehard Fritsch, Walter Groß,

Paul Kuhn, Friedrich Schoenfelder, Roberto Blanco, Vielharmoniker, und die Big-Band der Bundeswehr unter der Leitung von Günter Noris. Produktionsleitung: Horst Kintscher. Öffentliche Veranstaltung im Stadttheater von Bad Godesberg vom 12. 10. 1977. Produktion: WDR / RIAS Berlin. Sendung: 19. 10. 1977 (RIAS 1)

Die Berliner sind immer dabei (HF)
Ein bunter Abend zur Einweihung der Freiheitshalle in Hof / Franken. Spielmeister: Hans Rosenthal. Mitwirkende: Su Kramer, Anne Karin, Bernd Clüver, Marek & Vacek, Cindy & Bert, Trio Sorento, Heinrich Riethmüller und das RIAS-Tanzorchester, u. v. a. Öffentliche Veranstaltung in der Freiheitshalle in Hof vom 8. 9. 1974. Produktion: BR / RIAS Berlin. Sendung: 14. 9. 1974 (RIAS)

Die Drehscheibe (FS)
Das Feierabendmagazin des ZDF. Mitwirkung von Hans Rosenthal. Produktion: ZDF. Sendung: 12. 8. 1976 (ZDF)

Die dreifache Chance (HF)
Ein Spiel für Schnelldenker von und mit Hans Rosenthal. 8 Folgen im Rahmen von großen WDR-Unterhaltungsveranstaltungen: 1.) »Bunter Nachmittag aus Euskirchen«. (Aufnahme: 4. 10. 1968 / Sendung: 26. 10. 1968 WDR 1). 2.) »Musik ist Trumpf« (aus Duisburg). (Aufnahme: 13. 12. 1968 / Sendung: 15. 12. 1968 WDR 1) 3.) »Alaaf und Helau« – Ein bunter Abend im Zeichen des Karnevals aus Mülheim. (Aufnahme: 23. 1. 1969 / Sendung: 26. 1. 1969 WDR 1) 4.) »Musik ist Trumpf« (aus Wuppertal-Elberfeld) (Aufnahme: 10. 4. 1969 / Sendung: 4. 5. 1969) 5.) »Musik ist Trumpf« (aus Siegen) (Aufnahme: 23. 5. 1969 / Sendung: 29. 6. 1969) 6.) »Musik ist Trumpf« (aus Bad Salzuflen) (Aufnahme: 20. 6. 1969 / Sendung: 27. 7. 1969) 7.) »Musik ist Trumpf« (aus Schmallenberg). (Aufnahme: 4. 7. 1969 / Sendung: 24. 8. 1969). 8.) »Musik ist Trumpf« (aus Mönchen-Gladbach).

(Aufnahme: 9. 10. 1970 / Sendung: 25. 10. 1970) Leitung: Heinz Schröter und Ernst Kalthoff. Produktion: WDR
*Anmerkung: Aus dem Spiel »Die dreifache Chance«, das auch in der Hörfunk-Reihe »Spaß muß sein!« (z. B. zur Fußball-WM in London 1966) einige Male eingesetzt wurde, entstand später die so erfolgreiche Fernsehserie »Dalli, Dalli«.

Die Musik kommt (FS)
Ein volkstümlicher Nachmittag mit Maria Hellwig. Mitwirkung von Hans Rosenthal. Aufzeichnung vom 6. 1. – 8. 1. 1978 in Reit im Winkel. Produktion: ZDF. Sendung: Januar 1978 (ZDF)

Die Sitzung ist eröffnet (HF)
Ein Ratespiel mit hundert Fragen Politik. Gestaltung der Sendung: Hans Rosenthal und Horst Pillau. Musikalische Umrahmung: Heinrich Riethmüller. Produktion: RIAS Berlin Sendung: 7. 5. 1959 (RIAS 1)

Ein Abend mit Berliner Metallarbeitern (HF)
... anläßlich des 75. Geburtstages der IG-Metall. Mitwirkung von Hans Rosenthal. Weitere Mitwirkende: Friedel Hensch & Cyprys, Walter Böhm, Felix Knemöller, Addi Münster, Heinz Schenk, Horst Wilhelm, RIAS-Orchester und -Chor, sowie das RIAS-Tanzorchester. Musikalische Leitung: Hans Carste. Produktion: RIAS Berlin Sendung: 11. 11. 1966 (RIAS 2)

Einer mit allen (HF)
Reporter plaudern über ihre nicht ganz ernsten Erlebnisse in der Sendereihe »Allein gegen alle« von und mit Hans Rosenthal. Es unterhalten sich Horst Braun, Horst Kintscher, Felix Knemöller und Bernd Mundt. Produktion: RIAS Berlin. Sendung: 9. 1. 1977 (RIAS)

Ein Lied für uns (HF)
Schlagerlieder für Jungen und Mädchen Eine Veranstaltung zur Internationalen Funkausstellung 1971 Berlin. In der Jury:

Hans Rosenthal, Katja Ebstein, Dieter Thomas Heck, u. a. Produktion: RIAS Berlin / WDR / Radio Zürich. Sendung: 5. 9. 1971 (RIAS)

Ein Kollo kommt selten allein (HF)
Ein bunter Unterhaltungsabend mit bzw. über Willi, Walter und René Kollo. Leitung der Sendung: Hans Rosenthal. Studioproduktion vom 22. 4. 1969. Produktion: RIAS Berlin. Sendung: April / Mai 1969 (RIAS)

Einmal im Jahr (HF)
Eine närrische Sitzung mit der Berliner Großen Karnevals-Gesellschaft und dem Elferrats-Präsidenten Erich Fiedler, sowie seiner Tollität Prinz Wolfgang I., ihrer Lieblichkeit Prinzessin Gaby I. und dem Orchester Wilfried Krüger. Leitung der Sendung: Hans Rosenthal. Produktion: RIAS Berlin. Sendung: 2. 3. 1957 (RIAS 2)

Einmal im Jahr (HF)
Ein närrischer bunter Abend für Karnevalsfreunde mit vielen bekannten Solisten und Spaßmachern, sowie dem Orchester Wilfried Krüger. Leitung der Sendung: Hans Rosenthal. Produktion: RIAS Berlin. Sendung: 15. 2. 1958 (RIAS 1)

Einmal im Jahr (HF)
Ein närrischer bunter Abend für Karnevalsfreunde mit vielen bekannten Solisten und Spaßmachern, sowie dem Orchester Wilfried Krüger. Leitung der Sendung: Hans Rosenthal. Produktion: RIAS Berlin. Sendung: 7. 2. 1959 (RIAS 1)

Ein Platz an der Sonne
Ein Wohltätigkeitsfußballspiel für die ARD-Fernsehlotterie unter Mitwirkung von Hans Rosenthal. Veranstaltungstermin: 28. 4. 1978 in Hannover

Ein Wort aus Musik (FS)
Eine Vorabendserie des ZDF in 34 Folgen. Spiel und Spaß mit Heinz Eckner als Spielmeister. Regie: Hans Rosenthal

Buch: Heinz Schenk. Produktion: ZDF. Sendung / 1. Folge: 22. 4. 1981 (ZDF) *Anmerkung: Im Jahre 1981 stand diese Reihe an der Spitze der Resonanz der Zuschriften an das ZDF: 1. 117101 Briefe (an zweiter Stelle:»Musik ist Trumpf« mit 402158 Briefen). Die o. g. ZDF-Vorabendserie entstand in Anlehnung an die beliebte RIAS-Reihe»Das klingende Sonntagsrätsel«. Das Buch zur ZDF-Reihe»Ein Wort aus Musik« schrieb der erfolgreiche Fernsehunterhalter Heinz Schenk, der im Dezember 1999 seinen 75. Geburtstag feiert. Beim»Frankfurter Wecker« begann einst die Rundfunkkarriere, ehe er 1966 die beliebte Unterhaltungssendung»Zum Blauen Bock« von Otto Höpfner übernahm. Zusammen mit Lia Wöhr und Reno Nonsens führte Schenk als»Oberkellner« durch das bunte Programm mit»Musik und Humor beim Äppelwoi«. Nach der letzten Folge seines»Blauen Bocks« (19. 12. 1977) gab es ein Comeback mit den Reihen»Bocksprünge« (in einigen dritten ARD-Programmen) und»Fröhlich eingeschenkt« (ARD). Viele seiner selbstgeschriebenen Chansons regten oft auch zum Nachdenken an: Sein Lied »Es ist alles nur geliehen« erklomm sogar die vordersten Plätze in der»ZDF-Hitparade«.

Eins plus eins gegen zwei (FS)
Ein Verkehrsquiz um richtiges Verhalten im Straßenverkehr mit Hans Rosenthal Produktion: Telefilm Saar für SR. Sendung / 1. Folge: 30. 1. 1971 (SR/ARD) *Anmerkung: Als Rosenthal sein erfolgreiches Fragespiel für Schnelldenker »Dalli, Dalli« im ZDF startete, übernahm der Sportmoderator Werner Zimmer als Spielleiter die Sendung.

Endspurt ins Glück (FS)
Schlußziehung der Glücksspirale – präsentiert von Michael Schanze. Mitwirkung von Hans Rosenthal. Weitere Mitwirkende: Helga Feddersen, Benno Hoffmann, Nana Mouskouri, Horst Jankowski und seine RIAS-Combo, u. v. a.

Produktion: ZDF in Zusammenarbeit mit RIAS Berlin Sendung: 17. 12. 1983 (ZDF)

Erinnern Sie sich? (HF)
Ausschnitte aus einer Veranstaltung, gemeinsam mit dem DGB, im Berliner Sportpalast. Mitwirkung von Hans Rosenthal. Weitere Mitwirkende: Tatjana Sais, Felicia Weathers, Walter Böhm, Walter Anton Dotzer, Abi von Haase, Udo Jürgens, William Ray, Frank Raymond, RIAS-Orchester unter der Leitung von Hans Carste. Gesamtleitung: Inge Siegel. Produktion: RIAS Berlin. Sendung: Fünfziger Jahre (RIAS)

Erinnern Sie sich noch? (FS)
Eine nachmittägliche Unterhaltungsreihe für Senioren mit Hans Rosenthal in 4 Folgen. Aufzeichnungen im WDR-Studio in Köln: 13. 1 / 18. 6. / 5. 8. / 3. 12. 1970. Produktion: WDR Sendungen: 21. 1. 1970 – 24. 6. 1970 – 25. 8. 1970 16. 12. 1970 (WDR / ARD)

Ewalds Schlagerparade (HF)
Eine Hitparade für die reifere Jugend nach einer Idee von Hans Rosenthal. Moderation: Ewald Wenck. Redaktion: Michael Alex und Roman Neymanns. 1. Aufnahme im RIAS-Studio: 23. 1. 1970. Produktion: RIAS Berlin. Sendung / 1. Folge:27. 1. 1970 (RIAS 1) *Anmerkung: Ewald Wenck (28. 12. 1891 – 30. 4. 1981) war ein Berliner Original. Unzählige Male war er der»Jenosse Klaus-Dieter« bei den»Insulanern«, doch auch in alten Spielfilmen wirkte er mit, wie z. B. »Unser täglich Brot« (1949), »Herrliche Zeiten« (1951) und»Hotel Adlon« (1955). Vielen Radiohörern wird er noch aus der RIAS-Familiensaga»Pension Spreewitz« und der langjährigen Reihe»Damals war's« (Geschichten aus dem alten Berlin) in guter Erinnerung sein.

(Curth) Flatow – 65 Jahre (HF)
Eine Gratulationssendung von und mit Hans Rosenthal. Aufnahme im RIAS-Stu-

dio: 11. 1. 1985. Produktion: RIAS Berlin. Sendung: Januar 1985 (RIAS)
*Anmerkung: Curth Flatow ist einer der erfolgreichsten deutschsprachigen Autoren, der für Theater, Funk und Fernsehen schon viele Stücke und Sendungen geschrieben hat, wie z. B. »Der Mann, der sich nicht traut«, »Vater einer Tochter« und »Die Durchreise« (alle 3 Stücke mit Georg Thomalla in der Hauptrolle), »Das Fenster zum Flur« – gemeinsam mit Horst Pillau – (Hauptrolle: Inge Meysel und Rudolf Platte) und »Ein gesegnetes Alter« (mit Johannes Heesters und Simone Rethel). Auch eine Fernsehserie wie »Ich heirate eine Familie« (mit Thekla Carola Wied und Peter Weck), die in den Jahren 1983 – 1986 mit insgesamt 14 Folgen im ZDF ausgestrahlt wurde und sich bei Publikum und Kritikern gleichermaßen großer Beliebtheit erfreute, stammte aus seiner Feder; hierfür erhielt er dann auch die Goldene Kamera 1983. Ferner schrieb er u. a. das Buch für die ZDF-Reihen. »Musik ist Trumpf« und die »Peter-Alexander-Show«, sowie einzelne Episoden für »Ein verrücktes Paar« (mit Grit Boettcher und Harald Juhnke), »Leute, wie du und ich« (mit Harald Juhnke) und »Das Traumschiff«, das 1981 erstmalig in See stach. Auch als Schlagertexter versuchte er sich: »Ein kleiner Elefant«(1949 / Musik: Helmut Zacharias) und »Heut' liegt was in der Luft« (1954 / Musik: Michael Jary) stammen von ihm. Mit Rosenthal verband Flatow eine langjährige und herzliche Freundschaft, die sich u. a. auch in vielen gemeinsamen Hörfunk-und Fernsehprojekten ausdrückte (»Die Rückblende«, »Das gibt's nur einmal«, »Schlag nach bei Neumann«, »Dalli, Dalli«, u. a.)

Föhr: Hans Rosenthal stellt die Insel vor (FS).
Ein Film des Norddeutschen Rundfunks über die Nordfriesische Insel. Aufzeichnung: 22. 5. – 28. 5. 197. Produktion: NDR Sendung: Mai / juni 1977 (NDR / ARD) – 1995 (Wdhlg. Auf N 3)

*Anmerkung: In den sechziger Jahren ließ sich Rosenthal auf der Insel Föhr ein Ferienhaus erbauen und verbrachte seit dieser Zeit oft seinen Urlaub auf der nordfriesichen Insel. Was lag da näher, als daß der NDR ihn bat, die Insel Föhr in Wort und Bild dem Fernsehpublikum vorzustellen.

Frag mich was (HF)
Ein Radio-Ratespiel von und mit Hans Rosenthal in 18 Folgen (1978 – 80)
Mitwirkende: Annette von Aretin, Ortrud Beginnen, Kai Fischer, Renate Holm, Heidi Kabel, Christa Siems, Hanni Vanhaiden, Joachim Cadenbach, Klaus Havenstein, Carlheinz Hollmann, Peter Horton, Reinhard Mey, Freddy Quinn, Jürgen Roland, Ulrich Roski, Achim Strietzel, Max Schautzer, Cindy & Bert, Horst Jankowski mit seinem RIAS-Tanzorchester, Erwin Lehn und das Südfunktanzorchester, das NDR-Tanzorchester unter der Leitung von Franz Thon, u. v. a. Öffentliche Veranstaltungen in Berlin, Bietigheim, Kiel und Stuttgart. Produktion: SDR / RIAS Berlin (Folge 1 – 18) und NDR (12 – 18) Sendungen: 1. Folge August / September 1978 (SDR / RIAS : Aufnahme vom 18. 8. 1978) – 18. Folge Juni / Juli 1980 (SDR / RIAS / NDR: Aufnahme vom 28. 6. 1980)

(Bruno) Fritz . Der junge alte Fritz (HF)
Eine Gratulationssendung zum Geburtstag von Bruno Fritz. Am Mikrofon: Hans Rosenthal. Aufnahme im RIAS-Studio: 28. 2. 1970. Produktion: RIAS Berlin. Sendung: März 1970 (RIAS)
*Anmerkung: Als »Herr Kummer«, der im Kabarett »Insulaner« immer mit »Pollowetzer« telefonierte, ist der Berliner Schauspieler Bruno Fritz (4. 3. 1900 – 12. 6. 1984) vielen wohl noch immer in guter Erinnerung. In unzähligen Theaterstücken, meist mit Berliner Lokalkolorit, und in vielen Spielfilmen überzeugte er mit seinem trockenen Witz. Beim Berliner Sender RIAS hat er in unzähligen Produktionen mitgewirkt: »Damals war's«,

»Opas Schlagerfestival«, »Berlin wird fuffzig«, u. a.

Fröhliche Pfingsten (HF)
Ein bunter Nachmittag mit Maria Ney, Kurt Heymann, Kurt Pratsch-Kaufmann, den drei Travellers, dem RIAS-Tanzorchester unter der Leitung von Werner Müller, u. v. a. Leitung der Sendung: Hans Rosenthal. Produktion: RIAS Berlin. Sendung: 10. 6. 1957 (RIAS 1)

Fröhliche Pfingsten (HF)
Ein bunter Abend im Stil der zwanziger Jahre. Mitwirkende: Ilse Haas, Maria Ney, Edith Schollwer, Maria Ney, Werner Hass, Omar Lamparter, Ludwig Manfred Lommel, Kurt Pratsch-Kaufmann, Ewald Wenck, Trio Sorento, Salon-Orchester unter der Leitung von Wilfried Krüger und Heinz Reinfeld, u. v. a. Leitung der Sendung: Hans Rosenthal. Produktion: RIAS Berlin. Sendung: 16. 5. 1959 (RIAS 1)

Frühling in der Philharmonie (HF)
Eine große Unterhaltungsveranstaltung für ältere Mitbürger anläßlich der Berliner Seniorenwoche 1977. Moderation: Hans Rosenthal. Öffentliche Veranstaltung in der Berliner Philharmonie vom 18. 5. 1977. Produktion: RIAS Berlin. Sendung: Mai 1977 (RIAS)

Fünfzig Jahre Rundfunk – 50 Jahre Automobilgeschichte (HF)
Eine bunte Unterhaltungssendung zum Jubiläum des Rundfunks und des Automobils im Funkstudio der Villa Berg in Stuttgart anläßlich des »Tages der offenen Tür« beim Süddeutschen Rundfunk. Mitwirkung von Hans Rosenthal. Moderation: Sibylle Nägel. Weitere Mitwirkende: Elly Beinhorn, Eugen Berner, Karl Kling, Dr. Eberhard Klumpp, Hermann Lang, Dr. Ferdinand Porsche, u. v. a. Produktion: SDR. Sendung: 12. 5. 1974

Gala-Nacht Berlin 1982 (FS)
Eine Showreportage von Peter von Zahn über eine Gala-Veranstaltung in der Deutschen Oper Berlin. Mitwirkung von Hans Rosenthal und Sohn Gert. Weitere Mitwirkende: Renate Bauer, Helga Bayertz, Ute Boy, Elfie von Kalkreuth, Elke Kast, Mady Riehl, Barbara Schöne, Ingrid Steeger, Tony Christie, Jupp Derwall, Gert Fröbe, Dieter Thomas Heck und Sohn, René Kollo, Loriot, Luciano Pavarotti, Rolf und seine Freunde, Wim Thoelke und Tochter, Berliner Kinderchor, Collège Voltaire, The Havel School, Grundschule am Insulaner, John-F. -Kennedy-Schule, Schlüter-Grundschule, Tanzschule Keller, US-Air-Forces-Europe Band, Horst Jankowski mit seinem RIAS-Tanzorchester, sowie Chor, Orchester und Ballett der Deutschen Oper Berlin. Regie: Ewald Burike. Produktion: ZDF. Sendung: 3. 4. 1982 (ZDF)

Gefragt – Gewußt – Gewonnen (FS)
Ein Länderquiz von und mit Hans Rosenthal in 11 Folgen zur Internationalen Funkausstellung (IFA) 1983 in Berlin. Musikalische Leitung: Heinrich Riethmüller. Regie: Kurt Ulrich. Produktion: ZDF 11 Sendungen: 1. 9. – 11. 9. 1983 (ZDF)

Gefragt – Gewußt – Gewonnen (FS)
Eine nachmittägliche Unterhaltungsreihe beim Samstag-Treff im ZDF von und mit Hans Rosenthal in 17 Folgen. Musikalische Leitung: Franz Lambert / Hans Otter
1. Folge: 23. 3. 1985 aus Osterode / Harz
2. Folge: 20. 4. 1985 aus Maulbronn
3. Folge: 18. 5. 1985 aus Neubeuern
4. Folge: 22. 6. 1985 aus Deidesheim / Pfälzer Wald
5. Folge: 20. 7. 1985 aus Lütjenburg / Holst. Schweiz
6. Folge: 17. 8. 1985 aus Esens / Ostfriesl.
7. Folge: 14. 9. 1985 aus Wirsberg / Bayern
8. Folge: 12. 10. 1985 aus Ottweiler / Saarl.

9. Folge: 2. 11. 1985 aus Gelnhausen / Hessen
10. Folge: 30. 11. 1985 aus Bad Laasphe / Sauerl.
11. Folge: 22. 3. 1986 aus Riezlern / Kleinwalsertal
12. Folge: 19. 4. 1986 aus Gengenbach / Bad. -Württemb.
13. Folge: 24. 5. 1986 aus Xanten/NRW
14. Folge: 14. 6. 1986 aus Greding/Bayern
15. Folge: 12. 7. 1986 aus Friedrichstadt / Schlesw. -Holstein
16. Folge: 2. 8. 1986 aus Grünberg / Hessen
17. Folge: 30. 8. 1986 aus Quakenbrück Regie: Inge Letz / Ferry Olsen Produktion: ZDF
*Anmerkung: Nach dem Tode Rosenthals bekam Ilona Christen ihre große Chance im ZDF und moderierte auf diesem Sendeplatz die Reihe »Tandem – Spielzeit für Partner« (Regie: Michael Becker), ehe sie den »ZDF-Fernsehgarten« aus der Taufe hob. Inzwischen ist sie zum Privatfernsehen gegangen und moderiert beim Sender RTL ihre eigene Talkshow.

Gehupt und geklingelt (HF)
Ein Studiowettkampf mit Hans Rosenthal, Hans-Ulrich Reichert und Rudolf-Günter Wagner. Produktion: RIAS / SDR / SFB Sendung: 16. 1. 1956 (SDR)

Gespräche mit Jedermann (FS)
Eine Talkshow mit Maximilian Schell. Mitwirkung von Hans Rosenthal. Produktion: ORF. Sendung: 20. 8. 1978 (ORF 2)

Gold und Silber hätt' ich gern (HF)
Eine Unterhaltungssendung von Hans Rosenthal. Produktion: RIAS Berlin. Sendung: 10. 10. 1964 (RIAS)

Goldene Europa (HF / FS)
Unterhaltungsshow der Europawelle Saar in Saarbrücken zur 18. Verleihung der Goldenen Europa 1985. Mitwirkung von Hans Rosenthal, dem die Goldene Europa als beliebtester Quizmaster überreicht wird. Moderation: Manfred Sexauer. Weitere Mitwirkende: Jennifer Rush, Harold Faltermeyer, Udo Jürgens, Alison Moyet, Billy Ocean, Duran Duran, Headline, Klaus Lage Band, Opus, Purple Schulz, Scorpions, Modern Talking, sowie Björn Ulvaeus und Benny Anderson (Gruppe Abba) und Tom Rice und Murray Head, u. v. a. Produktion: SR Sendung: 10. 11. 1985 (Europawelle Saar). 28. 11. 1985
(SR / ARD)

Gut gefragt – ist halb gewonnen (FS)
Eine Vorabendserie des ZDF in 66 Folgen von und mit Hans Rosenthal. Assistentin: Monica Sundermann Karikaturist: Oskar. Musikalische Leitung: Heinrich Riethmüller. Regie: Günter Bartosch. Produktion: ZDF Sendung: 1. Folge 26. 9. 1964 – 50. Folge 7. 12. 1968 - 66. Folge 20. 4. 1970
*Anmerkung: Von Folge 1 – 39 wurde die Serie in Berlin (Ernst-Reuter-Saal) und ab Folge 40 im Fernsehstudio München produziert. Die o. g. ZDF-Vorabendserie war die Fernsehfassung des erfolgreichen Pfadfinderspiels um Worte und Begriffe »Wer fragt-gewinnt« (RIAS / NDR). Bereits bei dieser ZDF-Fernsehreihe war der bekannte Karikaturist Oskar (geb. 24. 2. 1922) mit von der Partie, der dann später auch zum »Dalli, Dalli«-Team gehörte. Außerdem glossierte Oskar politische Ereignisse in verschiedenen Tageszeitungen und in der SFB-Regionalsendung »Berliner Abendschau« mit seiner wöchentlichen Reihe »Stricheleien – Sticheleien«.

Hafenkonzert (HF)
Mitwirkung von Hans Rosenthal. Öffentliche Veranstaltung in St. Peter Ording. Redaktion: Hermann Rockmann und Christian Müller. Produktion: NDR Sendung: 19. 7. 1970 (NDR / WDR / SFB)
*Anmerkung: Das Hafenkonzert aus Hamburg ist nach wie vor die älteste Rundfunksendung

der Welt. Die erste Sendung wurde am 9. 6. 1929 ausgestrahlt; am 22. 8. 1971 feierte man die 1. 500 Sendung.

Hallo Berlin (FS)

Sondersendung zum Auftakt der Internationalen Funkausstellung 1987 in Berlin. Moderation: Ursula Mohn. Im Rahmen dieser Sendung erhielten 5 Männer, die sich um Berlin besonders verdient gemacht haben, die neue Berlin-Medaille: General Lucius D. Clay, John F. Kennedy, Ernst Reuter, Hans Rosenthal und Axel Springer. Produktion: SAT 1. Sendung: 26. 8. 1987 (SAT 1)

Ham wir gelacht (HF)

Ein heiteres Programm mit Beiträgen aus öffentlichen Veranstaltungen des RIAS. Zusammenstellung und Leitung der Sendung: Hans Rosenthal. Mitwirkende: Lale Andersen, Erna Haffner, Renate Holm, Marianne Pohlenz, Ethel Reschke, Herta Staal, Olaf Bienert, Bruno Fritz, Walter Gross, Will Höhne, Peter Igelhoff, Addi Münster, Rudolf Nelson, Kurt Pratsch-Kaufmann, Otto Kermbach, Wilfried Krüger, Heinz Reinfeld, Vico Torriani, Ewald Wenck, Comedien-Quartett, u. v. a. Verbindende Worte: Ivo Veit. Produktion: RIAS Berlin. Sendung: 23. 5. 1953 (RIAS 1)

(Loni) Heuser (HF)

Ein Porträt über die Diseuse, Chansonsängerin und Schauspielerin. Leitung der Sendung: Hans Rosenthal. Aufnahme im RIAS-Studio: 12. 1. 1978. Produktion: RIAS Berlin. Sendung: Januar 1978 (RIAS).
*Anmerkung: Loni Heuser (1908 – 6. 3. 1999) war mit dem Komponisten Theo Mackeben (1897 - 1953) verheiratet, von dem so bekannte Tonfilmschlager wie »So oder so ist das Leben« oder »Du hast Glück bei den Frau'n, bel ami« stammen. Neben Mitwirkungen in vielen Spielfilmen wie »Drei Mann in einem Boot« (mit Walter Giller, Heinz Erhardt und Hans-Joachim Kulenkampff) brillierte

Loni Heuser vor allen Dingen durch ihre besondere Art des Chansonvortrags: »Du mußt die Männer schlecht behandeln« (1954, Kreuder / v. Pinelli / Schwenn) und »Ich möcht' mal wieder Braut sein« (Neumann) sind nur einige von vielen Beispielen.

Heut' Abend (FS)

Die ARD-Talkshow mit Joachim Fuchsberger. Als Gast: Hans Rosenthal. Aufzeichnung: 7. 5. 1985. Regie: Dieter Wendrich. Produktion: Greenwood Productions für den BR. Sendung: 17. 5. 1985 (BR / ARD) – 11. 2. 1987 (BR / ARD Wdhlg.)

Hoffentlich stimmt's! (HF)

Ein unterhaltsamer Rateabend
Durch das Programm führt Horst Cierpka. »Das kenn ich doch?« Musikalische Fragezeichen, die gelöst werden wollen. »Von Ampel zu Ampel« Ein Verkehrsquiz mit Textbeiträgen von Horst Pillau. Mit Felix Knemöller und dem Spielmeister Hans Rosenthal. »...Das ist hier die Frage« Kapriziöser Streifzug durch die Literatur. Produktion: RIAS Berlin Sendung: 24. 3. 1957 (RIAS 2)

Hurra ein Baby (HF)

Eine Unterhaltungssendung von Hans Rosenthal. Aufnahme im RIAS-Studio: 26. 11. 1968 (Musik) – 27. 11. 1968 (Wort) Produktion: RIAS Berlin Sendung: November 1968 (RIAS)

Ich weiß was (HF)

Ein Pfadfinderspiel um Worte und Begriffe. Mitwirkende: Die Damen Irmgard Eppelmann, Helga Hoppe und Ilse Trautschold. Die Herren Arno Forchert, Gert Nickstadt und Hans Rosenthal. Spielmeister: Dr. Klaus Brock. Produktion: RIAS Berlin. Sendung / 1. Folge: 28. 5. 1953 (RIAS 1)
*Anmerkung: Die Reihe wurde bereits nach wenigen Folgen wieder eingestellt, weil der Spielmeister Dr. Brock, der auch die RIAS-Reihe »Mach mit« zusammen

mit Ivo Veit moderierte, sich mit der neuen Form von Quizsendungen nicht anfreunden konnte und schließlich »das Handtuch warf«. Rosenthal, der in der Sendung als Kandidat dabei war, ergriff seine Chance und übernahm das Ratespiel, das er unter dem neuen Titel »Wer fragt-gewinnt« zu einem großen Erfolg führte.

Ich stelle mich (HF)
Eine Porträt- und Interviewsendung mit Claus Hinrich Casdorff. Als Gast: Hans Rosenthal. Produktion: WDR. Sendung: 6. 4. 1981 (West 3)

Im Reiche des Lincke – Donnerwetter – Tadellos (HF)
Zum 100. Geburtstag des Berliner Komponisten Paul Lincke. Leitung der Sendung: Hans Rosenthal. Mitwirkende: Marie Bernhard, Edith Elsholtz, Undine von Medvey, Brigitte Mira, Hella Puhlmann, Tatjana Sais, Edith Schollwer, Walter Anton Dotzer, Ekkehard Fritsch, Bruno Fritz, Walter Gross, Günter Neumann, Erich Poremski, Kurt Pratsch-Kaufmann, Harald Sielaff, Ewald Wenck, die Dominos, RIAS-Kammerchor, RIAS-Orchester unter der Leitung von Hans Carste, u. v. a. Öffentliche Veranstaltung im Berliner Sportpalast am 4. 11. und 6. 11. 1966. Produktion: RIAS Berlin. Sendung: 7. 11. 1966 (RIAS)

(Der) Insulaner (HF)
Günter Neumann und seine Insulaner. Aufnahmeleitung: Hans Rosenthal. Leitung / Regie: Werner Oelschläger (später: Hans Rosenthal) Mitwirkende: Tatjana Sais, Edith Schollwer, Ilse Trautschold, Agnes Windeck, Ekkehard Fritsch, Bruno Fritz, Joe Furtner, Walter Gross, Ewald Wenck, u. a. Text und Musik: Günter Neumann. An zwei Flügeln: Günter Neumann und Olaf Bienert. Produktion: RIAS Berlin. Aufnahmen: RIAS-Studio 7 und Theater am Kurfürstendamm in Berlin. Sendungen (im RIAS): 25. 12. 1948 (Folge 1) – 26. 4. 1953 (Folge 50) – 19.

10. 1957 (Folge 100) – 7. 12. 1968 (letzte Folge)
*Anmerkung: Olaf Bienert (13. 9. 1910 – 23. 9. 1967) war nicht nur Pianist und musikalischer Begleiter bei den berühmten »Insulanern«, sondern auch Komponist zahlreicher Lieder und Schlager: »Der arme Troubadour« (1950), »Auf der Havel« (1954) und »In der Nacht, in den Straßen in Berlin« (1956) stammen aus seiner Feder. Ferner schrieb er Kompositionen für Trude Hesterbergs »Musenschaukel«. Die bekannte und beliebte Schauspielerin, Sängerin und Kabarettistin Edith Schollwer (geb. 1909) gehörte von Anfang an zum »Insulaner«-Ensemble: Sie sang jedes Mal das bekannte Insulaner-Lied (nur in der 1. Sendung sang Ethel Reschke den Titelsong). Auch in vielen Theaterstücken (»Mutter Gräbert«), Fernsehserien (»Die Wicherts von nebenan«) und Spielfilmen hat Edith Schollwer mitgewirkt und so sang sie u. a. mit Johannes Heesters den Filmschlager »Ich werde jede Nacht von ihnen träumen«. Auch das »Wanderlied einer Hausfrau«, das aus der Feder von Günter Christian Ludwig (alias Günter Neumann) stammt, wurde von ihr gesungen. - Der Autor und Komponist Werner Oehlschläger, der von der Unterhaltungsabteilung des damaligen NWDR zum RIAS wechselte, war eigentlich der Initiator des »Insulaner«-Kabaretts , dessen Sendungen er auch über viele Jahre hinweg geleitet hat. Außerdem war er u. a. auch Regisseur der beliebten RIAS-Reihe »Es geschah in Berlin«. Unvergessen ist vielen »Insulaner«-Freunden sicherlich noch die Figur des »Jenossen Funzionär«, die von dem Berliner Schauspieler und Kabarettisten Walter Gross (5. 2. 1903 – 17. 5. 1989) meisterhaft dargestellt wurde. Gross trat bereits vor dem Kriege im Kabarett »Tingel-Tangel« auf, für das auch Günter Neumann Kompositionen verfaßte. In zahllosen Spielfilmen wie »Die Nacht der großen Liebe«(mit Gustav Fröhlich) wirkte er mit, ehe er auch in vielen Rollen im Pantoffelkino brillierte:

»Drüben bei Lehmann's«, »Das jüngste Pilzgericht«, sowie in den Unterhaltungssendungen »Berlin-Melodie« (ZDF-Eröffnungsshow), »Schlag nach bei Neumann«, »Dalli, Dalli«, u. a.

(Der) Insulaner (HF)

Sondersendungen und -veranstaltungen Sommer 1950: Veranstaltung in der Berliner Waldbühne für die im Ostsektor lebenden Berliner. Aufnahmeleitung: Hans Rosenthal. 25. 8. 1950: »Die Insulaner in Düsseldorf« zur Deutschen Funkausstellung 1950 innerhalb der Sendung »Hier ist RIAS Berlin« mit dem RIAS-Tanzorchester unter der Leitung seines Dirigenten Werner Müller und Günter Neumann mit seinen Insulanern. Aufnahmeleitung: Hans Rosenthal. 1. 9. 1953: »Die Insulaner in Düsseldorf« zur Deutschen Funkausstellung 1953 innerhalb der Sendung »Ein Abend bei RIAS Berlin« mit dem RIAS-Sinfonieorchester und Günter Neumann mit seinen Insulanern. Aufnahmeleitung: Hans Rosenthal. 15. 10. 1955: Veranstaltung für den Bundestag in Bonn. Aufnahmeleitung: Hans Rosenthal. 9. 9. 1956: »Die Insulaner in Stuttgart« Aufnahmeleitung: Hans Rosenthal. 19. 3. – 14. 4. 1957: »Die Insulaner auf Tournee« durch 27 Städte in der Bundesrepublik Deutschland. Regie: Hans Rosenthal. 19. 10. und 20. 10. 1957: »100 x Günter Neumann und seine Insulaner« Sonderveranstaltung im Berliner Sportpalast zum Kabarett-Jubiläum mit dem Insulaner-Ensemble, sowie Maria Ney, Lotte Werkmeister, Alice Zimmermann, Kurt Engel, Fredy Sieg, Kapelle Otto Kermbach und Joachim Krüger, u. v. a. Aufnahmeleitung: Hans Rosenthal. 1958: »Die Insulaner auf Tournee« durch die Städte Aalen, Bielefeldt, Bremen, Darmstadt, Duisburg, Düsseldorf, Flensburg, Freiburg, Göppingen, Kiel, Köln, Lübeck, Ludwigshafen, Mannheim, München, Neumünster, Wiesbaden, Würzburg, u. a. Regie: Hans Rosenthal. 1959: »Die Insulaner auf Tournee« Ausschnitte aus dem Tournee-Programm

Regie: Hans Rosenthal. Sendungen: 31. 10. 1959 (RIAS 2 / SDR) – 1. 11. 1959 (RIAS 1 / HR) – 2. 11. 1959 (RIAS 1) – 3. 11. 1959 (RIAS 2) – 4. 11. 1959 (SR) – 5. 11. 1959 (NDR 2) 1960: »Der Insulaner unterwegs« Ausschnitte aus dem Gastspielprogramm. Regie: Hans Rosenthal. Sendungen: 9. 11. 1960 (RIAS 2 / NDR 2) – 11. 11. 1960 (RIAS 1). 1961: »Günter Neumann und seine Insulaner zu Gast in Stuttgart« Mit dem Insulaner-Ensemble, Ingeborg Hallstein und dem Südfunk-Unterhaltungsorchester unter der Leitung von Hans Carste. Regie: Hans Rosenthal. 1961: »Erinnern Sie sich? – Blätter aus dem Insulaner-Album« Eine Sendung zum 15-jährigen Bestehen von RIAS Berlin. Text und Musik: Günter Neumann. Verbindende Worte: Werner Oehlschläger. Aufnahmeleitung: Hans Rosenthal. Sendung: 7. 2. 1961 (RIAS). 1962: »Der Insulaner zu Gast in Bern / Schweiz«. Regie: Hans Rosenthal. 26. 11. 1963: »Der Insulaner zu Gast in Basel / Schweiz«. Regie: Hans Rosenthal 25. 12. und 26. 12. 1963: »15 Jahre Günter Neumann und seine Insulaner« Öffentliche Veranstaltung im Berliner Sportpalast mit dem und Fee von Reichlin, Werner Hass, Heinz Reinfeld, Harald Sielaff, Georg Thomalla, u. v. a. Regie: Hans Rosenthal. Sendung: Dezember 1963 (RIAS)

(Der) Insulaner (FS)

Das Hörfunkkabarett im Fernsehen. Mitwirkende: Edith Schollwer, Tatjana Sais, Ekkehard Fritsch, Bruno Fritz, Joe Furtner, Werner Hass, u. a. Text und Musik: Günter Neumann. Fernsehregie: Hans Rosenthal. Eine Veranstaltung im Theater am Besenbinderhof in Hamburg. Produktion: NDR in Zusammenarbeit mit RIAS Berlin. Sendung: 4. 5. 1962 (NDR / ARD) – 30. 12. 1995 (SFB / B 1 Wdhlg.)

(Der unvergessene) Insulaner (HF)

Eine Sendung zum Tode von Günter Neumann von und mit Hans Rosenthal. Mitwirkende: Loni Heuser, Tatjana Sais, Edith Schollwer, Ilse Trautschold, Agnes Windeck, Ekkehard Fritsch, Bruno Fritz, Joe Furtner, Walter Gross, Werner Hass, Hubert von Meyerinck, Erik Ode, Werner Oehlschläger, Harald Sielaff, Günter Schwerkolt, Georg Thomalla, Ewald Wenck, u. v. a. Aufnahme im RIAS-Studio 4: 20. 10. 1972. Produktion: RIAS Berlin Sendung: 1. 11. 1972 (RIAS) – 6. 1. 1973 (SDR)

(Der) Insulaner erinnert sich (HF)
Sondersendung zum 25-jährigen Bestehen des Trümmerberges in Berlin-Steglitz. Mitwirkende: Edith Schollwer, Tatjana Sais, Ekkehard Fritsch, Bruno Fritz, Walter Gross, Georg Thomalla, u. a. Musikalische Leitung: Heinrich Riethmüller. Regie: Hans Rosenthal. Öffentliche Veranstaltung vor 5. 000 Zuschauern auf dem Insulaner-Berg in Berlin-Steglitz. Produktion: RIAS Berlin Sendung: 5. 6. 1976 (RIAS 1).
*Anmerkung: Aus Anlaß des 25-jährigen Jubiläums des Insulaner-Berges wurde gleichzeitig ein Gedenkstein für den 1972 verstorbenen Kabarettisten, Autor und Komponisten Günter Neumann enthüllt.

Internationale Funkausstellung Berlin 1975 (HF)
Ein Unterhaltungsmagazin zum Messebeginn von und mit Hans Rosenthal. Produktion: RIAS Berlin. Sendung (live): 28. 8. 1975 (RIAS 1)

Jahre unseres Lebens (FS)
Eine sechsteilige Retrospektive über die Nachkriegszeit von Dieter Franck. Hans Rosenthal moderiert die 5. Folge mit dem Titel »1953 – 56 – Das Wirtschaftswunder«. Aufzeichnung: 11. 1. – 13. 1. 1982 im ZDF-Studio Hamburg. Produktion: ZDF Sendung: 16. 2. 1982 (ZDF). Weitere Folgen: 1. »1945 – Die Stunde Null« (Mit Hildegard Knef) 2. »1946 / 47 – Not und Verwirrung« (mit Axel von Ambesser) 3. »1948 / 49 – Der neue Anfang« (mit Gisela Uhlen) 4. »1950-52 – Man ist wieder wer« (mit Sonja Ziemann) 6. »1957-61 – Keine Experimente« (mit Cornelia Froboess)

Jetzt geht die Party richtig los (FS)
Die Silvestershow von ZDF und ORF. Mitwirkung von Hans Rosenthal. Produktion: ZDF / ORF. Sendung: 31. 12. 1978 (ZDF / ORF 2).

Jung und alt auf gleicher Welle in der Spandauer Zitadelle
Eine Veranstaltung des Bezirksamtes Spandau von Berlin in der Zitadelle. Spielmeister: Hans Rosenthal. Veranstaltungstermin: 6. 9. 1975

KadeWe-Gala
Eine Veranstaltung im Kaufhaus des Westens (KadeWe) in Berlin-Charlottenburg. Moderation: Hans Rosenthal. Mitwirkende: Juliette Gréco, Berliner Kinderchor, Horst Jankowski mit seinem RIAS-Tanzorchester, u. a. Veranstaltungstermin: 4. 4. 1978
*Anmerkung: Das größte Berliner Kaufhaus wurde – nach großem Umbau – im April 1978 wieder eröffnet. Es waren 2000 VIP's geladen, unter ihnen auch der damalige Bundespräsident Walter Scheel.

Kandidaten gesucht – oder Warum quizzt man am Rhein so schön? (HF)
Ein bunter Abend zur 10. Berliner Theaterwoche in Bonn-Bad Godesberg von und mit Hans Rosenthal. Mitwirkende: Inga & Wolf, Günter-Kallmann-Chor, Heinrich Riethmüller, Peter Rubin, Soulful Dynamics, Werner Müller mit seinem WDR-Tanzorchester, u. v. a. Öffentliche Veranstaltung vom 31. 10. 1972 in der Stadthalle in Bonn. Produktion: WDR / RIAS Berlin. Sendung: November 1972 (WDR / RIAS)

Käpt'n Good-Bye (FS / HF)
Die Abschiedsgala für Bundespräsident Karl Carstens im ICC Berlin. Idee, Conference und Leitung: Hans Rosenthal

Buch: Curth Flatow. Mitwirkende: Hanne Haller, Gundula Jannowitz, Peter Angerer, Gunter Gabriel, Udo Jürgens, Martin Heldt, Loriot, Friedrich Nowottny, Herrmann Prey, Carl Raddatz, Heinrich Riethmüller, Schöneberger Sängerknaben, Reinhard Stein, Horst Jankowski mit seinem RIAS-Tanzorchester, Volksmusikgruppen aus verschiedenen deutschen Landen, Eberhard Diepgen und der Senatschor, Walter Scheel und Richard von Weizsäcker, u. v. a. Ehrengast: Prof. Karl Carstens mit seiner Ehefrau Veronika Carstens. Öffentliche Veranstaltung im Saal 1 des Internationalen Congreß-Centrums (ICC) Berlin vom 1. 6. 1984. Produktion: NDR / SFB / RIAS Berlin) Sendung: 1. 6. 1984 (NDR / ARD und RIAS 1 – NDR 2)
*Anmerkung: In dieser Abschiedsgala für Bundespräsident Carstens gelang es Rosenthal, sämtliche Berliner Senatoren und den Regierenden Bürgermeister für eine kleine Gesangseinlage zu gewinnen; Eberhard Diepgen sang: »Ich bin von Kopf bis Fuß auf's Rathaus eingestellt, denn das ist meine Welt und sonst gar nichts...« Außerdem führte Rosenthal im Laufe der Veranstaltung ein kleines Quiz unter dem Titel »Stimmen inkognito« durch und zwar mit den »Kandidaten« Walter Scheel und Richard von Weizsäcker.

Kalenderblatt (HF)
Zum 10. Todestag von Hans Rosenthal. Erinnerungen an den beliebten Quizmaster und langjährigen Leiter der RIAS-Unterhaltungsabteilung. Produktion: DLR Berlin. Sendung: 10. 2. 1997 (DLR Berlin)

Kennst du das Land...? (HF)
Wir raten und reisen in 150 Minuten um die Welt. Reiseleiter: Hans Rosenthal. Zugbegleiter: Werner Oehlschläger. Stationsvorsteher: Horst Pillau . Programmfolge:
1. »Fahrt ins Blaue« Ein musikalischer Streifzug von Pol zu Pol

2. »Wenn einer eine Reise tut...« Ein Reisequiz mit vielen Fragen
3. »Musik-Express« Eine melodische Ferienreise
4. »Wer kennt die Völker, nennt die Namen...« Literarische Kostproben aus aller Welt.
5. »Endstation Sehnsucht« Die musikalische Heimreise
Produktion: RIAS Berlin Sendung: 7. 7. 1957 (RIAS 1)

Kiezreporter (FS)
Ein unterhaltsames Abendmagazin. Moderation: Jesco Göbel. Produktion: Puls TV. Sendung: 18. 2. 1997 (Puls TV)
*Anmerkung: In einem Beitrag des o. g. Magazins wird anläßlich des 10. Todestages von Hans Rosenthal über einen Fan des beliebten Showmasters berichtet. Der lokale Berliner Privatsender Puls TV firmiert inzwischen unter dem Namen TV Berlin.

Kinderparty in Saarbrücken
Moderation: Hans Rosenthal. 2 Veranstaltungen in Saarbrücken am 30. 11. 1975 und am 28. 11. 1976.

Kinder – wie die Zeit vergeht (FS)
40 Jahre RIAS Berlin. Eine Jubiläumsshow des ZDF und des RIAS. Erwähnung von Hans Rosenthal in einem Filmbeitrag. Mitwirkende: Mona Baptiste, Renate Holm, Bibi Johns, Rita Paul, Edith Schollwer, Caterina Valente, Ray Conniff, Engelbert, Chris Howland, René Kollo, Paul Kuhn, Gerhard Löwenthal, Al Martino, Werner Müller, Gerhard Wendland, Helmut Zacharias, RIAS-Tanzorchester unter der Leitung von Horst Jankowski, u. v. a. Conference: Werner Baecker, Wolfgang Behrendt, Nero Brandenburg, Jürgen Graf, John Hendrik und Friedrich Schoenfelder. Textbeiträge: Horst Cierpka. Regie: Ekkehard Böhmer. Öffentliche Veranmstaltung in der Berliner Deutschlandhalle vom 10. 11. 1986. Produktion: ZDF in Verbindung mit RIAS Berlin. Sendung: 7. 12. 1986 (ZDF)

*Anmerkung: In dieser RIAS-Jubiläums-show, die das Fernsehen für den beliebten Berliner Hörfunksender ausrichtete, konnte Hans Rosenthal selbst nicht mehr dabeisein, weil er zu diesem Zeitpunkt bereits an Krebs erkrankt war. Er hatte die Show jedoch mit vorbereitet und wurde nun in einem Filmausschnitt besonders erwähnt, den Jürgen Graf – im Gespräch mit der letzten »Insulanerin« Edith Schollwer – ankündigte.

Kleine Leute – große Klasse (HF)
Eine Quizreihe für Kinder und Jugendliche – nach einer Idee von Rosemarie Schwerin in 22 Folgen. Spielmeister: Hans Rosenthal Aufnahmeleitung: Liselotte Kunze Produktionsleitung: Helmut Molwitz. Öffentliche Veranstaltungen im NDR-Studio 10 in Hamburg (Aufnahme der 1. Folge am 8. 4. 1968). Produktion: NDR. Sendung / 1. Folge: 19. 4. 1968 (NDR 1)

Klimbim (FS)
Eine Fernsehserie des WDR. Mitwirkung von Hans Rosenthal in einer Folge.
Regie: Michael Pfleghar. Produktion: WDR Sendung: ? (WDR / ARD) – 30. 7. 1983 (ORF 1)

Klingende Noten – Klingende Namen (HF).
Eine Sendereihe des RIAS mit viel Musik und Plaudereien mit Prominenten.
Hans Rosenthal unterhält sich mit Prominenten (aus seiner Sendereihe »Wer fragt-gewinnt«). Leitung der Sendung: Horst Kintscher / Reinhard Stein. Produktion: RIAS Berlin Sendungen: Mehrere Folgen in unregelmäßigen Abständen.

(Das) klingende Sonntagsrätsel (HF)
Eine musikalische Preisfrage mit Hans Rosenthal. Produktion: RIAS Berlin. Sendungen: 1. Folge 7. 3. 1965 (RIAS 2) – 250. Folge 15. 3. 1970 (RIAS 1) - 1. 000. Folge 14. 7. 1985 (RIAS 1)

*Anmerkung: Diese Sendereihe war ursprünglich nur als Testsendung gedacht und zwar hinsichtlich der Hörerresonanz auf eine neue Frequenz des Senders RIAS 2. Es wurde schließlich die Sendung mit der größten Hörerresonanz: Bis 1970 hatten sich insgesamt 1. 699129 Hörer, davon 72. 976 aus der DDR, beteiligt. Nach der politischen Wende erreichten den Sender RIAS allein im März 1990 nahezu 300. 000 Zuschriften. Auch der Saarländische Rundfunk (Europawelle Saar) übernahm zweitweise das kleine musikalische Rätsel am Sonntagvormittag. Der Titel »Around The World« (aus dem Film »Die Reise um die Welt in 80 Tagen«), in der Orchesterfassung von Anunzio Mantovani, ist seit der ersten Folge die Themamusik dieser beliebten Sendereihe. Es war die einzige Reihe, die Rosenthal auch während seiner schweren Krankheit und zwar nach seiner Operation im Herbst 1986 moderiert hat (erstmalige Aufnahme: 28. 11. 86 / Sendung: 30. 11. 86). Die anderen Sendungen wurden zunächst vertretungsweise von Christian Bienert moderiert, der schließlich auch nach dem Tode Rosenthals das »Sonntagsrätsel« im RIAS und später im DeutschlandRadio Berlin fortführte. Und so leitete Bienert auch am 7. 3. 1999 (1. 664. Folge), auf den Tag genau 34 Jahre nach der ersten Sendung, das musikalische Rätsel und ließ »ein Wort aus Musik« Buchstabe für Buchstabe erraten.

KO – OK (HF)
Ein Sportkabarett des RIAS. Aufnahmeleitung: Hans Rosenthal. Regie: Erik Ode. Produktion: RIAS Berlin. Sendung: Anfang der fünziger Jahre (RIAS)
*Anmerkung: Der spätere Fernsehkommissar Erik Ode (6. 11. 1910 – 19. 7. 1983), der bereits mit 13 Jahren als Schauspieler, neben Asta Nielsen und Henny Porten, in dem Stummfilm »INRI« debütierte, hatte nicht nur als Darsteller sondern auch als Regisseur großen Erfolg. Seine Vorliebe galt vor allen Dingen dem Kabarett: 1931 wurde er Mitglied der

»Katakombe«, zu der auch Werner Finck und Günter Neumann gehörten. Nach dem Krieg war er zunächst beim RIAS tätig und leitete dort die Abteilung »Besondere Sendungen«, bei der auch Rosenthal als Aufnahmeleiter häufig mit Ode zusammenarbeitete. Später spielte er überwiegend Theater oder führte Regie bei vielen Deutschen Spielfilmen, bei denen die Musik im Vordergrund stand. Im Jahre 1968 wurde er dann der populäre »Kommissar« in der gleichnamigen ZDF-Serie. Über den TV-Klassiker »Der Kommissar« ist im Herbst 1999 ein Buch im Verlag Schwarzkopf & Schwarzkopf unter gleichem Titel erschienen (Autor: Gerald Grote).

Kölner Treff (FS)
Eine Talkshow des WDR
Gastgeber: Elke Heidenreich und Dieter Thoma. Mitwirkung von Hans Rosenthal Weitere Mitwirkende: Barbara Lister, Ulla Meinicke, Ernst Albrecht, Fritz Albrecht, Dirk-Peter Fuchs, Rainer Seits, Hans Sonnenschein, Kreuzberger Damenchor, u. v. a. Produktion: WDR. Sendung / 71. Folge: 25. 1. 1981 (West 3) *Anmerkung: Die erste Folge dieser WDR-Talkshow-Reihe wurde am 25. 1. 1976 im Westdeutschen Fernsehen (West 3) ausgestrahlt.

Kutte kennt sich aus (HF)
Wir bummeln mit Kurt Pomplun durch Berlin – nach einer Idee von Hans Rosenthal – Leitung der Sendung: Horst Kintscher. Produktion: RIAS Berlin Sendung: Mehrere Folgen in den siebziger Jahren (RIAS)
*Anmerkung: Kurt Pomplun (29. 7. 1910 – 5. 8. 1977), der bekannte Berliner Heimatforscher, war eigentlich Vermessungsingenieur von Beruf. Seine wichtigsten Tätigkeiten waren u. a. die Mitarbeit im Landratsamt Teltow sowie beim Berliner Amt für Denkmalspflege. Pomplun war ein sachkundiger Erzähler der Berliner Heimatgeschichte und ein mit herzhaf-
tem Mutterwitz ausgestatteter Schilderer des Berliner Lebens.

Lachende Waldbühne (HF)
Zwei Großveranstaltungen in der Berliner Waldbühne vom 4. 7. und 5. 7. 1953. Aufnahmeleitung: Hans Rosenthal. Mitwirkende: Ilse Hübener, Claire Schlichting, Hans Fidesser, Günter Keil, Ernst Petermann, Rudi Schuricke, Werner Veidt, drei Travellers, RIAS-Tanzorchester unter der Leitung von Werner Müller, RIAS-Streichorchester unter Hans Carste, Musikkorps der Berliner Schutzpolizei, u. v. a. Regie: Ivo Veit. Produktion: RIAS Berlin. Sendung: Juli 1953 (RIAS)

Lachender August
Ein fröhlicher Samstagabend mit bekannten RIAS-Künstlern. Künstlerische Leitung: Hans Rosenthal. Mitwirkende: Marianne Pohlenz, Betty Sedlmayr, Joe Furtner, Kurt Pratsch-Kaufmann, Felix Knemöller, Armin Münch, Heinz reinfeld, Gerhard Thom, Ewald Wenck, Vera de Luca & René Slesina, drei Travellers, u. v. a. Öffentliche Veranstaltung in den Park-Lichtspielen in Berlin-Steglitz vom 25. 8. 1951.

Laßt Blumen sprechen (HF)
Ein buntes Programm mit Quiz und Musik anläßlich der Preisverteilung im Berliner Balkonwettbewerb von und mit Hans Rosenthal. Mit vielen bekannten Solisten und dem Orchester Kurt Drabek. Produktion: RIAS Berlin. Sendung: 25. 10. 1958 (RIAS 2)

Leichte Muse – Schwere Maschinen (FS)
Ein Unterhaltungsabend des SFB von der Berliner Industrieausstellung 1958. Leitung der Sendung: Hans Rosenthal. Mitwirkende: Rica Deus, Ilse Fürstenberg, Evi Kent, Sigrid Lagemann, Ilse Marggraf, Edith Schollwer, Siegfried Andrich, Roberto Blanco, Otto Braml, Dieter Donner, Siegfried Dornbusch, Kurt Engel, Ekkehard Fritsch, Bruno Fritz, Geschwi-

ster Hass, Henry-Trio, Günter Keil, Felix Knemöller, Gert Martienzen, Hans Putz, Harald Sielaff und seine Tanzgruppe, Fritz Schulz-Reichel, Werner Stock, Heinrich Riethmüller und das Orchester William Greihs und Werner Eisbrenner. Buch: Horst Pillau. Film-Regie: Rudi Flatow. Bild-Regie: Waldemar Bublitz. Regieassistenz: Horst Kintscher und Horst Reimann. Produktion: SFB. Sendung: 24. 9. 1958 (SFB / ARD)

Levin und Gutman (FS)
Deutsche Familienserie aus dem Jahre 1983 in 13 Folgen. Redaktionelle Mitarbeit und Beratung: Hans Rosenthal. Mitwirkende: Corny Collins, Karin Hardt, Brigitte Mira, Gert Baltus, Friedrich W. Bauschulte, Gunter Berger, Volker Brandt, Werner Hinz, Shmuel Rodensky, Benjamin Völz, u. v. a. Produktion: ARD. Sendung: September 1985 – Dezember 1985 (ARD Vorabendprogramm)

Liebesbriefe (HF)
Eine Unterhaltungssendung. Leitung: Hans Rosenthal. Aufnahme in der Berliner Urania vom 21. 4. 1967. Produktion: RIAS Berlin. Sendung: April / Mai 1967 (RIAS)

(Der) Lügner (HF)
Lustspiel von Carlo Goldoni als Hörspielfassung. Aufnahmeleitung: Hans Rosenthal. Mitwirkende: Marina Ried, Pelz von Felinau, O. E. Hasse, Paul Henckels, Erik Ode, u. v. a. Gesamtleitung: Theodor Mühlen. Produktion: Berliner Rundfunk. Sendung: 4. 4. 1946 (Berliner Rundfunk / Mittelwelle 356,7 m)

Mach mit (HF)
Unterhaltungsreihe des RIAS von und mit Ivo Veit und Dr. Klaus Brock. Redaktion / Aufnahmeleitung: Hans Rosenthal. Produktion: RIAS Berlin in Zusammenarbeit mit den Berliner Bezirksämtern. Sendung: Ende der vierziger und fünfziger Jahre (RIAS)

*Anmerkung: Ivo Veit gehörte bereits vor dem 2. Weltkrieg zum Gründungsensemble des Kabaretts »Tatzelwurm« (früher: »Tingel Tangel«), zu dem auch Ursula Herking, Tatjana Sais, Bruno Fritz und Günter Neumann gehörten. Als der RIAS im Jahre 1946 sein Programm startete, war Ivo Veit bald mit von der Partie und leitete neben der erfolgreichen »Mach mit« – Serie später noch viele Unterhaltungssendungen und Reihen wie die »Pension Spreewitz«, »Damals war's«, »RIAS-Kaffeetafel« oder den »Seniorenclub RIAS« (1. Folge am 14. 2. 1971). Ferner schrieb er 1948 den Text zu dem Schlager »Kleines Liebeslied« (Musik: K. Hohenberger). Nach 27-jähriger Tätigkeit beim RIAS ging Ivo Veit am 18. 1. 1975 in den Ruhestand.

Maibowle (HF)
Eine Veranstaltung des DGB und des RIAS im Berliner Sportpalast zum 1. Maifeiertag. Conference: Hans Rosenthal und Felix Knemöller. Mitwirkende: Tatjana Sais, Felicia Weathers, Walter Böhm, Walter Anton Dotzer, Abi von Haase, Udo Jürgens, Frank Raimond, William Ray, u. v. a. Produktion: RIAS in Zusammenarbeit mit dem DGB. Sendung: 1. 5. 1967 (RIAS)
*Anmerkung: Felix Knemöller (31. 8. 1916 – April 1993) war einer der beliebtesten Ansager und Moderatoren im RIAS. Er bemühte sich stets seine Hörer – oft schon am frühen Morgen mit vielen Albernheiten zu unterhalten. Seine akustischen Gags wurden nicht nur im Kollegenkreis als »Knelauer« bezeichnet und sie brachten ihm so manche amüsierte und begeisterte Hörerzuschrift ein. Als Komiker und Charakter-Bonvivant hat er von 1945 bis 1948 in Osnabrück, Aachen und Braunschweig Theater gespielt. Dann wurde er freier Mitarbeiter beim RIAS und fungierte oft auch als Reporter in den Rosenthal-Sendereihen »Allein gegen alle« und Spaß muß sein!«. Bekannt aber wurde er auch durch eigene RIAS-Reihen wie »Die RIAS-Musikbox« (mit Beate

Hasenau und Erwin Palm) und »Schulzes schellmischer Opern / Operettenführer«.

**Man muß Menschen mögen -
Stationen eines Lebens (FS)**
Eine Sendung zum Tode von Hans Rosenthal. Mitwirkende: Alice & Ellen Kessler, Traudl Rosenthal, Sabine Sauer, Brigitte Xander, Doris Zander-Kramer, Ulla Zittelmann, Eberhard Diepgen, Curth Flatow, Joachim Fuchsberger, Heinz Gallinski, Hans-Dietrich Genscher, Benno Hoffmann, Horst Kintscher, Helmut Kohl, Prof. Herbert Kundler, Sepp Maier, Ali Ben Mohammed, Horst Pillau, Henri Regnier, Heinrich Riethmüller, Gert Rosenthal, Alois Schardt, Thomas Scheibe, Dr. Peter Schiwy, Günter Schramm, u. v. a.
Ein Film von Ursula Cremerius, Marlies Dux, Michael Beier, Gerhard Daniel, Harald Müller, Axel de Rocha, Ottokar Runze, Dieter Weber und Kai Wessel. Produktion: ZDF. Sendung: 26. 2. 1987 (ZDF)

Match – Mode – Mannequins
Eine Veranstaltung der Jungen Mode und des Ausstellungsdienstes Berlin anläßlich der 2. Interchic im Berliner Sportpalast am 12. 10. 1969. Leitung: Hans Rosenthal. Mitwirkende: The 298 th US-Army-Band unter Howard Vivian, La Musique du 46 ème Regiment d'Infanterie unter Michel Delgiudice, Kapelle Kurt Drabek , Wolfgang Gruner, u. v. a.

Mal seh'n, was uns blüht (FS / HF)
Die Eröffnungsshow zur Bundesgartenschau 1985 in Berlin präsentiert von Hans Rosenthal. Mitwirkende: Edith Hancke, Beate Hasenau, Melanie Holliday, Anneliese Rothenberger, Ireen Sheer, Lena Valaitis, Hugo Egon Balder, José Carreras, Steven Kimbrough, Peter Petrel, Peter Seiffert, Sigmar Solbach, Reinhard Stein, Rosy-Singers, RIAS-Orchester, Ballett der Deutschen Oper Berlin, u. v. a. Musikalische Leitung: Rüdiger Piesker. Moderationstext: Hans Rosenthal Text-

beiträge: Curth Flatow und Hans Hubberten. Regie: Ekkehard Böhmer. Öffentliche Veranstaltung aus der Halle 1 des Berliner Messegelände vom 25. 4. 1985. Produktion: ZDF in Verbindung mit RIAS Berlin. Sendung: 25. 4. 1985 (ZDF / RIAS 1)

Meister kochen mit Werbung (FS)
Mitwirkung von Hans Rosenthal. Eine Sendung aus dem Hilton-Hotel. Produktion: ORF. Sendung: 13. 5. 1985 (ORF 1)

Mit RIAS in die Ferien (HF)
Eine Großveranstaltung vor dem Berliner Reichstag mit vielen bekannten Künstlern, Prominenten aus Sport, Politik und Kultur und beliebten RIAS-Moderatoren. Mitwirkung von Hans Rosenthal. Produktion: RIAS Berlin Sendung: 15. 6. 1977 (RIAS 1 und 2)
*Anmerkung: Alljährlich zum Beginn der Sommerferien in Berlin lud der RIAS viele Jahre hindurch zu einem großen Volksfest auf dem Platz der Republik vor dem alten Reichstag (seit 1999 Sitz des Deutschen Bundestages) ein. Die erste Veranstaltung dieser Art fand am 23. 6. 1976 statt. Im Jahre 1977 waren 30 000 Teilnehmer bei der Veranstaltung dabei.

Mit RIAS in die Ferien (HF)
Eine Großveranstaltung vor dem Berliner Reichstag. Mitwirkung von Hans Rosenthal. Produktion: RIAS Berlin Sendung: 18. 7. 1979 (RIAS 1 und 2)

(Die) Montagsmaler (FS)
Ein heiteres Spiel mit Frank Elstner – diesmal »Klimbim« gegen »Dalli, Dalli« Mitwirkende: Für die Mannschaft »Klimbim« mit Ingrid Steeger, Elisabeth Volkmann, Holger und Horst Jüssen, sowie für die Mannschaft »Dalli, Dalli« mit Brigitte Xander, Ekkehard Fritsch, Heinrich Riethmüller und Hans Rosenthal, und zwei Kindermannschaften. Musikalische Gäste: Udo Jürgens und sein Orchester, sowie der Günter-Kallmann-Chor. Regie:

Alexander Arnz. Öffentliche Fernsehproduktion im SWF-Funkhaus in Baden-Baden. Produktion: SWF. Sendung: 5. 1. 1976 (SWF / ARD)

(Die) Montagsmaler (FS)
Ein heiteres Ratespiel mit Frank Elstner. Mitwirkung von Hans Rosenthal. Weitere Mitwirkende: Caroline Reiber, Anneliese Rothenberger, Dr. Alfred Biolek, Ernst-Wilhelm Nusslein, Michael Schanze, Walter Schmieding, zwei Kindermannschaften, u. v. a. Regie: Alexander Arnz. Öffentliche Fernsehproduktion im SWF-Funkhaus in Baden-Baden. Produktion: SWF Sendung: 27. 11. 1979 (SWF / ARD)
*Anmerkung: Seit 1967 ist Wolfgang Penk (geb. am 3. 4. 1938) beim SWF als Redaktionsleiter der Unterhaltungsabteilung tätig und u. a. auch verantwortlich für die Reihe »Montagsmaler«, die er vom 3. Programm sogar in das ARD-Hauptprogramm bringt und damit den Moderator Frank Elstner auch überregional bekannt macht. Penk, der eine Vorliebe für Live-Sendungen hat, entwickelte u. a. die Konzepte für die Unterhaltungsreihen »Auf los geht's los« (mit Joachim Fuchsberger), den »Talentschuppen«, »Baden-Badener Roulette« und die beiden Großveranstaltungen für UNICEF »Spectaculum«. Er entdeckte viele Talente für das Fernsehen: Neben Frank Elstner sind es vor allem Ilona Christen, Sabine Sauer, Thomas Gottschalk, Günter Jauch und Viktor Worms. 1980 wechselte Wolfgang Penk zum ZDF, wo er bereits 1964 als Produktionsleiter für Frankenfelds »Vergißmeinnicht« war. In der ZDF-Unterhaltungsabteilung wurden unter Penks Leitung erst einmal neue Akzente gesetzt: Erfolgssendungen wie »Wetten, daß...?, »Menschen« oder »Melodien für Millionen« tragen u. a. seine Handschrift.

(Werner) Müllers Musik-Magazin (HF)
25 Jahre Tanzorchester-Chef. Eine Jubiläumsveranstaltung in der Berliner Philharmonie. Conference: Hans Rosenthal. Mitwirkende: Katja Ebstein, Caterina Valente, Bully Buhlan, Paul Kuhn, Gerhard Wendland, Helmut Zacharias, Cindy & Bert und das RIAS- und WDR-Tanzorchester unter der Leitung von Werner Müller. An- und Absage: Max Schautzer. Pausengespräch: Ursula Deutschendof (Interview mit dem Jubilar Werner Müller). Leitung der Sendung: Ernst Kalthoff und Hans Rosenthal. Öffentliche Veranstaltung in der Berliner Philharmonie vom 8. 11. 1973.
Produktion: RIAS Berlin / WDR. Sendung: 8. 11. 1973 (RIAS 2 / WDR 2)
*Anmerkung: Werner Müller (2. 8. 1920 – 28. 12. 1998) spielte zunächst in der Posaunengruppe des Orchesters Kurt Widmann, ehe er im Jahre 1948 das RIAS-Tanzorchester gründete, dessen Leiter er über viele Jahre hindurch war. 1965 wechselte er nach Köln, um dort, als Nachfolger von Adalbert Luczkowski, das WDR-Tanzorchester zu übernehmen, das er bis zum 31. 8. 1985 leitete. In zahllosen Rosenthal-Unterhaltungsproduktionen stand Müller am Dirigentenpult (»Allein gegen alle«, »Opas Schlagerfestival«, »Spaß muß sein!«, »Spiel über Grenzen«); als Schlagerkomponist machte er ebenfalls Furore: »An der Ecke steht ein Schneemann« (1951), »Ein Gläschen Wein und du« (1951), »Schau ich zum Himmelszelt« (1959), »Kalkutta liegt am Ganges« (1962 – Titel lautete ursprünglich »Tivoli-Melodie«), »Für Gaby tue ich alles« (unter Pseudonym Heinz Buchholz) und »Zwei Mädchen aus Germany« (1964) stammen aus seiner Feder. Der unverwechselbare »Werner-Müller-Sound«, dieses außergewöhnliche Zusammenspiel zwischen Streichern und Bläsern, machte ihn weit über Deutschlands Grenzen hinaus bekannt. Er war nach Herbert von Karajan der erste deutsche Musiker, der eine Tournee durch Japan unternahm. Sein nach Bizet arrangierter »Perlenfischer-Tango« stand in Japan sogar auf den Hitlisten. Unter dem Pseudonym Ricardo Santos widmete er sich auch der südamerikanischen Musik und produzierte zahlreiche Titel und

Schallplatten für Brasilien und Argentinien. Für die ausgezeichnete Aufnahme von »Malaguena« mit Caterina Valente erhielt er 1957 die Goldene Schallplatte. Ein musikalisches Thema ist jedoch zur Erkennungsmelodie von Werner Müller avanciert: »Blende auf« – diese Komposition aus dem Jahre 1952 schrieb er für den Spielfilm »Heimweh nach Dir«. Seitdem wurde sie in vielen Rundfunkprogrammen als Titelmelodie verwendet: In Österreich lief diese Melodie über 30 Jahre lang als Indikativ für die Sendung »Autofahrer unterwegs«. »Werner Müllers Musik-Magazin« war auch gleichzeitig eine erfolgreiche Hörfunkreihe, die überwiegend im Sendegebiet des WDR als öffentliche Veranstaltung durchgeführt wurde; eine Sonderausgabe zur Internationalen Funkausstellung 1975 in Berlin produziert. (Sdg. : 7. 9. 1975 RIAS 2). Als Moderatoren fungierten neben Klaus Wirbitzky auch Ernst H. Hilbich und Achim Strietzel.

(Werner) Müllers Schlager-Magazin (FS)

Eine Unterhaltungsreihe mit Werner Müller und seinem RIAS-Tanzorchester und vielen bekannten Solisten in mehreren Folgen. Mitwirkung von Hans Rosenthal in einigen Folgen als Spielmeister einer kleinen Musik-Raterunde. Moderation: Harald Juhnke. Regie: Klaus Überall / Hans Mehringer / Dieter Wendrich. Produktion: NDR in Verbindung mit RIAS Berlin. Sendung: sechziger Jahre (NDR / ARD)

Musik ist Trumpf! (FS / HF)

Das große Fernsehwunschkonzert - präsentiert von Anneliese Rothenberger, Peter Alexander, Frank Elstner, Hans Rosenthal und Michael Schanze (für den erkrankten Peter Frankenfeld). Mitwirkende: Peggy March, Pierra Martell, Paola, Heinz Hoppe, René Kollo, Paul Kuhn, Franck Pourcel, Pepe-Lienhard-Band, Peter, Sue & Marc, das RIAS-Orchester unter der Leitung von Rüdiger Piesker, u. v. a. Regie: Dieter Wendrich.

Öffentliche Veranstaltung in der St. Jacobs-Halle in Basel / Schweiz vom 21. 10. 1978. Produktion: ZDF / ORF / SRG. Sendung: 21. 10. 1978 (ZDF / ORF / SRG und RIAS 1)

Musikantenstadl (FS)

Volksmusik-Sendereihe mit Karl Moik Mitwirkung von Hans Rosenthal. Produktion: ORF. Sendung: 13. 2. 1986 (ORF 1)

Nathan der Weise (HF)

Ein Hörspiel nach G. E. Lessing. Aufnahmeleitung / Regieassistenz: Hans Rosenthal. Regie: Hannes Küppers. Produktion: Berliner Rundfunk Sendung: 2. 8. 1945 (Berliner Rundfunk)

NDR-Diskothek (HF)

Eine Veranstaltung mit Musik, Quiz und Tanz aus Bad Lauterberg / Harz. Mitwirkung von Hans Rosenthal. Produktion: NDR. Sendung: 12. 7. 1980 (NDR 2)

NDR-Magazin (HF)

Eine bunte Unterhaltungsveranstaltung aus Bad Lauterberg / Harz. Mitwkrung von Hans Rosenthal. Produktion: NDR. Sendung: 10. 4. 1971 (NDR 2) *Anmerkung: Hans Rosenthal wirkte noch in weiteren Sendungen des »NDR-Magazins« mit und zwar u. a. in Bad Gandersheim / Harz (30. 5. 1971), Bad Harzburg (2. 1. 1971), Bad Rothenfelde (29. 8. 1971), Wilhelmshaven (18. 7. 1971), Wyk auf Föhr (4. 7. 1971 und den Inseln Helgoland (1. 8. 1971) und Juist (15. 8. 1971).

NDR-Talkshow (FS)

Unterhaltungsreihe des NDR. Mitwirkung von Hans Rosenthal in zwei Folgen. Produktion: NDR. Sendungen: 17. 10. 1980 und 23. 8. 1985 (N 3)

NDR-Tanzparty (HF)

Sendereihe von NDR 2 Mehrere Mitwirkungen von Hans Rosenthal in den Jahren 1969 – 71. Die Sendung vom 7. 6.

1969 von der Insel Helgoland wurde von ihm moderiert. Produktion: NDR. Sendungen: auf NDR 2

(Günter) Neumann – 50 Jahre (HF)
Eine Geburtstagsfeier für den bekannten Autor, Komponisten und Vater des Insulaner-Kabaretts. Leitung der Sendung: Hans Rosenthal Produktion: RIAS Berlin Sendung: 19. 3. 1963 (RIAS 1)

Noten statt Paragraphen (HF)
Heitere Muse statt Gerichtsurteile!
Eine Übertragung vom Berliner Juristenball aus dem Palais am Funkturm (Aufnahme vom 9. 1. 1965). Aufnahmeleitung: Hans Rosenthal Produktion: RIAS Berlin Sendung: 29. 1. 1965 (RIAS)
*Anmerkung: Bei der o. g. Veranstaltung brachten Stuttgarter Juristen Ausschnitte aus »My Fair Lady«. Als Professor Higgins fungierte der damalige Gerichtsreferendar und heutige Showmaster Dr. Alfred Biolek. Zunächst war Biolek Jurist beim ZDF, bei der Bavaria und beim WDR, ehe er als Talkmaster den »Kölner Treff« (WDR / 1. Folge: 25. 1. 1976) mit aus der Taufe hob. Beim gleichen Sender betreute er dann als verantwortlicher Redakteur die beliebte Unterhaltungsreihe »Am laufenden Band« mit Rudi Carrell, bis er sich schließlich selber vor die Kamera wagte: »Bio's Bahnhof« und »Mensch Meier« waren seine großen Erfolge. Zur Zeit moderiert er ebenso erfolgreich die Talkshowreihe »Boulevard Bio«.

Nun singen sie wieder (HF)
Ein Hörspiel nach Max Frisch. Aufnahmeleitung / Regieassistenz: Hans Rosenthal. Produktion: Berliner Rundfunk Sendung: 1945 / 46 (Berliner Rundfunk)

Nur für Jugendliche – von acht bis achtzig! (HF).
Musik, Rätsel und allerlei Kindliches für große und kleine Leute. Durch das dreiteilige Programm führt Werner Oehlschläger. Im 2. Teil: »Rate mal!« Eine Quizsendung mit schulpflichtigen Hörern. Musikalische Umrahmung: Heinrich Riethmüller. Gestaltung der Sendung: Hans Rosenthal und Horst Pillau. Produktion: RIAS Berlin. Sendung: 26. 12. 1957 (RIAS 1)

Nur für Kinder – von acht bis achtzig! (HF)
Ein bunter Nachmittag zur Weihnachtszeit. Gesamtleitung: Hans Rosenthal. Mitwirkende: Willi Rose, »Onkel Tobias« (Fritz Genschow) mit seinen RIAS-Kindern, Sebastian und der RIAS-Kinderchor, der Berliner Radio-Kinder-Chor unter der Leitung von Renate Wostrak und Max Specht, das Sportpalast-Trio, die 2 Randellis, Orchester Wilfried Krüger, u. v. a. Kinder-Ansage: Helo Gutschwager und Manfred Rast. Öffentliche Veranstaltung im Berliner Sportpalast vom 21. 12. 1960. Produktion: RIAS Berlin. Sendung: 25. 12. 1960 (RIAS 2)

Opas Schlagerfestival (HF)
Eine nachträgliche Hitparade für die reifere Jugend von 19 – 90. Sendereihe des RIAS und WDR in 10 Folgen. Leitung: Ernst Kalthoff und Hans Rosenthal. Produktionsleitung: Horst Kintscher. Conference: Hans Rosenthal und Günter Neumann (alle Folgen), sowie Egon Jameson (Folge 1 und 2). Produktion: RIAS Berlin / WDR

1. Folge: Jahrgang 1926
Mitwirkende: Monika Dahlberg, Undine von Medvey, Edith Schollwer, Bruno Fritz, Peter Fröhlich, Jo Herbst, René Kollo, Willi Kollo, Moonlights, Martin Vantin, Wilfried Krügers argentinische Tango-Kapelle, Günter Neumann mit seinen Hot-Oldtimern, Heinrich Riethmüller mit seinen Jazz-Symphonikern, u. v. a. Öffentliche Veranstaltung in der Berliner Urania vom 10. 11. 1967. Sendung: 25. 12. 1967 (RIAS) – 3. 2. 1968 (WDR 1) – 4. 4. 1994 (DLR Berlin Wdhlg.)

2. Folge: Jahrgang 1927
Mitwirkende: Margot Eskens, Undine von Medvey, Edith Schollwer, Sonja Schöner, Waldemar Arnold, Werner Hass, Andreas Mannkopf, Ralf Paulsen, Werner Müller und das WDR-Tanzorchester, u. v. a. Öffentliche Veranstaltung im Konzerthaus in Bad Salzuflen vom 6. 9. 1968. Sendung: 15. 9. 1968 (RIAS 2)

3. Folge: Jahrgang 1928
Mitwirkende: Dorothea Christ, Undine von Medvey, Tatjana Sais, Edith Schollwer, Fred Bertelmann, Ekkehard Fritsch, Bruno Fritz, Werner Hass, Andreas Mannkopf, Willy Schneider, Günter Schwerkolt, Rosy-Singers, Günter Neumann und Heinrich Riethmüller an zwei Flügeln, RIAS-Tanzorchester unter der Leitung von Dave Hildinger, u. v. a. Öffentliche Veranstaltung anläßlich der 6. Berliner Theaterwoche in Bonn-Bad Godesberg aus dem Stadttheater in Bad Godesberg vom 24. 10. 1968. Sendung: 7. 11. 1968 (RIAS 1) – Februar 1970 (RIAS 1 Wdhlg.)

4. Folge: Jahrgang 1925
»Laubenpiepers Frühlingsfest« Mitwirkende: Ursula Benz, Nina Lizell, Undine von Medvey, Tatjana Sais, Edith Schollwer, Ekkehard Fritsch, Bruno Fritz, Werner Hass, Jo Herbst, Ralf Paulsen, Ewald Wenck, Horst Wilhelm, Rosy-Singers, Heinrich Riethmüller mit seinem Kleingartenorchester, Günter Neumann und seine Laubenpieper, dem Radieschen-Quintett und anderem Gemüse. Öffentliche Veranstaltung im Berliner Sportpalast vom 6. 4. und 7. 4. 1969. Sendung: April 1969 (RIAS) – 20. 4. 1969 (WDR 1)

5. Folge: Jahrgang 1929
Mitwirkende: Marion, Undine von Medvey, Tatjana Sais, Margit Schramm, Edith Schollwer, Ekkehard Fritsch, Werner Hass, Heinz Hoppe, Andreas Mannkopf, Bill Ramsey, Günter Schwerkolt, Harald Sielaff, Rosy-Singers, RIAS-Tanzorchester unter der Leitung von Dave Hildinger, Günter Neumann mit seinen Hot-Oldtimern, Heinrich Riethmüller mit seinen Jazz-Symphonikern, u. v. a. Öffentliche

Veranstaltung anläßlich der 26. Deutschen Funkausstellung 1969 in Stuttgart vom Messegelände am Killesberg vom 2. 9. 1969. Sendung: 7. 9. 1969 (RIAS 2 und WDR 1)

6. Folge: Jahrgang 1930
Mitwirkende: Monika Dahlberg, Undine von Medvey, Paola, Rosy Rohr, Tatjana Sais, Edith Schollwer, Bruno Fritz, Werner Hass, Andreas Mannkopf, Peter Minich, Harald Sielaff, Günter Schwerkolt, Rosy-Singers, WDR-Tanzorchester unter der Leitung seines Dirigenten Werner Müller, u. v. a. Öffentliche Veranstaltung im Konzerthaus in Bad Salzuflen vom 3. 7. 1970. Sendung: 12. 7. 1970 (RIAS 2 / WDR 1)

7. Folge: Jahrgang 1924
Mitwirkende: Edith Schollwer, Tatjana Sais, Fred Bertelmann, Ekkehard Fritsch, Bruno Fritz, Donald Grobe, Günter Schwerkolt, RIAS-Unterhaltungsorchester unter der Leitung von Heinrich Riethmüller, u. v. a. Öffentliche Veranstaltung in der Berliner Urania vom 20. 11. 1970. Sendung: 13. 12. 1970 (WDR 1) – 25. 12. 1970 (RIAS 2)

8. Folge: Jahrgang 1923
Mitwirkende: Loni Heuser, Undine von Medvey, Paola, Bully Buhlan, Uwe Friedrichsen, Bruno Fritz, Werner Hass, Günter Schwerkolt, Günter-Kallmann-Chor, Günter Neumann und Heinrich Riethmüller an zwei Flügeln, WDR-Tanzorchester unter der Leitung seines Dirigenten Werner Müller, u. v. a. Öffentliche Veranstaltung aus dem Forum in Leverkusen vom 1. 4. 1971. Sendung: 11. 4. 1971 (RIAS 2 und WDR 1)

9. Folge: Jahrgang 1931
Mitwirkende: Nina Lizell, Undine von Medvey, Sonja Schöner, Edith Schollwer, Ekkehard Fritsch, Bruno Fritz, Werner Hass, Peter Lagger, Andreas Mannkopf, Günter Schwerkolt, Horst Wilhelm, Trio Sorento, RIAS-Unterhaltungsorchester unter der Leitung von Heinrich Riethmüller, u. v. a. Öffentliche Veranstaltung anläßlich der 1. Internationalen Funkausstellung 1971 in Berlin aus dem Großen

Sendesaal des SFB-Funkhauses vom 28. 8. 1971. Sendung: 5. 9. 1971 (RIAS 2 und WDR 1).

10. Folge: Jahrgang 1932
Mitwirkende: Tonia, Tatjana Sais, Edith Schollwer, Bruno Fritz, Andreas Mannkopf, Medium-Terzett, WDR-Tanzorchester unter Leitung seines Dirigenten Werner Müller, u. v. a. *Anmerkung: Die o. g. Sendereihe wurde von fast allen ARD-Anstalten übernommen und zeitversetzt in den jeweiligen Programmen ausgestrahlt. Eine Adaption dieser erfolgreichen Reihe lief auch auf dem Bildschirm unter dem Titel »Schlagerfestival«.

Paprika im Funkhaus (HF)
Eun großer bunter Abend des Berliner Rundfunks. Aufnahmeleitung: Hans Rosenthal. Mitwirkende: Ingeborg von Kusserow, Ilse Werner, Bully Buhlan, Orchester Horst Kudritzky, u.v.a. Öffentliche Veranstaltung im Großen Sendesaal des Haus des Rundfunks (heute SFB). Produktion: Berliner Rundfunk. Sendung: 27. 5. 1945 (Berliner Rundfunk) *Anmerkung: Zu den Mitwirkenden des ersten bunten Abends nach dem Krieg gehörte auch Ilse Werner. (geb. am 11. 7. 1920), die bereits vor 1945 zu einem großen Filmstar avanciert war: »Bel Ami« (1939), »Wir machen Musik« (1942), »Münchhausen« (1943) und »Große Freiheit Nr. 7« (1944) sind nur einige von vielen UFA-Spielfilmen, in denen sie mitwirkte. Auch als Interpretin von Schlagern und Chansons, sowie als »Sängerin mit Pfiff« machte sie vor allen Dingen nach 1945 Furore: »Fips der Pfeifer«, »Sing ein Lied, wenn du mal traurig bist«, »Mein Herz hat heut' Premiere« und »Die Sanduhr des Lebens« gehören zu ihrem Repertoire. Mit Rosenthal verband sie eine jahrelange Freundschaft und so war sie oft in seinen Sendungen zu Gast. Auf dem Bildschirm war sie u. a. in den ZDF-Serien »Die Bräute meiner Söhne« und »Rivalen der Rennbahn« zu sehen; 1993 drehte sie zusammen mit Gisela May und Harald Juhnke den Spielfilm » Hallo Sisters«.

Pinke, Pinke (FS)
Ein Totalisatorspiel von und mit Hans Rosenthal. Mitwirkende: Holde Heuer, Almut Schaefer, Antje Schaeffer-Kühnemann, Lena Valaitis, Bernhard Brinck, Vittorio Casagrande, Curth Flatow, Robert Lembke, Heinrich Riethmüller, Wolfgang Teyke, Josef Zechmeister, Marianne & Michael und die Roland Baker Band. Musikalische Leitung: Heinrich Riethmüller. Produktionsleitung: Horst Gehrke. Redaktion: Gundula Walter. Regie: Dieter Wendrich. Probe und Aufzeichnung der Pilotsendung: 30. 6. – 4. 7. 1980 im Fernsehstudio München-Unterföhring. Produktion: ZDF. Sendung: (siehe Anmerkung)
*Anmerkung: Auch dieses neue Quiz wurde von Rosenthal erfunden und »ausgetüfftelt« und sollte eigentlich einmal die Sendereihe »Dalli, Dalli« ablösen. Es ist jedoch nie zu einer Ausstrahlung im Fernsehen gekommen, weil man auf »Dalli, Dalli« nicht verzichten wollte. Warum allerdings bis heute niemand auf die Idee gekommen ist, dieses Spiel von Rosenthal auf den Bildschirm zu bringen, ist völlig unverständlich!

Polizeischau Berlin
Eine große Show der Berliner Polizei. Moderation: Hans Rosenthal. Öffentliche Veranstaltung im Berliner Olympia-Stadion vom 2. 3. 1985.

Prominente unter dem Hammer (FS / HF).
Eine Unterhaltungsreihe des Süddeutschen Rundfunks in 3 Folgen. Moderation: Hans Rosenthal und Günter Keil. Autoren: Manfred Adelmann, Jürgen Barto, Edwin Friesch, Willy Grüb und Norbert Scheumann. Produktion: SDR. Regie: Horst Deuter. 1. Folge: Mit Marianne Koch, Caterina Valente, Roy Black, Hans Filbinger, Robert Lembke, Südfunk-Tanzorchester unter der Leitung von Erwin Lehn, u. v. a. Öffentliche Veranstaltung in der Stadthalle in Nürtingen und in der Sporthalle in Esslingen vom 12. 10. 1974. Sendung: 12. 10. 1974

(Südwest 3 und SDR 1) 2. Folge: Mit Maria Schell, Veit Relin, Heinz Rühmann, Helmut Schön, Luis Trenker, Südfunk-Tanzorchester unter der Leitung von Erwin Lehn, u. v. a. Öffentliche Veranstaltung aus dem Großen Sendesaal der Villa Berg und dem SDR-Fernsehstudio Berg in Stuttgart vom 1. 2. 1975. Sendung: 1. 2. 1975 (Südwest 3 und SDR 1). 3. Folge: Mit Mary Roos, Karl-Heinz Köpke, Theo Lingen, Ivan Rebroff, Südfunk-Tanzorchester unter der Leitung von Erwin Lehn, u. v. a. Öffentliche Veranstaltung in der Stadthalle in Heidelberg und in der Multi-Halle auf der Bundesgartenschau in Mannheim vom 24. 5. 1975. Sendung: 24. 5. 1975 (Südwest 3 und SDR 1) *Anmerkung: Erstmalig strahlten Hörfunk und Fernsehen gemeinsam eine Unterhaltungsreihe zur gleichen Zeit live aus. Später folgten u. a. die ZDF-Show »Musik ist Trumpf!«, die auf Anregung von Hans Rosenthal sowohl auf dem Bildschirm als auch im RIAS-Hörfunk-programm ausgestrahlt wurde.

Quizparade (FS)
Eine Sendereihe zur Internationalen Funkausstellung 1981 in Berlin von und mit Hans Rosenthal. Öffentliche Veranstaltungen auf dem Berliner Ausstellungsgelände vom 4. 9. – 13. 9. 1981. Produktion: ZDF. 10 Sendungen: Täglich vom 4. 9. – 13. 9. 1981 (Live) *Anmerkung: Die Funkausstellungen in Deutschland haben eine lange Tradition, denn bereits ein Jahr nach dem Programmbeginn des Deutschen Rundfunks gab es in Berlin die erste Messe dieser Art (Dezember 1924). Nach dem 2. Weltkrieg führte man die Funkausstellungen zumeist im 2-Jahresrhythmus zunächst in verschiedenen deutschen Städten (Düsseldorf, Frankfurt, Stuttgart, Berlin, u. a.) durch, ehe man ab 1971 die Messe als Internationale Funkausstellung alle zwei Jahre nach Berlin vergab (1999: 42. Funkausstellung). Für den Showmaster Hans Rosenthal bedeuteten die Berliner Messeveranstaltungen der Funk-und Fernse-

hindustrie fast immer ein immenses Arbeitspensum, denn hier konnte er vor Publikum in den Ausstellungshallen oder im Sommergarten unter dem Funkturm täglich Sendungen produzieren oder neue Ratespiele ausprobieren, die später einmal als Serie im Fernsehprogramm wiederkehrten.

Quiz-Party (FS)
Eine Unterhaltungssendung für Senioren mit Hans Rosenthal. Aufzeichnung im WDR-Studio in Köln vom 26. 1. – 28. 1. 1971. Produktion: WDR. Sendung: 3. 2. 1971 (WDR / ARD)

Quiz mich bitte
Ein Programm zu den Brigitten-Tagen 1965 im Titania-Palast mit Hans Rosenthal als Spielmeister. Zwei Mannschaften von Hertha BSC und Tennis-Boroussia, sowie junge Redakteure von Schülerzeitungen Berliner Oberschulen spielen mit. Veranstaltungen: 17. 1. 1965 (14. 30 Uhr) – 21. 1. 1965 (19. 30 Uhr) – 22. 1. 1965 (19. 30 Uhr) - 24. 1. 1965 (14. 30 Uhr).

Quiz nach Quoten (FS)
Ein spannendes Ratespiel nach einer Idee von Hans Rosenthal in 11 Folgen für das ZDF-Vorabenprogramm. Spielmeister: Gregor König. Mitwirkende: Maria Hellwig, Heidi Kabel, Johanna von Koczian, Brigitte Mira, Petra Schürmann, Maria Sebaldt, Elisabeth Volkmann, Lia Wöhr, Heinz Eckner, Uwe Friedrichsen, Thomas Fritsch, Klaus Havenstein, Bernd Herzsprung, Ernst H. Hilbich, Ingolf Lück, u. v. a. Buch: Wolfgang Preuss. Produktion: Entertainment Berlin GmbH für das ZDF. Sendung / 1. Folge: 11. 4. 1989 (ZDF)

Quizveranstaltung für die Jüdische Gemeinde Spielmeister: Hans Rosenthal. Veranstaltung in Düsseldorf vom 12. 6. 1965.

Rate mal mit Rosenthal (FS)
Quizspiele von und mit Hans Rosenthal zur Internationalen Funkausstellung

1979 in Berlin. Öffentliche Veranstaltungen in der Halle 5 auf dem Berliner Ausstellungsgelände vom 24. 8. – 2. 9. 1979. Produktion: ZDF 10 Sendungen: Täglich vom 24. 8. – 2. 9. 1979 (Live)

Rate mal mit Rosenthal (FS)

Heiteres Spiel für Leute wie du und ich von und mit Hans Rosenthal. Sendereihe des ZDF in 86 Folgen. Öffentliche Studioproduktion im Fernsehstudio München-Unterföhring. 1. Aufzeichnung: 27. 1. – 31. 1. 1980. Produktion: ZDF. Sendungen: 23. 4. 1980 (Folge 1) – 6. 1. 1982 (Folge 25) - 13. 9. 1983 (Folge 50) – 29. 7. 1986 (Folge 86) - jeweils im ZDF -

Raus ins Grüne – rein ins Lokal (FS)

Eine Unterhaltungssendung des SFB. Regie: Hans Rosenthal. Buch: Horst Pillau. Produktion: SFB. Sendung: 30. 7. 1958 (SFB / ARD)
* Anmerkung:
Diese SFB-Unterhaltungsproduktion war die erste Fernsehsendung von Hans Rosenthal. Die Kritiken waren seinerzeit überwiegend positiv. Einige Wochen später produzierte Rosenthal eine weitere Unterhaltungssendung für das ARD-Fernsehen unter dem Titel »Leichte Muse – schwere Maschinen« und zwar live von der Deutschen Industrieausstellung. Aufgrund vieler technischer Pannen wurde diese Show von der Kritik total verrissen und Rosenthals Fernsehkarriere war vorerst beendet.

(20 Jahre) RIAS (HF)

Eine Unterhaltungssendung zum 20-jährigen Bestehen des Berliner Senders RIAS. Am Mikrofon: Hans Rosenthal. Produktion: RIAS Berlin. Sendung: 9. 2. 1966 (RIAS)

RIAS-Gala (HF)

Ein Abend mit klassischer Musik zum 30-jährigen Bestehen von RIAS Berlin. Conference: Hans Rosenthal. Mitwirkende: Edda Moser, Donald Grobe, Harald Stamm, RIAS-Chor und RIAS-Orchester.

Dirigent und Musikalische Leitung: Willy Mattes. Öffentliche Veranstaltung in der Berliner Philharmonie vom 9. 2. 1976. Produktion: RIAS Berlin. Sendung: 9. 2. 1976 (RIAS 2).
*Anmerkung: Willy Mattes, der im Laufe seiner Karriere als Dirigent schon viele Orchester geleitet und auch mehrere Schallplattenproduktionen mit klassischer und leichter Musik gemacht hat, übernahm am 1. 1. 1971, als Nachfolger von Heinz Schröder die Leitung des Radio-Orchesters Stuttgart (bis 11. 12. 1969 unter dem Namen »Südfunk-Unterhaltungsorchester), das er bis zu seiner Auflösung im Jahre 1975 leitete. lAm 1. 5. 1975 ging er von Stuttgart nach Berlin und übernahm dort die Leitung der Abteilung Leichte Musik im RIAS. Hans Rosenthal holte sich Mattes als musikalischen Leiter für viele seiner Unterhaltungssendungen , so u. a. auch für die Hörfunk- und Fernsehproduktion »Das gibt's nur einmal – Noten, die verboten wurden«, zu der auch eine Schallplatte erschienen ist.

RIAS-Gartenparty (HF)

Eine nachmittägliche Veranstaltung beim Bundespräsidenten Gustav Heinemann im Schloß Bellevue in Berlin am 1. 7. 1972. Organisation und Conference: Hans Rosenthal Mitwirkende: RIAS-Kammerchor, RIAS-Combo, RIAS-Orchester unter der Leitung von Fried Walter und Rüdiger Piesker, u. a. Produktion: RIAS Berlin. Sendung: 1. 7. 1972 (RIAS 1).

RIAS-Geburtstagsparty (HF)

Eine Unterhaltungssendung zum 40-jährigen RIAS-Jubiläum. Mitwirkung von Hans Rosenthal. Produktion: RIAS Berlin Sendung: 7. 2. 1986 (RIAS 1)

RIAS im Sportpalast (HF)

Eine große Maibowle des RIAS mit vielen Mitwirkenden von Film, Bühne, Funk und Fernsehen. Conference: Hans Rosenthal. Öffentliche Veranstaltung vom 1. 5. 1964 im Berliner Sportpalast. Produktion: RIAS Berlin Sendung: 1. 5. 1964 (RIAS)

RIAS-Kabarett: 25 Jahre Kabarett im RIAS (HF).
Zum 25-jährigen Bestehen des RIAS unterhält sich Hans Rosenthal mit bekannten Autoren wie Horst Braun, Curth Flatow, Wolfgang Gruner, Horst Pillau, Günter Neumann, u. a. Studioproduktion vom 1. 2. 1971 im RIAS-Funkhaus. Produktion: RIAS Berlin Sendung: 6. 2. 1971 (RIAS 1) *Anmerkung: Auch Horst Pillau (geb. am 21. 7. 1932) gehörte wie Curth Flatow zum engsten Freundeskreis von Rosenthal. Pillau war Autor zahlreicher Sendungen, bei denen Rosenthal Regie führte (z. B. : »Die Rückblende«). Ferner schrieb er zahlreiche Theaterstücke wie »Das Fenster zum Flur« (gemeinsam mit Flatow) – 1960, »Der Kaiser vom Alexanderplatz« – 1964, »Die letzte Reise« – 1965, »Fernsehquiz« - 1969, »Brautwerbung« – 1971, »Und Buddha lacht« – 1975, »Ammenmärchen« – 1986, »Der Kaiser von Neukölln« – 1987, »Der Kaiser vom Potsdamer Platz« – 1992, »Bilder machen Leute« – 1992, »Guten Tag, Herr Liebhaber« – 1993, »Jessica kommt zurück« – 1994, u. a. Fürs Fernsehen schrieb er zahlreiche Serien wie »Preußenkorso« (mir Harald Juhnke), »Theatergarderobe« (mit Grethe Weiser) oder »Ein Mann macht klar Schiff« (mit Hans-Joachim Kulenkampff). Außerdem war er u. a. Autor der kleinen Theaterszenen mit Fehlern in Rosenthals »Dalli, Dalli«. Im Frühjahr 1999 erschien das letzte Buch des Hobby-Piloten Horst Pillau unter dem Titel »Anflug auf den Kurfürstendamm«; eine der Berliner Geschichten handelt auch von seinem Freund Hans Rosenthal.

RIAS-Kaffeetafel (HF)
Eine nachmittägliche Sendereihe des RIAS in mehr als 300 Folgen. Leitung der Sendung: Hans Rosenthal, Ivo Veit, u. a. Conference: Maria Ney, Hans Rosenthal,

Günter Keil, Kurt Pratsch-Kaufmann, Ivo Veit, u. a. Produktion: RIAS Berlin. Sendungen: fünfziger und sechziger Jahre (RIAS)

RIAS-Paar-Party (HF)
Eine Quizveranstaltung mit Berliner Ehepaaren. Spielmeister: Hans Rosenthal. Mitwirkende: Juliane Werding, Nero Brandenburg, Fredy Breck, Harro Zimmer, Mike Krüger, Olaf Leitner, Peter Schulz, Cornelson-Chor, Horst Jankowski mit seinem RIAS-Tanzorchester, u. v. a. Öffentliche Veranstaltung in der Berliner Kongreßhalle vom 16. 2. 1976. Produktion: RIAS Berlin. Sendung: Januar 1976. *Anmerkung: Gäste dieser Veranstaltung waren Ehepaare, die sich im Jahre 1975 als Kandidaten für eine Quizrunde mit Rudi Carrell innerhalb der Sendung »RIAS-Parade« beworben hatten. In der »RIAS-Paar-Party« probierte Rosenthal mit diesen Gästen neue Spiele und Quizrunden aus, die er u. a. in seiner Reihe »Spaß muß sein!« und bei »Dalli, Dalli« einbaute, sowie in der Pilotsendung »Pinke, Pinke«. Zu den Mitwirkenden gehörte auch Nero Brandenburg (geb. am 28. 9. 1941), der seit 1968 beim Berliner Sender RIAS zahlreiche Sendungen betreut hat wie »RIAS-Treffpunkt« , »Beat um fünf«, »RIAS-Parade«, »RIAS-Radiomarkt«, »RIAS-Radio-Show« oder die alljährlich stattfindenden Pfingstfrühkonzerte im Berliner Zoo. Und bei Hans Rosenthal wirkte Brandenburg vor allen Dingen als Reporter in der Reihe »Spaß muß sein!« mit. Für den DDR-Fernsehfunk moderierte er in der »Wende-Zeit« vertretungsweise 3 Folgen der Fernsehreihe »Spiel-Spaß« (1991). Nachdem der RIAS nicht mehr existierte und man beim Nachfolgesender DeutschlandRadio Berlin die Unterhaltung auf nächtliche Sendeplätze verbannte, war für Nero Brandenburg »kein Platz mehr« im Programm, und so wechselte er zum SFB, wo er heute die Samstags-Sendung »Aufgewacht mit 88,8« und die »Schlagerparade« am Freitagabend betreut. Auch als Schlagersän-

ger machte er Furore und zwar mit Stimmungsliedern wie »Dingeling«, »Laubenpieper-Polka« oder »Lied ohne Sinn«. Brandenburg ist ferner Ehrensängerknabe der »Schöneberger Sängerknaben« und wurde für seine Verdienste um den deutschen Schlager mit der »Goldenen Stimmgabel« von Dieter Thomas Heck ausgezeichnet.

RIAS-Parade 1973 (HF)

Die große Show des RIAS in der Deutschlandhalle. Mitwirkung von Hans Rosenthal. Weitere Mitwirkende: Katja Ebstein, Margot Eskens, Donna Hightower, Joana, Siw Malmkvist, Séverine, Fred Bertelmann, Roberto Blanco, Nero Brandenburg, Fredy Breck, Bernd Clüver, Costa Cordalis, Jürgen Graf, John Hendrik, Felix Knemöller, Lord Knud, Bruce Low, Heinrich Riethmüller, Detlef E. Otto, Gregor Rottschalk, Michael Thilo, Lothar von Versen, Ewald Wenck, Günter-Kallmann-Chor, Inga & Wolf, Suzi Quatro, The Spotnicks, White-Eagle-Jazz-Band, Kai-Rautenberg-Kombo und RIAS-Berlin-Band unter der Leitung von Helmut Brandenburg. Redaktion: Eduard Pötter. Gesamtleitung: Peter Hahn. Öffentliche Veranstaltung in der Berliner Deutschlandhalle vom 26. 11. 1973. Produktion: RIAS Berlin. Sendung: 31. 12. 1973 (RIAS)

RIAS-Radiomarkt (HF)

Eine Gedenksendung zum Tode von Hans Rosenthal am 10. 2. 1987. Moderation: Christine Rackuff. Mitwirkende: Curth Flatow, Prof. Herbert Kundler, Alois Schardt, u. v. a. Produktion: RIAS Berlin. Sendung: 10. 7. 1987 (RIAS 1) *Anmerkung: Die Nachricht vom Tode Hans Rosenthals ging am Vormittag des 10. 2. 1987 über den Fernschreiber aller deutschen Rundfunkanstalten und der Presse. Sofort stellten viele Sender umgehend ihr Programm um oder brachten im Laufe des Tages Gedenksendungen. Neben RIAS Berlin, dem »Heimatsender« von Rosenthal, der außerdem noch am

Abend des gleichen Tages eine Sondersendung ausstrahlte, gingen vor allen Dingen die aktuellen Nachrichtensendungen von ARD und ZDF, aber auch der privaten Fernsehprogramme (RTL, SAT 1, etc.), mit der ersten Meldung auf dieses traurige Ereignis ein. Der Tod von Hans Rosenthal war in der Medienberichterstattung etwa vergleichbar mit dem eines Politikers oder Staatsmannes.

RIAS-Radiomarkt (HF)

Ein Nachmittagsmagazin des RIAS Moderation: Horst Wendt (RIAS-Studio) und Nero Brandenburg (Hans-Rosenthal-Haus in Berlin-Zehlendorf). Mitwirkende (Außenübertragung im Hans-Rosenthal-Haus): Traudl und Gert Rosenthal, Rebecca und Wolfgang Völz, Sozialstadtrat Eberhardt Schmidt von Zehlendorf, Thomas Henschke, u. a. Produktion: RIAS Berlin. Sendung: 2. 4. 1992 (RIAS 1) *Anmerkung: Am 2. 4. 1992 wäre Hans Rosenthal 67 Jahre alt geworden. Aus diesem Anlaß plauderte Nero Brandenburg in einer Außenübertragung aus dem Hans-Rosenthal-Haus in mehreren Schaltungen mit der Familie, sowie mit Weggefährten und Freunden des unvergessenen Showmasters.

RIAS-Sylvester-Stammtisch (HF)

Das Team der »Rundschau am Mittag« mit Jürgen Graf, Götz Claren, Peter Schultze und anderen Moderatoren der aktuellen Nachrichtenabteilung bat zum traditionellen RIAS-Stammtisch in einem Berliner Hotel. Mitwirkung von Hans Rosenthal. Weitere Mitwirkende: Viele Prominente aus dem Berliner Kulturleben, aus der Politik und vom Sport. Produktion: RIAS Berlin. Sendung: 31. 12. 1974 (RIAS)

Richtfest mit RIAS (HF)

Eine bunte Veranstaltung aus Anlaß der Errichtung des Le-Corbusier-Hauses in Berlin von und mit Hans Rosenthal. Mitwirkende: Maria Ney, Günter Keil, Orchester Wilfried Krüger, u. v. a. Produktion: RIAS Berlin. Sendung: 7. 12. 1957 (RIAS 1)

(Heinrich) Riethmüller (HF)
Eine Gratulationssendung zum Geburtstag des Berliner Komponisten, Arrangeurs und Orchesterleiters. Am Mikrofon: Hans Rosenthal. Studioproduktion im RIAS-Funkhaus vom 10. 12. 1981. Produktion: RIAS Berlin. Sendung: Dezember 1981 (RIAS)

Rififi in Germany (HF)
Ein Kursus für Ganoven und solche, die es werden wollen, nach einem Lehrbuch von Manfred Stahnke. Boß des Lehrgangs: Hans Rosenthal. Dozent: Günter Pfitzmann. Studioproduktion im RIAS-Funkhaus vom 18. 6. 1964. Produktion: RIAS Berlin. Sendung: 24. 6. 1964 (RIAS 2)

(Hans) Rosenthal: Stationen einer Karriere (HF).
Eine Gratulationssendung zum 60. Geburtstag von Hans Rosenthal am 2. 4. 1985. Am Mikrofon: Horst Kintscher. Mitiwirkende: Curth Flatow, Eberhard Diepgen, Wolfgang Gruner, Horst Pillau, Henri Regnier, und viele andere Gratulanten. Studioproduktion im RIAS-Funkhaus vom 18. 3. 1985. Produktion: RIAS Berlin. Sendung: 2. 4. 1985 (RIAS 1) – 20. 4. 1985 (SDR 1)

(Hans) Rosenthal: Stationen einer Karriere (HF).
Eine Gedenksendung zum Tode von Hans Rosenthal am 10. 2. 1987. Redaktion: Norbert Scheumann. Studioproduktion des SDR vom 12. 2. 1987. Produktion: SDR. Sendung: 14. 2. 1987 (SDR 1)

(Hänschen) Rosenthal ist tot (HF)
Eine Gedenksendung zum Tode von Hans Rosenthal am 10. 2. 1987. Am Mikrofon: Volker Diepes. Produktion: SDR. Sendung: 10. 2. 1987 (SDR 1: 12. 05 – 13. 00 Uhr).

(Hans) Rosenthal stellt vor (FS)
Eine ZDF-Shownachwuchsreihe in 4 Folgen. Buch und Regie: Hans Rosenthal. Produktion: ZDF. 1. Folge: »Das Geld liegt auf der Straße« Ein Quizspiel mit Christian Simon. Mitwirkende: Margret May, Marion Wittmann, Hans-Günter Wagner, u. a. Öffentliche Fernsehproduktion im Studio München-Unterföhring vom 15. 6. 1982. Sendung: 29. 7. 1982 (ZDF). 2. Folge: »Das war so« Quizspiel mit Hans-Jürgen Bäumler. Mitwirkende: Margret May, Marianne Pohlenz, Marion Wittmann, Kurt Pratsch-Kaufmann, Nino Korda, Peter Machac, Erik Ode, Hans-Günter Wagner, u. a. Öffentliche Fernsehproduktion im Studio München-Unterföhring vom 18. 6. 1982. Sendung: 14. 10. 1982 (ZDF). 3. Folge: »Der lachende Dritte« Quizspiel mit Bernhard Brinck. Mitwirkende: Margret May, Margret Matysik, Dohna Moray, Dunja Siegel, Marion Wittmann, Hans-Jürgen Knott, Manfred G. Matysik, Ralph Siegel, u. a. Öffentliche Fernsehproduktion im Studio München-Unterföhring vom 5. 10. 1982. Sendung: 30. 12. 1982 (ZDF) 4. Folge: »Kaum zu glauben« Quizspiel mit Ingrid Peters Mitwirkende: Olaf King, Hans-Jürgen Knott, Jörg Nimmergut und Oskar. Öffentliche Fernsehproduktion im Studio München-Unterföhring vom 7. 10. 1982. Sendung: 24. 3. 1983 (ZDF) *Anmerkung: Die 1. Folge wurde von Christian Simon als Spielmeister geleitet, der bereits mehrere Sendungen für junge Leute im ZDF moderiert hatte, wie u. a. »Rockpop« – Musik für Fans (1978 – 80: 29 Folgen).

(Anneliese) Rothenberger gibt sich die Ehre (FS).
Eine Unterhaltungsshow von Hans Hubberten mit Kammersängerin Anneliese Rothenberger. Mitwirkung von Hans Rosenthal. Weitere Mitwirkende: Paola, Maria Schell, Marco Bakker, Richard Claydermann, José Carreras, Thomas Fritsch, Günter Pfitzmann, Peter Seiffert, King-Sisters, u. v. a. Regie: Kurt Ulrich.

Öffentliche Aufzeichnung im ZDF-Fernsehstudio Hamburg. Produktion: ZDF. Sendung: 7. 5. 1981

Rotlicht – Bitte sprechen! (FS)
Eine Fernsehsendung des Österreichischen Rundfunks. Mitwirkung von Hans Rosenthal. Produktion: ORF. Sendung: 8. 3. 1985 (ORF 1)

(Die) Rückblende (HF)
Das Hörmagazin des RIAS in 202 Folgen. Regie: Hans Rosenthal. Mitarbeiter: Ingrid van Bergen, Edith Elsholtz, Sigrid Lagemann, Undine von Medvey, Brigitte Mira, Michael Alex, Horst Braun, Erich Fiedler, Curth Flatow, Wolfgang Gruner, Jo Herbst, Harald Juhnke, Horst Kintscher, Günter Neumann, Roman Neymanns, Günter Pfitzmann, Horst Pillau, Friedrich Schoenfelder, Klaus-Peter Schreiner, Hans Söhnker, Thierry, Vico Torriani, Georg Thomalla, Rolf Ulrich, Moonlights, Trio Sorento, u. v. a. Musikalische Leitung: Heinrich Riethmüller. Produktion: RIAS Berlin. Sendungen: Juni 1954 (Folge 1) – 31. 7. 1958 (Folge 50) - 1. 11. 1958 (Folge 100) – 4. 5. 1967 (Folge 150) - 5. 7. 1975 (Folge 200) - jeweils RIAS -
*Anmerkung: Diese kabarettistische Sendereihe war zunächst als Studioproduktion konzipiert worden. Von Folge 172 (15. 5. 1969 RIAS 1) ab produzierte Rosenthal sein Hörfunk-Kabarett im Rahmen öffentlicher Veranstaltungen vor Publikum, zunächst im Theater der »Stachelschweine« im Berliner Europa-Center und dann in der Berliner Urania bzw. im Ernst-Reuter-Saal in Berlin-Reinickendorf.

(Die) Rückblende (FS)
Das Notizbuch des Monats – Eine kabarettistische Rückblende auf die Ereignisse der letzten Zeit. Fernsehmagazin des NDR in mehreren Folgen von 1961 – 63. Regie: Hans Rosenthal Mitarbeiter: Beate Bach, Sigrid Lagemann, Brigitte Mira, Grethe Weiser, Michael Alex, Joachim Cadenbach, Erich Fiedler, Curth Flatow, Wolfgang Gruner, Eckhart Hachfeld, Wolfgang Hanel, Werner Hass, Jo Herbst, Dieter Hildebrandt, Harald Juhnke, Volker Ludwig, Horst Pillau, Klaus-Peter Schreiner, Friedrich Schoenfelder, Hans Söhnker, Achim Strietzel, Trio Sorento, Rolf Ulrich, Hans Wiegner, Trio Sorento, u. v. a. Musikalische Leitung: Heinrich Riethmüller Produktion: NDR in Zusammenarbeit mit RIAS Berlin Sendung / 1. Folge: 6. 7. 1961 (NDR / ARD 2. Programm)
*Anmerkung: Bei dieser Sendereihe handelte es sich um die Bildschirmfassung der gleichnamigen RIAS-Hörfunkreihe. Die letzte Folge wurde im November 1963 in der ARD ausgestrahlt.

Rückblende (FS)
Vor 70 Jahren geboren: Hans Rosenthal. Ein Porträt von Thomas Pfaff. Mitwirkende: Raudl Rosenthal, Hans Alfred Rosenthal, u. a. Mitarbeit: Thomas Henschke. Sprecher: Josef Tratnik Redaktion: Gudrun Wolter. Produktion: WDR. Sendung: 30. 3. 1995 (West 3) – Alle anderen dritten Programme der ARD sowie 3-SAT sendeten zeitversetzt.

(Tatjana) Sais (HF)
Ein Porträt über die bekannte Chansonsängerin, Kabarettistin und Schauspielerin. Moderation und Leitung der Sendung: Hans Rosenthal. Studioproduktion im RIAS-Funkhaus vom 10. 4. 1981. Produktion: RIAS Berlin Sendung: April 1981 (RIAS)
*Anmerkung: Tatjana Sais (28. 1. 1910 – 26. 2. 1981) wuchs zunächst in Frankfurt a. Main auf und nahm dort Gesangs- und Schauspielunterricht. Im Jahre 1931 ging sie nach Berlin, wo sie schon 3 Jahre später von Werner Finck für das Kabarett »Die Katakombe« engagiert wurde. Neben ihrer Tätigkeit im Kabarett wirkte sie auch in einigen Spielfilmen mit wie z. B. »Gabriele 1,2,3« (1937) und »Berliner Ballade« (1948). Von Anfang an gehörte sie zu den Ensemble-Mitgliedern der

beliebten RIAS-Kabarett-Reihe »Insulaner«, für die ihr langjähriger erster Ehemann Günter Neumann, mit dem sie ab 1938 verheiratet war, Text und Musik schrieb. In jeder Sendung hatte sie mit einem besonderen Chanson ihren großen Auftritt; viele dieser Lieder sind noch heute unvergessen. Dazu gehört auch ohne Zweifel das Chanson »Das ham se wohl vergessen in der Eile«, das Neumann immer wieder mit neuen aktuellen Strophen versah. Ein weiterer immer wiederkehrender Auftritt im »Insulaner«-Kabarett war das Gespräch zwischen den »Klatschdamen auf dem Kurfürstendamm«, wo Tatjana Sais gemeinsam mit Agnes Windeck kulturelle und politische Ereignisse glossierte. Nach dem Tod von Günter Neumann engagierte sich Tatjana Sais vor allen Dingen für die Wiederaufführung von Werken ihres verstorbenen Mannes: Im Berliner Hebbel-Theater initiierte sie die Aufführung einer Neuauflage des »Schwarzen Jahrmarkts« (1972).

Saure Gurken – Teure Zeiten! (HF)
Ein kabarettistisches Erntegespräch über grüne Pläne, deutsche Bauern und die EWG. Auf den Markt gebracht von Hans Rosenthal. Am Pflug: Manfred Stahnke. Musikalisch beackert von Heinrich Riethmüller. Subventioniert von RIAS Berlin. Sendung: 27. 10. 1963 (RIAS-Langwelle) – 29. 1. 1964 (NDR 2)

Schering-Veranstaltung
Betriebsfest der Firma Schering in Berlin. Mitwirkende: Hans Rosenthal, Assistentin Beate Hopf, Roby Baer Band, Gruppe Copa Rio, u. a. Veranstaltung vom 6. 6. 1986 im Palais am Funkturm in Berlin. *Anmerkung: Bei dieser von Hans Rosenthal moderierten Veranstaltung mit Quiz und Musik waren rund 2550 Schering-Mitarbeiter anwesend.

Teil 3
Schlag nach bei Neumann (FS / HF)
Eine musikalische Revue zum 10. Todestag von Günter Neumann - präsentiert

von Hans Rosenthal und Curth Flatow. Mitwirkende: Doris Bierett, Andrea Brix, Loni Heuser, Fee von Reichlin, Edith Schollwer, Ireen Sheer, Hugo Egon Balder, Bully Buhlan, Bruno Fritz, Walter Groß, Ernst H. Hilbich, Joachim Kemmer, Achim Strietzel, Ralf Wolter, Rosy-Singers, RIAS-Tanzorchester unter der leitung von Horst Jankowski, Heinrich Riethmüller und sein Ensemble, Mitglieder des Balletts der Deutschen Oper Berlin, u. a. Musikproduktion: Rüdiger Piesker. Redaktion: Horst Kintscher. Inszenierung: Günter Schwerkolt. Leitung: Hans Rosenthal. Fernsehregie: Pit Weyrich. Öffentliche Veranstaltung in den Berliner Union Film Studios vom 22. 9. 1982. Produktion: SFB / RIAS Berlin Sendung: 30. 10. 1982 (SFB / ARD) - November 1982 (SFB 1 / RIAS)

Schlagerfestival 1929 (FS)
Eine nachträgliche Hitparade für die reifere Jugend von 19 – 90 - präsentiert von Hans Rosenthal und Axel von Ambesser. Mitwirkende: Gitte, Edith Hancke, Maria Tiboldi, Ernst H. Hilbich, Ernst Stankovski, Vico Torriani, Rosy-Singers, RIAS-Tanzorchester unter der Leitung von Heinrich Riethmüller, u. a. Idee: Hans Rosenthal und Günter Neumann. Buch: Günter Neumann und Peter Thouet. Regie: Thilo Philip. Öffentliche Veranstaltung in den Berliner Union Film Studios vom 16. 10. 1973. Produktion: ZDF. Sendung: 16. 3. 1974 (ZDF)

Schlagerfestival 1925 (FS)
Eine nachträgliche Hitparade für die reifere Jugend von 19 – 90 - präsentiert von Hans Rosenthal und Theo Lingen. Mitwirkende: Ingeborg Hallstein, Nera Nicol, Barbara Schöne, Stefan Behrens, Peter Fröhlich, Karel Gott, Donald Grobe, Ernst H. Hilbich, Uwe Born Singers, RIAS-Tanzorchester unter der leitung von Heinrich Riethmüller, u. a. Idee: Hans Rosenthal und Günter Neumann. Choreographie: Jimmi James. Regie: Dieter Wendrich. Öffentliche Veranstaltung

in den Berliner Union Film Studios vom 8. 4. und 9. 4. 1975. Produktion: ZDF. Sendung: 4. 9. 1975 (ZDF)

Schlagerfestival 1930 (FS)
Eine nachträgliche Hitparade für die reifere Jugend von 19 – 90 - präsentiert von Hans Rosenthal und Axel von Ambesser. Mitwirkende: Grit van Jüten, Helga Papouschek, Eva Pflug, Rut Rex, Roberto Blanco, Harry Friedauer, Uwe Friedrichsen, Ernst H. Hilbich, Andreas Mannkopf, Peter Rubin, Horst Wilhelm, RIAS-Tanzorchester unter der Leitung von Heinrich Riethmüller, u. a. Idee: Hans Rosenthal und Günter Neumann. Regie: Dieter Wendrich. Öffentliche Veranstaltung in den Berliner Union Film Studios vom 22. 8. und 23. 8. 1974. Produktion: ZDF. Sendung: 25. 3. 1976 (ZDF)

Schlagerfestival 1926 (FS)
Eine nachträgliche Hitparade für die reifere Jugend von 19 – 90 - präsentiert von Hans Rosenthal und Theo Lingen. Mitwirkende: Marlene Charell, Corneli Froboess, Lill Lindfors, Ireen Sheer, Günter Frank, Ernst H. Hilbich, Peter Kraus, Günter Pfitzmann, Horst Wilhelm,Love Generation, RIAS-Tanzorchester unter der Leitung von Heinrich Riethmüller, u. a. Idee: Hans Rosenthal und Günter Neumann. Regie: Dieter Wendrich. Öffentliche Veranstaltung in den Berliner Union Film Studios vom 27. 3. und 29. 3. 1976. Produktion: ZDF. Sendung: 1. 7. 1976 (ZDF)

Schlagerfestival 1927 (FS)
Eine nachträgliche Hitparade für die reifere Jugend von 19 – 90 - präsentiert von Hans Rosenthal. Idee: Hans Rosenthal und Günter Neumann. Mitwirkende: Marlene Charell, Beate Granzow, Beate Hasenau, Fred Bertelmann, Ernst H. Hilbich, Andreas Mannkopf, Love Generation, Pasadena-Roof-Orchestra, Ruby-Flipper-Dance-Ensemble, u. a. Musikalische Leitung: Heinrich Riethmüller. In der Prominenten-Jury: Elfie Graf, Barbara Rütting, Käthe Strobel, Roy Black, Martin Böttcher, Truck Branss, Jürgen Drews, Rex Gildo, Hanne Sobek, Hans Söhnker, Wolfgang Spier und Heinz-Oskar Wuttig. Buch: Horst Pillau. Regie: Dieter Wendrich. Öffentliche Veranstaltung in den Berliner Union Film Studios vom 7. 7. und 8. 7. 1977. Produktion: ZDF. Sendung: 13. 8. 1977 (ZDF)

Schmalzstullentheater (FS)
Hans Rosenthal präsentiert drei Einakter von Horst Pillau.
1. »Bitte Ihre Steuernummer«
2. »Ich bin so fertig«
3. »Studentische Hilfskraft«
Mitwirkende: Brigitte Grothum, Elisabeth Volkmann, Inge Wolffberg, Harald Dietl, Thomas Fritsch, Ernst H. Hilbich, Jürgen Scheller, Nora-Showband, u. a. Regie: Kurt Ulrich. Öffentliche Veranstaltung im Prälaten Schöneberg in Berlin vom 7. 9. und 8. 9. 1981. Produktion: ZDF. Sendung: 13. 6. 1982 (ZDF)

(Bremer) Schnitzeljagd (HF)
Ein Radio-Such-Spiel für Hörer - diesmal zur Internationalen Funkausstellung 1973 in Berlin. Im Versteck: Hans Rosenthal. Produktion: RB. Sendung: 1. 9. 1973 (RB / angeschlossen: alle ARD-Sender)
*Anmerkung: Die 1. Folge dieser Sendereihe wurde am 3. 4. 1971 im Programm von Radio Bremen ausgestrahlt.

Schnappschüsse (HF)
Streiflichter aus der Dunkelkammer. Regie: Hans Rosenthal. Mitwirkende: Ruth Nimbach, Tatjana Sais, Sonja Wilken, Reinhold Brandes, Günter Pfitzmann, Stefan Wigger, Moonligths, Trio Sorento, u. v. a. Produktion: ZDF Sendung: 2. 12. 1966 (ZDF)
*Anmerkung: Diese Kabarettreihe wurde in loser Folge in den Jahren 1965 – 1967 im ZDF- Programm ausgestrahlt (Weitere Termine u. a. : 23. 2. 1965 – 18. 5. 1965 – 10. 10. 1965 – 8. 12. 1965 – 8. 6. 1966)

Sechzig Minuten mit Hans Söhnker (HF)
Eine Porträtsendung über den bekannten
Schauspieler von und mit Hans Rosenthal. Studioproduktion im RIAS-Funkhaus
vom 19. 3. 1964. Produktion: RIAS Berlin. Sendung: 30. 3. 1964 (RIAS)

Seniorenveranstaltung in Berlin (HF)
Ein bunter Unterhaltungsnachmittag in
der Berliner Deutschlandhalle - präsen-
tiert von Hans Rosenthal. Öffentliche
Veranstaltung in der Berliner Deutsch-
landhalle vom 1. 10. 1978. Produktion:
RIAS Berlin. Sendung: Oktober 1978
(RIAS)

Showfenster (FS)
Ein Unterhaltungsmagazin des ZDF in 9
Folgen (im Jahre 1986) - präsentiert von
Sabine Sauer. Mitwirkung von Hans
Rosenthal in einer Folge. Weitere Mit-
wirkende: Doris Dörrie, Alice & Ellen
Kessler, Hannelore Kohl, Stephanie von
Monaco, Ingrid Peters, Eric Clapton, Pla-
cido Domingo, John Forsyth, Herbert
Grönemeyer, Jack Lemmon, Peter Weck,
Mary & Gordy, u. a. Moderationstext:
Olaf Leitner. Regie: Horst Eppinger,
Edgar van Heeringen und Monika Fuchs
Produktion: ZDF. Sendung: Mai 1986
(ZDF)

Sieh fern im Hörfunk (HF)
Die TV-Beilage des RIAS nach einer Idee
von Hans Rosenthal. Mitwirkende:
Almut Eggert, Rainer Brandt, Bert Gün-
ter Schmidtke, u. v. a. Produktion: RIAS
Berlin Sendungen: 2. 9. 1973(Folge 1) –
27. 7. 1975 (Folge 100)
*Anmerkung: Diese Sendereihe war über-
wiegend für die Hörer in der ehemaligen
DDR konzipiert worden, die seinerzeit
keine Programmzeitschriften aus der
BRD kaufen konnten.

(Hans) Söhnker 75 Jahre alt (HF)
Eine Gratulationssendung zum 75.
Geburtstag des beliebten Schauspielers
von und mit Hans Rosenthal. Studioproduktion im RIAS-Funkhaus vom 21. 9.

1978. Produktion: RIAS Berlin Sendung:
11. 10. 1978 (RIAS)

Spanische Fliege (HF)
Ein Hörspiel. Regieassistenz: Hans
Rosenthal. Produktion: Berliner Rundfunk. Sendung: 1945 / 46 (Berliner Rundfunk)

Sparkassen-Veranstaltungen
Auch für einige Sparaksssen führte Hans
Rosenthal Veranstaltungen durch, wie z.
B. in Mülheim (7. 2. 1975), Oberhausen
(6. 2. 1975), Stuttgart (10. 2. 1976, 8. 2.
1977 und 15. 2. 1978), Nördlingen (21.
6. 1977), Aachen (3. 2. 1978), Berlin (2.
2. 1979) und Rottweil (9. 2. 1979).

Spaß macht's auch anderswo (HF)
Quiz, Musik und gute Laune aus Wyk auf
Föhr. Spielmeister: Hans Rosenthal. Mitwirkende: Maria und Franco Duval, Walter Böhm, Horst Braun, Ralf Paulsen,
Roland-Trio, Kurorchester von Wyk unter
der Leitung von Kurt Fischer, u. v. a.
Öffentliche Veranstaltung im Kurhaussal
in Wyk auf Föhr vom 12. 8. 1961. Produktion: NDR / RIAS Berlin Sendung: 19.
8. 1961 (RIAS) – 8. 9. 1961 (NDR 2)
*Anmerkung: Diese Sendung war kon-
zeptionell wie die Reihe »Spaß muß sein!«
angelegt, bei der Gäste aus dem Publikum
– also voher nicht ausgesuchte Kandidaten – im Mittelpunkt der Veranstaltung
standen. In Wyk auf Föhr fand auch eine
der ersten Unterhaltungssendungen von
und mit Hans Rosenthal als Quizmaster
statt, die außerhalb Berlins und gemeinsam mit dem NDR produziert wurden.

Spaß muß sein! (HF)
Quiz, Musik und gute Laune Spielmei-
ster: Hans Rosenthal. Mitwirkende:
Beate Bach, Wolfgang Hanel, Felix
Knemöller, »Herr Kümmel und Herr
Korn, ein Tanzorchester unter der leitung
von Omar Lamparter und viele Solisten.
Öffentliche Veranstaltung in Berlin. Pro-
duktion: RIAS Berlin. Sendung / 1. Folge:
12. 9. 1959 (RIAS 1)

*Anmerkung: Die Sendung »Spaß muß sein!« fand zunächst in unregelmäßigen Abständen statt und zwar überwiegend zu besonderen Anlässen wie Jubiläen, Festwochen oder Ausstellungen.

Spaß muß sein! (HF)
Quiz, Musik und gute Laune - anläßlich der Festwoche 100 Jahre Wedding in Berlin. Spielmeister: Hans Rosenthal Mitwirkende: Beate Bach, Wolfgang Hanel, Felix Knemöller, RIAS-Tanzorchester unter der Leitung von heinrich Riethmüller, u. v. a. Produktion: RIAS Berlin. Sendung: 9. 9. 1961 (RIAS 1)

Spaß muß sein! (HF)
Quiz, Musik und gute Laune. Spielmeister: Hans Rosenthal. Öffentliche Veranstaltung im Corso-Theater in Berlin-Wedding vom 26. 3. 1962. Produktion: RIAS Berlin. Sendung: März / April 1962 (RIAS)

Spaß muß sein! (HF)
Quiz, Musik und gute Laune - diesmal mit den Angehörigen der Freiwilligen Polizeireserve in Berlin. Spielmeister: Hans Rosenthal. Öffentliche Veranstaltung vom 18. 10. 1963. Produktion: RIAS Berlin. Sendung: 19. 10. 1963 (RIAS 1)

Spaß muß sein! (HF)
Quiz, Musik und gute Laune – diesmal eine Veranstaltung in Verbindung mit der Aktion »Das sichere Haus«. Spielmeister: Hans Rosenthal. Mitwirkende: Bekannte Solisten und die Orchester Wilfried Krüger und Heinrich Riethmüller. Öffentliche Veranstaltung vom 13. 5. 1964 in Berlin. Produktion: RIAS Berlin. Sendung: 14. 5. 1964 (RIAS 1)

Spaß muß sein! (HF)
Quiz, Musik und gute Laune - diesmal anläßlich 700 Jahre Schöneberg. Spielmeister: Hans Rosenthal. Öffentliche Veranstaltung im Prälaten Schöneberg in Berlin vom 10. 6. 1964. Produktion: RIAS Berlin. Sendung: 14. 6. 1964 (RIAS)

Spaß muß sein! (HF)
Quiz, Musik und gute Laune. Spielmeister: Hans Rosenthal. Weitere Veranstaltungen zu verschiedenen Anlässen fanden statt in Berlin (7. 12. 66 / 8. 12. 66 / 14. 12. 66 / 24. 2. 67 / 24. 11. 67 / 15. 6. 68 / 3. 9. 68 / 12. 11. 71), in Köln (28. 5. 65), in München (2. 7. 65), in Münster (20. 6. 70), in Kleve (28. 4. 72), Bad Salzuflen (15. 10. 71), in Dinslaken (14. 9. 73).

Spaß muß sein! (HF)
Quiz, Musik und gute Laune – diesmal anläßlich der Fußballweltmeisterschaft 1966 in England. Spielmeister: Hans Rosenthal. Mitwirkende: Bibi Johns, Rex Gildo, Horst Kintscher, Heinrich Riethmüller, Jackie Trent, Helmut Zacharias, The Settlers, Johnny Spence and his orchestra, u. a. Aufnahmeleitung: Roman Neymanns Produktion: Kip Oppermann Öffentliche Veranstaltung im Paris-Theater auf dem BBC-Gelände in London vom 11. 7. 1966. Produktion: BBC-London (Deutschsprachiger Dienst) / RIAS Berlin / SFB / NDR / SDR. Sendung: 14. 7. 1966 (RIAS 1)
*Anmerkung: Zum ersten Male wurde eine öffentliche Unterhaltungsveranstaltung im Ausland durchgeführt. Der selbst fußballbegeisterte Rosenthal, der jahrlang Vorsitzender bei Tennis Borussia Berlin war, wagte es wohl als erster deutscher Moderator, eine Hörfunk-Sendung mit Publikumsgästen in einem nicht deutschsprachigen Land zu produzieren. Später folgten noch Sendungen aus Tondern / Dänemark (»Wer fragt-gewinnt!«) und Linz / Österreich (»Spaß muß sein!«); sogar eine Veranstaltung der Reihe »Spaß muß sein!« in Israel wollte Rosenthal noch realisieren, doch dazu ist es dann leider nicht mehr gekommen!

Spaß muß sein! (HF)
Quiz, Musik und gute Laune – diesmal anläßlich der 4. Berliner Theaterwoche in Bonn-Bad Godesberg. Spielmeister: Hans Rosenthal. Mitwirkende: Cecil Deville,

Edith Schollwer, Felicia Weathers, William Ray, The Silkies, RIAS-Orchester unter der Leitung von Kurt Drabek, u. v. a. Öffentliche Veranstaltung im Stadttheater in Bad Godesberg vom 19. 10. 1966. Produktion: WDR / RIAS Berlin Sendung: 23. 10. 1966 (RIAS) – 18. 11. 1966 (WDR)

Spaß muß sein! (HF)
Quiz, Musik und gute Laune – diesmal zum 15-jährigen Bestehen des Kreisverbandes Braunschweig im »Bund der Berliner«. Spielmeister: Hans Rosenthal. Mitwirkende: Dorthe, Jutta Gersten, Tonia, Fred Bertelmann, Ekkehard Fritsch, René Kollo, NDR-Tango-Orchester unter der Leitung von Alfred Hause und Heinrich Riethmüller, u. v. a. Produktionsleitung: Kip Oppermann. Öffentliche Veranstaltung in der Stadthalle Braunschweig vom 23. 3. 1968. Produktion: NDR / RIAS Berlin. Sendung: 31. 3. 1968 (RIAS 2)
*Anmerkung: Der Berliner Schauspieler, Kabarettist und Sänger Ekkehard Fritsch (8. 2. 1921 – 4. 11. 1987) agierte als »Hugo Knallmeier« in zahllosen RIAS-Sendungen und gehörte 10 Jahre lang auch zum »Insulaner-Ensemble«. Er stand auf vielen Theaterbühnen, wie in »Eviva Amico« (im Theater a. d. Wien mit Lieselotte Pulver, »Alles Theater« (Berlin), »Im weißen Rößl« (Darmstadt), »Durchreise« (im Theater am Kurfürstendamm in Berlin mit Georg Thomalla), »Der Maulkorb« (Hansa-Theater in Berlin). In Unterhaltungsproduktionen von Hans Rosenthal war er vielfach zu Gast, im Fernsehquiz »Dalli, Dalli« war er schließlich der »launige« Schiedsrichter, der immer dazwischenredete, weil es das Drehbuch so verlangte.

Spaß muß sein! (HF)
Quiz, Musik und gute Laune – diesmal aus Anlaß des 150-jährigen Bestehens der Sparkasse der Stadt Berlin West. Spielmeister: Hans Rosenthal. Mitwirkende: Alexandra, Gitte, Roberto Blanco, Hel-

mut Zacharias, 3 Travellers, RIAS-Tanzorchester unter der Leitung von Dave Hildinger und Heinrich Riethmüller, u. v. a. Öffentliche Veranstaltung vom 15. 6. 1968 in Berlin. Produktion: RIAS Berlin. Sendung: 6. 7. 1968 (RIAS)

Spaß muß sein! (HF)
Quiz, Musik und gute Laune – diesmal anläßlich der 23. Internationalen Polizei-Sternfahrt Berlin 1968. Spielmeister: Hans Rosenthal. Mitwirkende: Jutta Gersten, Sven jensen, Mario Maldonado, Rosy-Singers, RIAS-Tanzorchester unter der Leitung von dave Hildinger und Heinrich Riethmüller, u. v. a. Öffentliche Veranstaltung vom 3. 9. 1968 in Berlin. Produktion: RIAS Berlin. Sendung: 19. 9. 1968 (RIAS 1)

Spaß muß sein! (HF)
Quiz, Musik und gute Laune – diesmal zur 7. Berliner Theaterwoche in Bonn-Bad Godesberg. Spielmeister: Hans Rosenthal. Mitwirkende: Corry Brocken, Tonia, Roberto Blanco, Ekkehard Fritsch, Albert Maertens, Günter Noris, Heinrich Riethmüller, Arturo Testa, Gerhard Wolff, Trio Sorento, Werner Müller mit dem WDR-Tanzorchester, u. a. Produktionsleitung: Horst Kintscher Leitung der Sendung: Ernst Kalthoff. Öffentliche Veranstaltung im Stadttheater in Bad Godesberg vom 15. 10. 1969. Produktion: WDR / RIAS Berlin. Sendung: 26. 10. 1969 (RIAS 2)

Spaß muß sein! (HF)
Quiz, Musik und gute Laune – diesmal anläßlich der 700-Jahrfeier der Stadt Uelzen / Lüneburger Heide. Spielmeister: Hans Rosenthal. Enrico Trutzi, Los Muchachos. Heinrich Riethmüller, NDR-Tanz- und Unterhaltungsorchester unter der Leitung von Alfred Hause, u. v. a. Produtkionsleitung: Kip Oppermann. Öffentliche Veranstaltung im Theater an der Ilmenau in Uelzen vom 30. 10. 1970. Produktion: NDR / RIAS Berlin. Sendung: November 1970. (RIAS / NDR)

Spaß muß sein! (HF)
Quiz, Musik und gute Laune – mit Berliner Schülerlotsen. Spielmeister: Hans Rosenthal. Mitwirkende: Gitte, Olivia Molina, Roberto Blanco, Horst Kintscher, RIAS-Tanzorchester unter der Leitung von Helmut Brandenburg. Produktionsleitung: Horst Kintscher. Öffentliche Veranstaltung für Berliner Schülerlotsen in der Berliner Philharmonie vom 3. 11. und 4. 11. 1970. Produktion: RIAS Berlin. Sendung: 6. 12. 1970 (RIAS 2)

Spaß muß sein! (HF)
Quiz, Musik und gute Laune – diesmal aus Anlaß des 25-jährigen Bestehens des Amerka-Hauses in Berlin. Spielmeister: Hans Rosenthal. Mitwirkende: Tatjana Sais, Ekkehard Fritsch, Günter Neumann, Heinrich Rietmüller, RIAS-Combo, u. v. a. Öffentliche Veranstaltung im Amerika-Haus in Berlin vom 16. 2. 1971. Produktion: RIAS Berlin. Sendung: Februar 1971 (RIAS)

Spaß muß sein! (HF)
Quiz, Musik und gute Laune – diesmal zur Kieler Woche 1971. Spielmeister: Hans Rosenthal. Mitwirkende: Bekannte Solisten und das NDR-Tanzorchester unter der Leitung von Franz Thon. Produktionsleitung: Kip Oppermann. Öffentliche Veranstaltung im Konzertsaal des Kieler Schlosses vom 26. 6. 1971. Produktion: NDR / RIAS Berlin Sendung (Live): 26. 6. 1971 (NDR 2 / RIAS 2)

Spaß muß sein! (HF)
Quiz, Musik und gute Laune – diesmal zur Deutsch-Dänischen Woche und zu den Flensburger Tagen 1971. Spielmeister: Hans Rosenthal. Mitwirkende: Anni Anderson, Dorthe, Christian Anders, Horst Kintscher, Heinrich Riethmüller, Los Muchachos, Trio Neumann (Ulla, Ulrik & Michael), NDR-Tanz- und Unterhaltungsorchester unter der Leitung von Alfred Hause, u. v. a. Produktionsleitung: Kip Oppermann. Öffentliche Veranstaltung im Deutschen Haus in Flensburg vom 24. 9. 1971. Produktion: NDR / RIAS Berlin. Sendung: 16. 10. 1971 (NDR 2 / RIAS 2)

Spaß muß sein! (HF)
Quiz, Musik und gute Laune – diesmal aus Braunschweig. Spielmeister: Hans Rosenthal. Mitwirkende: Inge Brück, Olivia Molina, Roberto Blanco, Graham Bonney, Horst Braun, Horst Kintscher, Heinrich Riethmüller, NDR-Tanz- und Unterhaltungsorchester unter der Leitung von Alfred Hause, u. v. a. Produktionsleitung: Kip Oppermann. Öffentliche Veranstaltung in der Stadthalle in Braunschweig vom 15. 6. 1972. Produktion: NDR / RIAS Berlin. Sendung: Juni / Juli 1972 (NDR 2 / RIAS 2)

Spaß muß sein! (HF)
Quiz, Musik und gute Laune – diesmal anläßlich der Olympischen Segelwettbewerbe 1972 in Kiel. Spielmeister: Hans Rosenthal. Mitwirkende: Tonia, Jürgen Marcus, Horst Kintscher, Heinrich Riethmüller, NDR-Tanzorchester unter der Leitung von Franz Thon, u. v. a. Produktionsleitung: Kip Oppermann. Öffentliche Veranstaltung im Konzertsaal des Kieler Schlosses vom 26. 8. 1972. Produktion: NDR / RIAS Berlin. Sendung (Live): 26. 8. 1972 (NDR 2 / RIAS 2)

Spaß muß sein! (HF)
Quiz, Musik und gute Laune – diesmal anläßlich des 25-jährigen Bestehens des RIAS Senders Hof in Franken. Spielmeister: Hans Rosenthal. Mitwirkende: Carol Dawn Reinhard, Bibi Johns, Horst Kintscher, Felix Knemöller, Bill Ramsey, Rosy-Singers, Helmut Brandenburg und die RIAS-Berlin-Band, u. v. a. Produktionsleitung: Horst Kintscher. Öffentliche Veranstaltung im Städtebundtheater in Hof vom 10. 11. 1973. Produktion: RIAS Berlin. Sendung: November 1973 (RIAS)

Spaß muß sein! (HF)

Quiz, Musik und gute Laune – Sendereihe des Süddeutschen Rundfunks in mehreren Folgen. Spielmeister: Hans Rosenthal. Mitwirkende: Bekannte Solisten von Film, Bühne, Funk und Fernsehen, sowie Erwin Lehn mit seinem Südfunktanzorchester und Günter Leimstoll mit seinen Solisten. Produktionsleitung: Norbert Scheumann. Produktion: SDR. Öffentliche Veranstaltungen im SDR-Sendegebiet (Veranstaltungstermine): Böblingen (18. 9. 71) – Eberbach / Neckar (28. 5. 71) – Ellwangen (12. 1. 73) – Illingen. (11. 10. 72) – Künzelsau (30. 11. 73) – Ludwigsburg (19. 11. 71) – Mühlacker (22. 10. 71) – Murr a. d. Murr (23. 3. 73) – Neckarelz (17. 7. 73) – Oberkochen (8. 11. 72) – Schwäbisch-Gmünd (19. 12. 73) – Stuttgart (8. 10. / 9. 10. 71) – Ulm (12. 2. 71) – Wernau am Neckar (12. 3. 71) u. a.
*Anmerkung: Norbert Scheumann, der bei dieser SDR-Sendereihe die Produktionsleitung hatte, war lange Zeit Redakteur und Leiter der Redaktion »Bunte Programme, öffentliche Veranstaltungen« im SDR, ehe er 1985 Abteilungsleiter der Unterhaltung wurde. Seit dem 16. 9. 1974 war er ständiger Moderator der Hausfrauen-Sendung des SDR »Mit Musik geht alles besser«; er trat seinerzeit die Nachfolge von Hermann Haarmann an, der die Reihe 18 Jahre lang betreut hatte und am 14. 8. 1973 plötzlich vor dem Mikrofon gestorben war. Scheumann war außerdem für die SDR-Sendungen »Club 19«, »Samstagmagazin«, »Schlager-Revue« und die Stuttgarter Ausgaben der Reihe »Allein gegen alle« verantwortlich. Der bekannte Komponist, Arrangeur und Tanzorchester-Chef Erwin Lehn übernahm im Jahre 1951 das Südfunktanzorchester, das er über 40 Jahre lang leitete. In vielen Sendereihen von Rosenthal stand Lehn am Dirigentenpult wie z. B. bei »Frag mich was«, »Allein gegen alle« oder »Prominente unter dem Hammer«. Als Komponist schuf er u. a. den bekannten – von Bully Buhlan – meisterhaft interpretierten Schlager »Gib mir einen Kuß durchs Telefon« (1945).

Spaß muß sein! (HF)

Quiz, Musik und gute Laune – Gemeinschaftssendereihe der ARD. Spielmeister: Hans Rosenthal. Produktionsleitung: Kip Oppermann (NDR – federführend), sowie Margot Charles (WDR) und Norbert Scheumann (SDR). Aufnahmeleitung: Reinhard Stein, u. a. Assistentin: Ingrid Beyer. Reporter: Christine Rackuff, Nero Brandenburg, Horst Braun, Horst Kintscher, Felix Knemöller, Reinhard Stein, Max Schautzer, u. v. a. Mitwirkende: Bekannte Solisten von Film, Bühne, Funk und Fernsehen, sowie die Tanzorchester und Big-Bands der ARD-Rundfunkanstalten unter der Leitung von Harald Banter, Günter Fuhlisch, Dieter Glawischnig, Horst Jankowski, Erwin Lehn, Günter Leimstoll, Werner Müller, Heinrich Riethmüller, Heinz Schönberger, Hugo Strasser, Franz Thon, u. v. a. Produktion: NDR / RIAS / SDR (1. – 100. Folge) – sowie HR, WDR und BR. Angeschlossen: Schweizer Telefonrundspruch.

Übersicht der öffentlichen Aufnahmen der Sendungen (Veranstaltungstermine)

RIAS : Berlin (5. 4. 74 / 29. 1. 75 / 29. 1. 76 / 20. 8. 76 / 16. 2. 77 / 10. 6. 77 / 20. 1. 78 / 5. 5. 78 / 31. 10. 78 / 10. 1. 79 / 20. 4. 79 / 14. 9. 79 / 10. 1. 80 / 30. 4. 80 / 12. 9. 80 / 8. 3. 81 / 3. 4. 81 / 10. 9. 81 / 15. 1. 82 / 10. 9. 82 / 9. 9. 83 / 20. 2. 84 / 28. 9. 84 / 7. 6. 85 / 14. 2. 86) Hof (14. 4. 76)
NDR: Braunschweig (25. 10. 77) – Insel Borkum (2. 6. 78) – Cuxhaven (20. 6. 86) - Flensburg (21. 5. 76) – Georgsmarienhütte (11. 3. 77 / 18. 10. 85) – Hameln (10. 2. 78) – Hannover (23. 2. 80) – Hildesheim (24. 10. 81) – Hitzacker / Elbe (31. 1. 79) – Kiel (15. 6. 74 / 22. 6. 75 / 25. 6. 77 / 17. 6. 79 / 27. 6. 81 / 26. 6. 82 / 25. 6. 83 / 23. 6. 84) – Lüneburg (30. 1. 81) – Nienburg / Weser (3. 10. 75) – Osnabrück (21. 3. 79) – Rendsburg (16. 9. 77)

– Uelzen / Ilmenau (26. 3. 82) – Wilhelmshaven (16. 5. 80) – (Wolfsburg (22. 9. 75)
SDR: Bietigheim-Bissingen (28. 2. 75) – Böblingen (3. 5. 79) – Bonn-Bad Godesberg (18. 10. 79 / 6. 5. 82) – Bondorf (6. 9. 74) – Bruchsal (13. 11. 81) – Buchen (12. 3. 81) – Crailsheim (28. 11. 80) – Dinkelsbühl (29. 9. 78) – Fellbach (26. 11. 76) – Feuerbach (20. 10. 75) – Geislingen / Steige (9. 3. 79) – Gerabronn (17. 9. 76) –
Gerlingen (7. 4. 78) – Heilbronn (18. 3. 83) – Leinfelden (29. 4. 74) – Leipheim – (26. 9. 80) – Leonberg (21. 1. 77) – Mannheim (22. 8. 75) – Marbach (23. 4. 82) – Mühlacker (23. 3. 84) – Bad Rappenau (11. 11. 77) – Schorndorf (8. 2. 80) – Schwäbisch-Gmünd (14. 3. 85) – Stuttgart (20. 5. 77)
HR: Eltville (22. 11. 75) – Erbach / Odenwald (23. 4. 76) – Korbach (29. 11. 74) – Sontra (8. 6. 74) – Viernheim (23. 5. 75) WDR: Bonn-Bad Godesberg (25. 10. 76) – Dinslaken (31. 10. 74 / 17. 3. 78) – Hagen / Westfalen (11. 10. 75) – Iserlohn (14. 10. 77) – Krefeld (1. 9. 78) – Neuss (15. 4. 77) – Bad Pyrmont (27. 6. 74) – Bad Salzuflen (18. 4. 75) –Wuppertal (31. 3. 76)
BR: Burghausen / Salzach (5. 11. 82) – Erding (8. 11. 85) – Füssen (18. 9. 86) - Lindau / Bodensee (18. 11. 83) – Linz / Österreich (10. 11. 84 – als Coproduktion mit dem ORF).
*Anmerkung: 99 Folgen der Reihe »Spaß muß sein!« wurden von Hans Rosenthal moderiert und geleitet; die Jubiläumssendung (100. Folge aus Füssen) conferierte dann Reinhard Stein für den bereits schwer erkrankten Rosenthal. Den nächsten Veranstaltungstermin, am 6. 11. 1986 in Fellbach, nahm dann Max Schautzer als Moderator wahr (Die Sendung lief unter einem anderen Titel »Es liegt was in der Luft«).

Spectaculum (FS)
Eine Fernsehshow für das Weltkinderhilfswerk UNICEF. Mitwirkung von

Hans Rosenthal. Weitere Mitwirkende: Petula Clark, Donna Hightower, Paul Anka, Frank Elstner, Rex Gildo, Carlheinz Hollmann, Danny Kaye, Peter Ustinov, Botho-Lucas-Chor, Inga & Wolf, Middle Of The Road, Poppys, Orchester Kurt Edelhagen, SWF-Tanzorchester unter der leitung von Rolf-Hans Müller, u. v. a. Regie: Alexander Arnz. Produktion: SWF / WDR. Öffentliche Veranstaltung in Düsseldorf und München gleichzeitig am 20. 10. 1973. Sendung (Live): SWF / ARD (20. 10. 1973)

Spiel über Grenzen (HF)
Ein touristischer Drei-Länderwettstreit nach einer Idee von Heinz Schröter. Spielmeister: Hans Rosenthal. Sendereihe in 6 Folgen. Leitung: Hans Rosenthal und Ernst Kalthoff. Produktion: WDR / RIAS Berlin. 1. Folge. Frankreich – Niederlande – Jugoslawien. Mitwirkende: Séverine, Ben Cramer, Bata Illic, Günter Schwerkolt und Werner Müller mit dem WDR-Tanzorchester. Öffentliche Veranstaltung im Konzerthaus in Bad Salzuflen vom 4. 10. 1972. Sendung: 4. 11. 1972 (RIAS 2) – 15. 10. 1972 (WDR 1) 2. Folge: Schweiz – Großbritannien – Belgien. Mitwirkende: Paola, Sandie Shaw, Tonia, Günter Schwerkolt und Heinrich Riethmüller mit dem RIAS-Tanzorchester. Öffentliche Veranstaltung in der Berliner Urania vom 21. 11. 1972. Sendung: 16. 12. 1972 (RIAS 2) – 10. 12. 1972 (WDR 1). 3. Folge: Dänemark – Italien – Griechenland. Mitwirkende: Dorthe Kollo, Costa Cordalis, Günter Schwerkolt, Vittorio und Heinrich Riethmüller mit dem RIAS-Tanzorchester. Öffentliche Veranstaltung in der berliner Urania vom 6. 4. 1973. Sendung: 15. 4. 1973 (RIAS 2 und WDR 1). 4. Folge: Österreich – Schweden – Spanien. Mitwirkende: Bibi Johns, Hilario, Udo Jürgens, Günter Schwerkolt und Werner Müller mit dem WDR-Tanzorchester. Öffentliche Veranstaltung im Konzerthaus in Bad Salzuflen vom 16. 5. 1973. Sendung: 27. 5. 1973 (WDR 1) – RIAS 2 (Juni 1973). 5. Folge: Rumänien

– Norwegen – Portugal. Mitwirkende: Anita & Ellen Nikolaysen, Eugen Cicero, Mircea Krishan, Günter Schwerkolt, Werner Müller mit dem WDR-Tanzorchester, u. v. a. Öffentliche Veranstaltung in der Stadthalle Kleve vom 22. 3. 1974. Sendung: 14. 4. 1974 (RIAS 2) – 13. 4. 1974 (WDR 1). 6. Folge: USA – Israel – Bulgarien. Mitwirkende: Peggy March, Smiera, Boris Rubaschkin, Günter Schwerkolt, Werner Müller mit dem WDR-Tanzorchester, u. v. a. Öffentliche Veranstaltung in der Kaiser-Friedrich-Halle in Mönchen-Gladbach vom 3. 5. 1974. Sendung: Juli 1974 (RIAS 2) – 21. 7. 1974 (WDR 1)
*Anmerkung: In dieser Reihe wurden insgesamt 18 Länder vorgestellt und zwar in mehreren Spielrunden und mit viel Musik aus den jeweiligen Staaten. Für jedes Land wurde eine Mannschaft – bestehend aus 3 Personen – gebildet: Zwei Kandidaten aus dem Publikum und ein Experte kämpften in einem team um den Sieg beim »Spiel über Grenzen«.

Stars in der Manege (FS)
Ein Gala-Abend im Circus Krone. Mitwirkung von Hans Rosenthal. Weitere Mitwirkende: Marlene Charell, Gitte, Dagmar Koller, Anneliese Rothenberger, Sammy Drechsel, Gert Fröbe, Curd Jürgens, Kurt Meisel, u. v. a. Regie: Hartmut Schottler. Öffentliche Veranstaltung im Circus Krone-Bau in München vom 6. 12. 1974. Produktion: ZDF. Sendung: 31. 12. 1974 (ZDF)

Stars in der Manege (FS)
Ein Gala-Abend im Circus Krone-Bau – präsentiert von Senta Berger. Mitwirkung von Hans Rosenthal. Weitere Mitwirkende: Marlene Charell, Uschi Glas, Nastassja Kinski, Dagmar Koller, Inge Meysel, Maria Schell, Constance Vernon, Gustl Bayhammer, Martin Benrath, Pierre Brice, Olacido Domingo, Harald Leipnitz, Dieter Hildebrandt, Horst Jüssen, Peter Kreuder, Günter Netzer, Petar Radenkovic, Werner schneyder, Elmar und Fritz Wepper, Orchester Max Greger, u. v. a. Regie: Horst Eppinger. Öffentliche Veranstaltung im Circus Krone-Bau in München vom 9. 12. 1977. Produktion: ZDF / ORF / SRG. Sendung: 18. 12. 1977 (ZDF) – 7. 1. 1978 (ORF 1)

Stars in der Manege (FS)
Ein Gala-Abend im Circus Krone – präsentiert von Hans Rosenthal. Mitwirkende: Iris Berben, Marlene Charell, Dolly Dollar, Katja Ebstein, Kristina van Eyck, Katarina Jacob, Cornelia Froboess, Marika Rökk, Hanna Schygulla, Caterina Valente, Richard Claydermann, Eddie Constantine, Frank Elstner, Rainer Werner Fassbinder, Silvio Francesco, Gerhard Klarner, Tommy Ohrner, Hermann Prey, Heinz Rühmann, u. v. a. Regie: Dieter Wendrich. Öffentliche Veranstaltung im Circus Krone-Bau in München vom 5. 12. 1980. Produktion: ZDF / ORF / SRG. Sendung: 31. 12. 1980 (ZDF)

(Dem) Täter auf der Spur (FS)
Ein Krimiquiz von und mit Jürgen Roland. Als Gast: Hans Rosenthal. Weitere Mitwirkende: Karl Lieffen, Günter Neutze, u. v. a. Regie: Jürgen Roland. Produktion: NDR. Sendung: 20. 5. 1973 (NDR / ARD)

Tag des Kindes
Ein Fußballspiel in der Berliner Waldbühne. Im Tor: Hans Rosenthal. Öffentliche Veranstaltung in der Berliner Waldbühne vom 21. 8. 1960. Veranstalter: Die Berliner Zeitung »Telegraf«.

Tausend Worte (HF)
Lektionen zum Nachdenken. Eine Sendereihe des Berliner Rundfunks. Mitwirkung von Hans Rosenthal. Weitere Mitwirkende: Ursula Boja, Marianne Pohlenz, Maria Torries, Karl-Heinz Carrrell, Kurt Strelow, u. v. a. Zusammenstellung und Leitung der Sendung: Theodor Mühlen. Produktion: Berliner Rundfunk. Sendungen: Mehrere Folgen 1945 – 47.

(Berliner Rundfunk). 75. Folge: 5. 4. 1946

Telestar 1986 (FS)
Verleihung des Fernsehpreises von ARD und ZDF. Mitwirkung von Hans Rosenthal als Preisträger. Weitere Mitwirkende: Ilona Christen, Amelie Fried, Rudi Carrell, Curth Flatow, Adalbert Hartel, Herbert Reinecker, u. v. a. Öffentliche Veranstaltung in der Meier-Halle in Köln-Bocklemünd vom 5. 12. 1986. Produktion: WDR. Sendung: 11. 12. 1986 (WDR / ARD)
*Anmerkung: Hans Rosenthal erhielt den Telestar 1986. Bei der Verleihung – die Laudatio hielt Curth Flatow – gab es »standing ovations« für Rosenthal, denn dies war sein erster Fernsehauftritt nach der schweren Krebsoperation. Keiner konnte damals ahnen, daß es gleichzeitig auch sein letzter Auftritt auf dem Bildschirm sein sollte.

Tele-Treff (FS)
Unterhaltungssendung des Österreichischen Fernsehens. Mitwirkung von Hans Rosenthal. Produktion: ORF. Sendung: 30. 7. 1978 (ORF 1)

Tendenz heiter (HF)
Ein bunter Unterhaltungsabend zur 13. Berliner Theaterwoche 1975 in Bonn-Bad Godesberg. Spielmeister: Hans Rosenthal. Mitwirkende: Helga Feddersen, Séverine, Bernd Clüver, Ernst H. Hilbich, Reinhard Stein, Jiggs Wigham, Love Generation, Horst Jankowski mit seinem RIAS-Tanzorchester, u. v. a. Öffentliche Veranstaltung im Stadttheater in Bad Godesberg vom 31. 10. 1975. Produktion: WDR / RIAS Berlin. Sendung: 5. 11. 1975 (RIAS 2)

Trauerfeier für Hans Rosenthal (HF)
Sondersendung zum Tode von Hans Rosenthal mit Ansprachen von Autor Curth Flatow, dem ZDF-Programmdirektor Alois Schardt, dem Vorsitzenden der Jüdischen Gemeinde Heinz Galinski

und dem Regierenden Bürgermeister von Berlin Eberhard Diepgen. Übertragung aus dem Großen Sendesaal des RIAS-Funkhauses in Berlin. Produktion: RIAS Berlin. Sendung (Live): 13. 2. 1987 (RIAS 1)

Treffpunkt Herz (FS)
Ein Gala-Abend für die Deutsche Krebshilfe – präsentiert von Peter Alexander. Mitwirkung von Hans Rosenthal.
Weitere Mitwirkende: Katja Ebstein, Elisabeth Flickenschild, Heidi Kabel, Alice & Ellen Kessler, Inge Meysel, Lilli Palmer, Lieselotte Pulver, Marika Rökk, Anneliese Rothenberger, Dr. Mildred Scheel, Gisela Schlüter, Ingrid Steeger, Olga Tschechowa, Luise Ullrich, Lou van Burg, Kurt Edelhagen, Hansjörg Felmy, Peter Frankenfeld, Franz Grothe, Johannes Heesters, Paul Hörbiger, Gustav Knuth, Paul Kuhn, Hans-Joachim Kulenkampff, Helmut Lange, Robert Lembke, Theo Lingen, Erik Ode, Rudolf Prack, Ilja Richter, Hansjürgen Rosenbauer, Heinz Rühmann, Gunther Sachs, Heinz Schenk, Rudolf Schock, Günther Schramm, Heinz Sielmann, Hans Söhnker, Ernst Stankovski, Horst Tappert, Vico Torriani, Botho-Lucas-Chor, u. v. a. Buch: Hans Hubberten. Regie: Ekkehard Böhmer. Öffentliche Veranstaltung in der Kölner Sporthalle vom 14. 6. 1975. Produktion: ZDF / ORF / SRG. Sendung: 4. 10. 1975 (ZDF)

Treffpunkt Hof (HF)
Ein bunter Unterhaltungsabend zur Einweihung der Freiheitshalle in Hof / Franken. Spielmeister: Hans Rosenthal. Mitwirkende: Dunja Rajter, Mary Roos, Felix Knemöller, Mike Krüger, Peter Rubin, Love Generation, Medium-Terzett, RIAS-Tanzorchester unter der Leitung von Heinrich Riethmüller, u. v. a. Produktionsleitung: Horst Kintscher Öffentliche Veranstaltung in der Freiheitshalle in Hof vom 14. 4. 1976. Produktion: BR / RIAS Berlin. Sendung: 19. 4. 1976 (RIAS 2)

Treffpunkt Hof (HF)
Ein Unterhaltungsabend zum 30-jährigen Bestehen des RIAS-Senders Hof. Spielmeister: Hans Rosenthal. Mitwirkende: Katja Ebstein, Fredl Fesl, Heino, Horst Kintscher, Heinrich Riethmüller, Ernst Stankovski, RIAS-Kammerchor, Horst Jankowski mit seinem RIAS-Tanzorchester, u. v. a. Produktionsleitung: Horst Kintscher. Öffentliche Veranstaltung in der Freiheitshalle in Hof / Franken vom 15. 4. 1978. Produktion: RIAS Berlin. Sendung: 29. 4. 1978 (RIAS)

Unterhaltungsabend in Kiel
Bunter Abend für Polizeibeamte, Bundesgrenzschützer, Helfer vieler karitativer Organisationen, Männer und Frauen, die bei den vielen Demonstrationen in Brokdorf im Einsatz standen. Moderation: Hans Rosenthal. Veranstaltungstermin: 27. 11. 1981 in der Ostseehalle in Kiel.

Unterhaltungsveranstaltung in Klagenfurt (HF).
Bunter Abend in Klagenfurt / Kärnten. Leitung: Hans Rosenthal. Produktion: ORF / RIAS Berlin. Sendung: 23. 6. 1976 (ORF)

Unterhaltungsveranstaltung in Markdrewitz
Moderation: Hans Rosenthal. Veranstaltungstermin: 4. 11. 1978.

Unterhaltungsveranstaltung für den Wiener Kurier
Moderation: Hans Rosenthal. Veranstaltungstermin: 27. 4. 1977

Väterchens Mondfahrt (HF)
Ein Kabarett für Kometen und Raketen. Spielleitung: Hans Rosenthal. Manuskript: Horst Pillau. Musik: Olaf Bienert. Produktion: RIAS Berlin. Sdg: 13. 7. 1959 (RIAS 1)

Verdammt lang her (FS)
Eine Sendereihe des WDR um Vergangenes. Moderation: Detlef Simon. Zum 10.

Todestag von Hans Rosenthal unterhalten sich im WDR-Studio in Köln. Gert Rosenthal und der Karikaturist Oskar. Produktion: WDR. Sendung: 11. 2. 1997 (West 3)

Vergnügtes Examen (HF)
Ein Frage- und Antwortspiel mit Berliner Stduenten. Spielmeister: Hans Rosenthal. Mitwirkende: Viele bekannte Solisten und die RIAS-Combo unter der Leitung von Heinrich Riethmüller. Zusammenstellung: Horst Pillau. Öffentliche Veranstaltung im Auditorium Maximum der Freien Universität in Berlin. Produktion: RIAS Berlin. Sendung: 10. 1. 1959 (RIAS 2)

Verwandte sind auch Menschen (HF)
Eine Unterhaltungssendung. Leitung: Hans Rosenthal. Produktion: RIAS Berlin. Sendung: 26. 9. 1964 (RIAS)

Viertes Gebot (HF)
Ein Hörspiel nach Anzengruber. Regieassistenz: Hans Rosenthal. Produktion: Berliner Rundfunk. Sendung: 1945 / 46 (Berliner Rundfunk)

Vom Wienerwald zum Grunewald (HF)
Eine Unterhaltungssendung mit Wiener und Berliner Künstlern. Leitung: Hans Rosenthal und Ernst Grissemann. Mitwirkende: Elfriede Ott, Undine von Medvey, Günter Frank, Ekkehard Fritsch, Walter Gross, RIAS-Tanzorchester unter der Leitung von Heinrich Riethmüller, u. v. a. Öffentliche Veranstaltung in der Berliner Urania vom 6. 10. 1970. Produktion: RIAS Berlin / ORF. Sendung: Oktober 1970. (RIAS / ORF)

Von Grenze zu Grenze (HF)
90 bunte Minuten von Urlaub und Reise. Leitung: Hans Rosenthal. Text: Horst Pillau. I. »Das RIAS-Kursbuch« Musikalische Reiseauskünfte. II. »Hinaus in die ferne« Rätselraten aus aller Welt. III. »Ich bin so gern zu Haus«. Produktion: RIAS Berlin. Sendung: 9. 7. 1958 (RIAS 2)

Vorwiegend heiter (HF)
Frohe Stunden mit RIAS im Sportpalast. Mitwirkung von Hans Rosenthal. Weitere Mitwirkende: Margot Eskens, Renate Holm, Lisa Otto, Walter Böhm, Herbert Brauer, Hans Carste, Jürgen Graf, Willy Hagara, Günter Keil, Felix Knemöller, Werner Müller, Werner Oehlschläger, Kurt Pratsch-Kaufmann, Karl Terkal, Ivo Veit, Fried Walter, Adolf Wreege, Trio Sorento, RIAS-Tanzorchester, u. v. a. Gesamtleitung: Inge Siegel. Öffentliche Veranstaltung im Berliner Sportpalast vom 29. 5. 1959. Produktion: 29. 5. 1959 Sendung (Live): 29. 5. 1959 (RIAS 1) – 29. 8. 1959 (NDR 1)

Was machst du mit dem Quiz, lieber Hans ? (HF).
Eine Sondersendung zum Jubiläum der 300. Folge des Pfadfinderspiels »Wer fragt – gewinnt!« mit dem Spielmeister Hans Rosenthal. Buch und Moderation: Horst Pillau. Mitwirkende: Grethe Weiser, Helmut Brandenburg, Rudi Carrell, Heinz Erhardt, Günter Fuhlisch, Alfred Hause, Curd Jürgens, Horst Kintscher, Hans-Joachim Kulenkampff, Werner Müller, Heinrich Riethmüller, Franz Thon, RIAS-Tanzorchester, NDR-Tanzorchester, NDR-Tango-Orchester, viele Quizmannschaften, lustige Kandidaten, u. v. a. Produktionsleitung. Horst Kintscher Aufnahmeleitung: Roman Neymanns. Produktion: RIAS Berlin Sendung: 21. 6. 1972 (RIAS 1)

Was war – was ist – was sagen wir dazu? (HF).
Eine Sendereihe des RIAS-Jugendfunks in mehreren Folgen 1948 – 51. Mitwirkung von Hans Rosenthal. Weitere Mitwirkende: Horst Cierpka, Hans-Peter Herz, Hans-Otto Sauber, u. a. Redaktion: Elisabeth Leithäuser. Regie: Alexander Pestel. Produktion: RIAS Berlin
*Anmerkung: Die o. g. Sendereihe wurde zunächst unter dem Titel »Berliner Jugendchronik« im RIAS-Programm ausgestrahlt.

Wer fragt – gewinnt! (HF)
Ein Pfadfinderspiel um Worte und Begriffe. Sendereihe des RIAS und NDR in 316 Folgen – Spielmeister: Hans Rosenthal
Assistentin: Ingrid Beyer, Marlies Kahlfeldt, Gerda Neumann, u. a. Zwerg Allwissend: Horst Kintscher. Produktionsleitung: Kip Oppermann (NDR) und Horst Kintscher (RIAS). Produktion: RIAS Berlin / NDR (ab 1960 / 61). 1. Folge: Mit Valeska Dietrich, Ilse Trautschold, Ernst-Günter Lürs, Jürgen Reiß, Heinrich Riethmüller, Günter Schwerkolt, Rudi Stark, u. v. a. Öffentliche Veranstaltung im RIAS-Studio 7 in Berlin. Sendung: 10. 6. 1954 (RIAS). 100. Folge: Mit bekannten Solisten und dem RIAS-Tanzorchester unter der Leitung von Heinrich Riethmüller. Öffentliche Veranstaltung im Auditorium Maximum der FU Berlin. Sendung: 18. 12. 1958 (RIAS 1) 200. Folge: Mit bekannten Solisten und dem RIAS-Tanzorchester unter der Leitung von Heinrich Riethmüller. Öffentliche Veranstaltung vom 17. 5. 1963 in Berlin. Sendung: 25. 5. 1963 (RIAS). 250. Folge: Mit bekannten Solisten und dem RIAS-Tanzorchester unter der Leitung von Heinrich Riethmüller, sowie den Mannschaften der Karikaturisten und der Kabarettisten. Öffentliche Veranstaltung in der Berliner Urania vom 27. 10. 1967. Sendung: 4. 11. 1967 (RIAS 2) 278. Folge: Sondersendung aus Dänemark. Mitwirkende: Lale Andersen, Nana Gualdi, Horst Kintscher, Rolf Kühn, Carlos Otero, Radio-Tango-Orchester des NDR unter der Leitung von Alfred Hause, u. v. a. Prominenter Ehrengast hinter dem Wandschirm: Paul Kuhn. Mannschaftswettkampf zwischen den Städten Tondern (Cäzile Schifferl, Hans-Jürgen Gläser und Jörn Witt) und Apenrade (Henny Petersen, Peter Kaadtmann und Carsten Lund). Öffentliche Veranstaltung in der Schweizer Halle in Tondern / Dänemark vom 11. 4. 1970. Sendung: 23. 4. 1970 (RIAS 1) – 25. 4. 1970 (NDR 2). 300.

Folge: Mit Hanna Aroni, Lilo Katzke, Peggy March, Roberto Blanco, Joachim Bröske, Curth Flatow, Horst Kintscher, Dr. Felix Rexhausen, Facio Santillian, Peter Schultz, Heinz-Oskar Wuttig, RIAS-Tanzorchester unter der Leitung von Helmut Brandenburg und Heinrich Riethmüller u. v. a. Prominenter Ehrengast hinter dem Wandschirm: Vico Torriani. Gratulanten: RIAS-Programmdirektor Herbert Kundler (auf der Bühne) und Hans-Joachim Kulenkampff (per Telefon). Öffentliche Veranstaltung in der Berliner Urania vom 2. 6. 1972. Sendung: 24. 6. 1972 (RIAS 2) – 17. 6. 1972 (NDR 2). 316. Folge: Letzte Sendung der Reihe. Mit Ellen Friese, Horst Kintscher, Kurt Stadel, Manfred Stoppacher, RIAS-Tanzorchester unter der Leitung von Helmut Brandenburg und Heinrich Riethmüller, u. v. a. Prominenter Ehrengast hinter dem Wandschirm: Bernd Clüver
Öffentliche Veranstaltung im Ernst-Reuter-Saal in Berlin-Reinickendorf vom 22. 2. 1974. Sendung: 16. 3. 1974 (RIAS 2)
*Anmerkung: »Wer fragt-gewinnt!« war eine der erfolgreichsten Sendereihen von Hans Rosenthal. Viele Turniere wurden im Laufe der Zeit durchgeführt und aus den verschiedensten Orten und Städten im Sendegebiet des RIAS und NDR übertragen, wie z. B. aus Aurich (19. 2. 65), Braunschweig (13. 5. 66), Hahnenklee / Harz (12. 6. 70), Hameln (19. 6. 66), Hannover (11. 1. 74), Helgoland (6. 6. 69), Herzberg / Harz (7. 4. 72), Jever / Ostfriesland (23. 4. 71), Kiel (16. 11. 73), Melle (23. 4. 65 / 10. 10. 69), Oldenburg (27. 2. 64 / 15. 6. 73), Papenburg (31. 3. 67), Westerland / Sylt (17. 5. 68) und natürlich viele Veranstaltungen aus Berlin und Hamburg. Horst Kintscher (20. 2. 1925 – 16. 8. 1990) fiel schon sehr früh durch Mutterwitz und Schlagfertigkeit auf und so suchte er sich schon während der Schulzeit eine Beschäftigung als »Kleindarsteller« bei Film, Theater und Rundfunk. Nach dem Krieg bot ihm der RIAS 1948 eine Chance: Er wurde Orchesterwart und »Mädchen für alles«. 1952

dann »rechte Hand« von Werner Oehlschläger und Ivo Veit und schließlich von Rosenthal. Die Funkinszenierungen der Reihe »Unternehmen Luna« war seine erste große Regieaufgabe (Manuskript: Werner E. Hintz und Charles Chilton); zu den Mitwirkenden gehörten u. a. Jack Forman, Friedrich Joloff und Edgar Ott. Kintscher hat zahlreiche RIAS-Sendungen wie »Kutte kennt sich aus« (mit Kurt Pomplun) betreut und war auch bei den Rosenthal-Reihen »Allein gegen alle« und »Spaß muß sein!« als Reporter vertreten. Das Pfadfinderspiel »Wer fragt – gewinnt!« betreute Kintscher neben Kip Oppermann als verantwortlicher Produktionsleiter im Hintergrund und als »Bankbeamter« auf der Bühne im Spiel »Bitte zur Kasse«; außerdem war er der »Zwerg Allwissend«, der den Hörern zu Haus die Ratebegriffe verriet. Vom 1. 1. 1980 an war Kintscher Nachfolger von Rosenthal auf dem Posten des RIAS-Abteilungsleiters für Unterhaltung.

Wer hat dich du schöner Wald ...? (FS)
Macht die Bäume wieder grün. Präsentation: Hans Rosenthal. Mitwirkende: Daliah Lavi, Reinhard Mey, Jürgen Barz & Grunewald, Gruppe Gänsehaut, Menskes-Chöre, u. v. a. Regie: Ekkehard Böhmer. Öffentliche Veranstaltung in der Barbarossa-Halle in Kaiserslautern vom 20. 10. 1984. Produktion: ZDF. Sendung (Live): 20. 10. 1984 (ZDF)

Wer meldet sich zu Wort ? (HF)
Ein Ratespiel mit 100 Fragen Politik. Gestaltung der Sendung: Hans Rosenthal und Horst Pillau. Mitwirkende: Heinrich Riethmüller und seine Solisten. Produktion: RIAS Berlin. Sendung: 8. 9. 1957 (RIAS 2)

Wir Schildbürger (HF)
Ein Kabarett rund um den Verkehr von Michael Alex. Regie: Hans Rosenthal. Mitwirkende: Edith Elsholtz, Inge Wolffberg, Axel Bauer, Jo Herbst, Wilfried Herbst, Kurt Pratsch-Kaufmann, Andreas

Mannkopf, Joachim Röcker, Horst Sommer, Achim Strietzel, Guido Weber, Moonlights, Trio Sorento, u. v. a. Musik: Olaf Bienert. Produktion: RIAS Berlin. Sendung: 12. 11. 1966 (RIAS 2).

Wir sind füreinander bestimmt (HF)
Hörerinnen und Hörer erzählen die Geschichte ihrer Ehe. Leitung der Sendung: Hans Rosenthal. Mitwirkende: Mit bekannten Solisten und den Orchestern Heinz Alisch, Aolf Wreege, Helmut Zacharias und dem RIAS-Tanzorchester unter der Leitung von Heinrich Riethmüller. Produktion: RIAS Berlin. Sendung: 20. 10. 1960 (RIAS 1)

Wie lernt man ein Mädchen kennen? (HF)
Ein kurzer Lehrgang in der Kunst der Annäherung mit Joachim Teege. Regie: Hans Rosenthal. Mitwirkende: Anita Kupsch, Sigrid Lagemann, Lola Luigi, Moritz Milar, Günter Pfitzmann, Gerd Vespermann, Ewald Wenck, u. v. a. Manuskript: Horst Pillau Musik: Heinrich Riethmüller. Produktion: RIAS Berlin Sendung: 26. 9. 1964 (RIAS 2)

(Die) Wühlmäuse (HF)
Das neue Programm des Berliner Kabaretts. Aufnahmeleitung: Hans Rosenthal. Produktion: RIAS Berlin. Aufnahme im Theater der Wühlmäuse in Berlin vom 15. 5. 1963. Sendung: Mai 1963 (RIAS)

Wünsch Dir Was (FS)
Das große Familienspiel mit Vivi Bach und Dietmar Schönherr. Mitwirkung von Hans Rosenthal und seiner Familie: Traudl Rosenthal, Birgit Hofmann und Gert Rosenthal. Weitere Mitwirkende: Joachim Fuchsberger und Hans-Peter Heinzl mit ihren Familien. Öffentliche Veranstaltung in der Stadthalle in Wien vom 20. 2. 1982. Produktion: ORF / WDR. Sendung: Februar / März 1982 (WDR / ARD und ORF)

Wunschkonzert für Hans Rosenthal (HF)
Eine Unterhaltungssendung des SDR anläßlich der 150. Folge des Ratespiels »Allein gegen alle« mit dem Spielmeister Hans Rosenthal. Produktion: SDR. Sendung: 25. 9. 1976 (SDR 1)

Zehnkampf der Fernsehfans (FS)
Ein Mannschaftswettstreit mit Ausstellungsbesuchern auf der Internationalen Funkausstellung 1985 in Berlin – präsentiert von Hans Rosenthal und Dieter Thomas Heck. Mitwirkende: Ulrike von Möllendorf, Nicole, Doris Papperitz, Ingrid Peters, Sabine Sauer, G. G. Andersen, Hans-Jürgen Bäumler, Roy Black, Bernd Clüver, Costa Cordalis, Frank Elstner, Thomas Gottschalk, Herbert Herrmann, Peter Illmann, Gerhard Klarner, Paul Kuhn, Tony Marshall, Alexander Niemetz, Karlheinz Rudolph, Claus Seibel, Carlo von Thiedemann, Harry Valerien, Viktor Worms, u. v. a. Textbeiträge: Hans Rosenthal, Birgit Hofmann, Karl-Heinz Müller-Ruzika, u. a. Öffentliche Veranstaltungen auf dem Berliner Ausstellungsgelände zwischen dem 30. 8. und 8. 9. 1985. Produktion: ZDF. 10 Sendungen: täglich vom 30. 8. – 8. 9. 1985 (ZDF)

Zug um Zug (FS)
150 Jahre Deutsche Eisenbahn. Ein Show-Express – präsentiert von Hans Rosenthal. Mitwirkende: Wencke Myhre, Gilian Scalici, Isabell Varell, Gunter Gabriel, Ernst H. Hilbich, Udo Jürgens, Steven Kimborough, Peter Petrel, Taco, u. v. a. Textbeiträge: Charles Lewinsky Musikalische Leitung: Heinz Gietz. Regie: Ekkehard Böhmer. Öffentliche Veranstaltung im Ausbesserungswerk der Deutschen Bundesbahn in Nürnberg vom 7. 12. 1985. Produktion: ZDF. Sendung (Live): 7. 12. 1985 (ZDF)

Zum Blauen Bock (FS)

Musik und Humor beim Äppelwoi – mit Heinz Schenk und Lia Wöhr. Mitwirkung von Hans Rosenthal. Weitere Mitwirkende: Liesel Christ, Bibi Johns, Véra Kálmánn, Marianne Rosenberg, Marco Bakker, Chris Howland, Martin Jente, Gerhard Lippert, Reno Nonsens, Veit Relin, Hans Richter, Manfred Seipold, Harald Serafin, Blaue Bock-Ensemble mit Hans Schepior, u. v. a. Musikalische Leitung: Franz Grothe. Regie: Ekkehard Böhmer Öffentliche Veranstaltung in Bad Hersfeld vom 4. 98. 1982. Produktion: HR. Sendung (Live): 4. 9. 1982 (HR / ARD) *Anmerkung: Rosenthal sang in dieser Sendung aus Bad Hersfeld ein Duett mit Heinz Schenk unter dem Titel »Ja, das ist Spitze«. Rosenthal war mehrmals im »Blauen Bock« zu Gast und zwar am 16. 2. 1974 und 4. 2. 1978 jeweils in der Rhein-Main-Halle in Wiesbaden. In einer dieser Sendungen, die zum Karneval ausgestrahlt wurden, konnte man wieder ein Duett mit Heinz Schenk erleben: »Wir sind die Tramps von der Pfalz«.

Zum Gedenken an Hans Rosenthal (HF)

Eine Sondersendung zum Tode von Hans Rosenthal – von Horst Kintscher und Herbert Kundler. Produktion: RIAS Berlin. Sendung: 10. 2. 1987 (RIAS 1)

Zweites Frühstück (HF)

Eine vormittägliche Unterhaltungsreihe mit John Hendrik. Mitwirkung von Hans Rosenthal in den Sendungen am 30. 12. 1968 und 14. 5. 1973. Öffentliche Veranstaltungen – wöchentlich einmal – zunächst im I-Punkt des Europa-Centers und dann im Steglitzer Bierpinsel. Produktion: RIAS Berlin.

Zwischenmahlzeit (FS)

Ein heiteres Unterhaltungsmenue serviert von Gisela Schlüter. Mitwirkung von Hans Rosenthal. Buch: Hans Hubberten. Regie: Harald Vock. Produktion: NDR. Sendung: 8. 11. 1972 (NDR / ARD) *Anmerkung: In dieser Sendung sang Hans Rosenthal im Duett mit Guido Baumann ein Lied über die Problematik, »ob die Henne oder das Ei zuerst da war...« Rosenthal war noch ein zweites Mal in Gisela Schlüter's »Zwischenmahlzeit« zu Gast und zwar in der Sendung am 16. 11. 1976.

2. QUELLENVERZEICHNIS

2. 1. Literatur:

»ARD-Jahrbuch« Herausgegeben von der Arbeitsgemeinschaft der öffentlich-rechtlichen Rundfunkanstalten in Deutschland (Jahrgänge 1969 – 97), Hans-Bredow-Institut Hamburg.

Arenhövel, Alfons: »Arena der Leidenschaften« Der Berliner Sportpalast und seine Veranstaltungen 1910 – 1973. Verlag Willlmuth Arenhövel Berlin, 1990.

Beyer, Friedemann: »Die UFA-Stars im Dritten Reich«. Wilhelm Heyne Verlag GmbH München, 1991.

Braun, Alfred: »Achtung, Achtung: Hier ist Berlin« – Buchreihe des SFB (Band 8) Haude & Spenersche Verlagsbuchhandlung Berlin, 1968.

Bruch, Walter: »Berlin war immer dabei«. Aus der Reihe »Berliner Forum« (6 / 77). Presse- und Informationsdienst des Landes Berlin, 1977

Charlottenburg, Bezirksamt von: »250 Jahre Charlottenburg« Festschrift aus Anlaß des Stadtjubiläums. Herausgegeben vom Bezirksamt Charlottenburg von Berlin, 1955.

Derenburg, Michael: »Streifzüge durch vier RIAS-Jahrzehnte. « Anfänge und Wandlungen eines Rundfunksenders Aus der Reihe »Berliner Forum« (2 / 86) Presse- und Informationsamt des Landes Bertlin, 1986.

Eckhardt, Fritz: »Ein Schauspieler muß alles können. « Mein Leben in Anekdoten. Ullstein Verlag Frankfurt a. M., Berlin, 1992.

Friedrich, Jörg: »Die Kalte Amnestie« NS-Täter in der Bundesrepublik R. Piper GmbH & Co. KG München, 1994 (Die erste Fassung erschien 1984 unter gleichem Titel im Fischer Taschenbuch Verlag Frankfurt a. M.

Galliner, Nicola: »Wegweiser durch das jüdische Berlin« Geschichte und Gegenwart. Nach einer Idee von Nicola Galliner. Nicolaische Verlagsbuchhandlung Beuermann GmbH Berlin, 1987.

Giordano, Ralph: »Die zweite Schuld« – oder Von der Last Deutscher zu sein. Rasch und Röhring Verlag Hamburg, 1987.

Goldhagen, Daniel Jonah: »Hitlers willige Vollstrecker« Ganz gewöhnliche Deutsche und der Holocaust. Siedler Verlag, 1996.

Heck, Dieter Thomas: »Der Ton macht die Musik« Erinnerungen. Universitas Verlag in F. A. Herbig Verlagsbuchhandlung GmbH München, 1988.

Höfer, Werner: »Starparade – Sternstunden«. Große Namen, große Szenen aus 50 Jahren Funk und Fernsehen. Verlag R. S. Schulz, Percha am Sternberger See, 1973.

HÖR ZU: »Unser Fernsehen« 1952 – 1979. Geschichte und Geschichten des Mediums, der Menschen, der Sender und Sendungen. Axel Springer Verlag AG, 1979.

Jaspers, Karl: »Wohin treibt die Bundesrepublik?« Neuausgabe von 1988, R. Piper Verlag München.

Jörg, Sabine: »Unterhaltung im Fernsehen« – Show-Master im Urteil der Zuschauer. K. G. Saur Verlag KG München, 1984.

Juhnke, Harald: »Na wenn schon« Die Kunst ein Mensch zu sein. Verlag Ullstein GmbH Frankfurt a. M., Berlin, 1998.

Kellner-Frankenfeld, Lonny: »Das große Peter-Frankenfeld-Buch« Ein biographischer Bericht. Ullstein Verlag Frankfurt a. M., Berlin, Wien, 1984.

Koberstein, Thea und Stein, Norbert: »Juden in Lichtenberg« Herausgeber: Kulturbund e. V. Edition Hentrich Berlin, 1995.

Kundler, Herbert: »RIAS Berlin« – Eine Radio-Station in einer geteilten Stadt. Dietrich Reimer Verlag Berlin, 1994.

Leistner, Walter und Tholund, Jakob: »Das Buch von Föhr« Husum Druck- und Verlagsgesellschaft, 1981.

Leonhard, Joachim-Felix: »Programmgeschichte des Hörfunks in der Weimarer Republik« Band 1 und 2. Deutscher Taschenbuch Verlag München, 1997.

Lohmeier, Henno: »Die Macher und die Mächtigen« Fernsehen in Deutschland von Hase & Koehler Verlag München, 1989.

Low, Bruce: »Es hängt ein Pferdehalfter an der Wand« Das Lied meines Lebens. Ullstein Verlag Frankfurt a. M., Berlin, 1990.

Mitscherlich, Alexander und Margarete: »Die Unfähigkeit zu Trauern« Grundlagen kollektiven Verhaltens. R. Piper Verlag München, 1967.

Munzinger-Archiv: »TV-Köpfe – 150 Leute vom Fernsehen« Munzinger-Archiv Ravensburg, 1981.

Neumann, Günter: »Die Insulaner« Lothar Blanvalet Verlag Berlin-Wannsee, 1954.

Ode, Erik: »Der Kommissar und ich« Wilhelm Goldmann Verlag München.

Oertzen, Christine und Jäger, Gabriele: »Boulevard Badstraße« Großstadtgeschichte im Berliner Norden. Edition Hentrich Berlin, 1993.

Postman, Neil: »Wir amüsieren uns zu Tode« – Urteilsbildung im Zeitalter der Unterhaltungsindustrie Fischer Taschenbuch Verlag Frankfurt a. M., 1988.

Prenzlauer Berg: »Leben mit der Erinnerung« Jüdische Geschichte in Prenzlauer Berg. Herausgegeben vom Kulturamt Prenzlauer Berg, Prenzlauer Berg Museum für Heimatgeschichte und Stadtkultur, 1997.

Pulver, Lieselotte: »...wenn man trotzdem lacht« Tagebuch meines Lebens. Langen Müller in der F. A. Herbig Verlagsbuchhhandlung GmbH München, 1990.

Reclam: »Reclams deutsches Filmlexikon« Von Herbert Holba, Günter Knorr und Peter Spiegel. Pilipp Reclam jun. Stuttgart, 1984.

RIAS Berlin: »25 Jahre RIAS Berlin« 1946 – 1971. Herausgeber und Redaktion: Horst Eifler und Ruprecht Kurzrock. Druck: Otto von Holten Kunst- und Buchdruckerei Berlin, 1971.

RIAS Berlin: »RIAS-Jahrbuch 1989 / 90« Redaktion: Dr. Giso Deussen. Druck: Felgentreff & Goebel Berlin, 1990.

Riedel, Heide: »60 Jahre Radio« – Von der Rarität zum Massenmedium. Herausgeber: Deutsches Rundfunk-Museum e. V. Berlin, 1983.

Riedel, Heide: »Mit uns zieht die neue Zeit... « 40 Jahre DDR-Medien. Vistas Verlag GmbH Berlin, 1993.

Riedel, Heide: »70 Jahre Funkausstellung« Politik – Wirtschaft – Programm. Vistas Verlag GmbH Berlin, 1994.

Rosenthal, Hans: »Zwei Leben in Deutschland« Gustav Lübbe Verlag Bergisch-Gladbach, 1980.

Schoeps, Julius H. : »Ein Volk von Mördern?« Die Dokumentation zur Goldhagen-Kontroverse um die Rolle der Deutschen im Holocaust. Hoffmann und Campe Verlag Hamburg, 1996.

Sender Freies Berlin: »Schlagerchronik« Von 1892 – 1959 Zeittypische Musik des deutschsprachigen Raums aus dem Bereich der Unterhaltung. Zusammenstellung: Wolfgang Adler SFB-Archiv Band 3, 1987 Saladruck Berlin.

Stolte, Dieter: »Fernsehen am Wendepunkt« Meinungsforum oder Supermacht. C. Bertelsmann Verlag München, 1992.

Sweringen, Bryan T. van: »Kabarettist an der Front des Kalten Krieges« – Günter Neumann und das politische Kabarett in der Programmgestaltung des RIAS 1948 – 1968. Wissenschaftsverlag Richard Rothe Passau, 1989.

Thoelke, Wim: »Stars, Kollegen und Ganoven« Eine Art Autobiographie. Gustav Lübbe Verlag Bergisch Gladbach, 1995.

Virchow, Martin: »Die 100 vom Fernsehen« Von Peter Alexander bis Eduard Zimmermann. Gustav Lübbe Verlag Bergisch Gladbach, 1973.

Weber, Wolfgang: »Hinter den Kulissen des Fernsehens« Signal-Verlag Baden-Baden, 1975.

Werner, Ilse: »So wird's nie wieder sein« Ein Leben mit Pfiff. Verlag Michael Jung Kiel, 1991.

Zweites Deutsches Fernsehen: »ZDF-Jahrbuch« Herausgegeben vom Zweiten Deutschen Fernsehen in Mainz (Jahrgänge 1970 -1996).

2. 2. Tonaufnahmen:

Es wurde auf folgende Hörfunksendungen, die in Tonbandaufnahmen vorhanden sind, zurückgegriffen: – »Allein gegen alle« (mehrere Folgen) – »Beinahe Friedensmäßig« – »Berliner Bonn-sens« – »Berlin wird fuffzig« – »Das gibt's nur einmal« – »Einer mit allen« – Gedenksendung zum Tode von Hans Rosenthal« – »Käpt'n Good-Bye« – »Kleine Leute – große Klasse« (mehrere Folgen) – »Das klingende Sonntagsrätsel«(mehrere Folgen) – »Werner Müllers Musik-Magazin« – »Günter Neumann und seine Insulaner« (mehrere Folgen) – »Opas Schlagerfestival« (mehrere Folgen) – »RIAS-Gala« – »Hans Rosenthal zum 60. Geburtstag« – »Die Rückblende« (mehrere Folgen) – »Spaß nuß sein!« (mehrere Folgen) – »Spiel über Grenzen« (mehrere Folgen) – »Tendenz heiter« – »Treffpunkt Hof« – »Was machst du mit dem Quiz lieber Hans?« – »Wer fragt – gewinnt!« (mehrere Folgen)

2. 3. Videoaufzeichnungen:

Es wurde auf folgende Fernsehsendungen, die in Videoaufzeichnungen vorhanden sind, zurückgegriffen: – »Bitte zur Kasse« – »Dalli, Dalli« (mehrere Folgen) – »Dalli, Dalli – Damals« – »Das war Spitze« – »Föhr: Hans Rosenthal stellt die Insel vor« – »Heut' Abend – Die ARD-Talkshow« – »Der Insulaner – Das Hörfunkkabarett im Fernsehen« – »Käpt'n Good-Bye« – »Kinder, wie die Zeit vergeht« – »Man muß Menschen mögen« – »Pinke, Pinke« (Pilotsendung) – »Rückblende: Vor 70 Jahren geboren« – »Schlagerfestival« – »Zum Blauen Bock« (mehrere Folgen) – »Zum Tode von Hans Rosenthal« (Mitschnitte sämtlicher Nachrichtensendungen vom 10. 2. 1987)

2. 4. Gespräche, Briefverkehr, Telefonate:

Folgende Personen wurden über bzw. zu Hans Rosenthal befragt: Günter Bartosch (ehemals Unterhaltungs- Redakteur im ZDF). Christian Bienert (Redakteur und Moderator »Sonntagsrätsel«). Nero Brandenburg (ehemaliger RIAS-Moderator, jetzt beim SFB tätig). Rainer Brandt (Schauspieler). Eberhard Diepgen (Regierender Bürgermeister von Berlin). Sabine Göhr (Hans-Rosenthal-Stiftung). Marlies Kahlfeldt (ehemalige Assistentin von Rosenthal und RIAS-Mitarbeiterin). Marianne Haynold (Fragestellerin bei »Allein gegen alle«). Dieter Thomas Heck (Showmaster im ZDF »Pyramide« »Showpalast«). Klaus Herrmann (Fragesteller »Allein gegen alle«). Alfred Honken (Fragesteller bei »Allein gegen alle«). Bibi Johns (Sängerin und Malerin). Heinz Junge (ehemaliger Moderator des RIAS und des privaten Urlaubssenders von Rosenthal auf der Insel Teneriffa). Hildegard Koppitz (Fragestellerin »Allein gegen alle«). Dr. Hanna-Renate Laurien (ehemals Parlamentspräsidentin und Senatorin für Schulwesen in Berlin). Fritz Loch (Fragesteller »Allein gegen alle«). Kip Oppermann (ehemaliger Produktionsleiter NDR Hamburg). Horst Pillau (Autor). Gert Rosenthal (Sohn des verstorbenen Showmasters). Traudl Rosenthal (Witwe des Showmasters). Hans-Otto Sauber (ehemaliger Redakteur beim RIAS). Max Schautzer (Moderator »Pleiten, Pech und Pannen« und vieler anderer Sendereihen im Funk und im Fernsehen). Friedrich Schoenfelder (Schauspieler). Anneliese Schwarz (Fragestellerin bei »Allein gegen alle«). Werner Thießen (Fragesteller bei »Allein gegen alle«). Werner Veigel (ehemaliger Tagesschau-Chefsprecher NDR Hamburg). Richard von Weizsäcker (ehemaliger Bundespräsident). Elke Zautner geb. Müller (Fragestellerin bei »Allein gegen alle«). Dr. Helmut Zilk (ehemaliger Bürgermeister der Stadt Wien) sowie mehrfacher und ausführlicher Schriftwechsel mit den Rundfunkanstalten der ARD, des ZDF und des ORF.

2. 5. sonstige Quellen: Zur Recherche wurden auch zahlreiche deutsche, österreichische und dänische Tages- und Wochenzeitungen, sowie Funk- und Fernseh-Zeitschriften herangezogen. Zur Datenbestimmung der einzelnen Veranstaltungen und Sendungen wurden mir alle privaten Terminkalender von Hans Rosenthal aus den Jahren 1963 – 1987 von der Witwe, Frau Traudl Rosenthal, zur Verfügung gestellt.

DANKSAGUNGEN

Als Autor, der mehrere Jahre auf der Suche nach einem Verlag war, danke ich vor allen Dingen Oliver Schwarzkopf und seinem gesamten Team, daß er mir als »Newcomer« in diesem Metier eine Chance gegeben hat. Und daß der Verlag Schwarzkopf & Schwarzkopf im Berliner Bezirk Prenzlauer Berg ansässig ist, dem gleichen Stadtteil, wo Hans Rosenthal im Jahre 1925 zur Welt kam und seine Kindheit und Jugend verlebte, werte ich als gutes Omen. Für umfangreiche Hilfe und Unterstützung bei meinen Recherchen bedanke ich mich vor allen Dingen bei Christian Bienert vom DeutschlandRadio Berlin (ehemals RIAS) und bei Kip Oppermann vom Norddeutschen Rundfunk: Beide waren stets bereit, mir mit Rat und Tat zur Seite zu stehen und gaben mir so manchen wertvollen Hinweis für meine Arbeit. Herr Bienert war darüber hinaus bereit, einen Teil der immensen Kosten für den Bildteil zu sponsern. Auch meinem Fragesteller-Kollegen Klaus Herrmann aus Gerlingen bei Stuttgart möchte ich auf diesem Wege Dank sagen für seine Aufzeichnungen über 161 Folgen von »Allein gegen alle«: Sie waren eine sehr gute Hilfe! Danken möchte ich auch den verschiedensten deutschen Tages- und Wochenzeitungen, die mir bereitwillig kopierte Artikel über Rosenthal und seine Sendungen übersandt haben, allen voran die Berliner Wochen- und Heimatzeitung »Der Nord-Berliner«, bei der ich freundlicherweise eine Woche lang im Zeitungsarchiv »stöbern« durfte.

Der wichtigste Dank geht an Traudl Rosenthal, der Witwe des unvergessenen Showmaster und an meinen Freund Fred Moedebeck. Beide haben mir unendlich viel geholfen und mich bei meinem Buchprojekt unterstützt und angespornt. Während Frau Rosenthal mir viele Unterlagen, alte Fotos und Terminkalender ihres Mannes zur Verfügung stellte, war Herr Moedebeck stets bereit, meine Manuskripte zu lesen und zu korigieren bzw. ausgiebig mit mir zu erörtern.

BILDNACHWEIS

Seite I: Ullstein Bilderdienst; II: Ullstein Bilderdienst; III: Landesbildstelle; IV: beide Fotos Landesbildstelle; V: beide Fotos Privatarchiv; VI: Privatarchiv; VII: beide Fotos RIAS Schubert; VIII: Landesbildstelle; IX: Landesbildstelle (Foto oben), Privatarchiv (Foto unten); X: RIAS Schubert; XI: RIAS Schubert; XII: beide Fotos Privatarchiv; XIII: Ullstein Bilderdienst (oben), Privatarchiv (unten); XIV: Privatarchiv; XV: beide Fotos Privatarchiv; XVI: beide Fotos Landesbildstelle; XVII: Privatarchiv; XVIII: Landesbildstelle; XIX: ZDF (beide Fotos); XX: ZDF (beide Fotos); XXI: ZDF (beide Fotos); XXII: ZDF; XXIII: ZDF (oben), Ullstein Bilderdienst (unten); XXIV: Privatarchiv; XXV: ZDF; XXVI: ZDF (oben), Privatarchiv (unten); XXVII: Landesbildstelle (oben), Privatarchiv (unten); XXIX: ZDF; XXX: Privatarchiv; XXXI: Privatarchiv (oben), Ullstein Bilderdienst (unten); XXXII: Rainer Adolph (oben), Privatarchiv (unten)

SIBYLLE – MODEFOTOGRAFIE AUS DREI JAHRZEHNTEN DDR.
Herausgegeben von Dorothea Melis. 320 Seiten, ca. 300 Abbildungen,
gebunden mit Schutzumschlag, Format 22 x 24 cm,
ISBN 3-89602-164-8. DM 49.80 / öS 364 / sFr 47.80

MESSEMÄNNCHEN UND MINOL-PIROL – WERBUNG IN DER DDR
Von Simone Tippach-Schneider. Ca. 250 S., mit 200 s/w und 100 farbigen
Abbildungen, Großformat 22 x 25 cm, gebunden mit Schutzumschlag
ISBN 3-89602-300-4. DM 49.80 / öS 365 / sFr 47.80

SEEWOLF & CO. Alles über die grosse Tradition der Abenteuer-Vierteiler im
ZDF. Das große Buch für Fans. Von Oliver Kellner, Ulf Marek
Ca. 280 S., mit vielen Abbildungen, Großformat 22 x 28 cm, Gebunden.
ISBN 3-89602-190-7 DM 44,00 / öS 320 / sFr 42.00

SCHATTEN IM PARADIES. Von den »Leningrad Cowboys«
bis »Die Wolken ziehen vorüber« – Die Filme von Aki Kaurismäki.
Herausgegeben von Beate Rusch. 220 Seiten, gebunden. Mit ca. 200
Abbildungen. ISBN 3-89602-119-2. DM 38.00 / öS 278 / sFr 37.00

VERRÜCKT VOR BEGEHREN – Die Filmdiven aus der Stummfilmzeit
Ein leidenschaftlicher Blick zurück in die Zeit der ersten Stars von
F.-B. Habel, 220 Seiten, Großformat 22 x 25 cm, gebunden.
ISBN 3-89602-128-1. DM 44.00 / öS 321 / sFr 42.00

LIEBE, TANZ UND 1000 SCHLAGERFILME.
Ein illustriertes Lexikon von Manfred Hobsch.
etwa 300 Seiten, etwa 300 Abbildungen, Gebunden, Großformat 22 x 24 cm,
ISBN 3-89602-166-4, DM 49.80 / öS 364 / sFr 47.80

CASTORFS VOLKSBÜHNE.
Herausgegeben von Hans-Dieter Schütt und Kirsten Hehmeyer.
Ca. 250 S., mit vielen Abbildungen, Großformat 22 x 25 cm, gebunden,
ISBN 3-89602-183-4. DM 49,80 / öS 365 / sFr 47,80.

ROGER MELIS: LONDON ZU FUSS. Mit einem Vorwort von Marlies Menge und
einem Gespräch von Hans-Dieter Schütt mit Roger Melis.
Ca. 250 S., mit vielen Abbildungen, Großformat 22 x 25 cm, gebunden mit
Schutzumschlag. ISBN 3-89602-313-6 DM 49,80 / öS 365 / sFr 47,80.

DER KOMMISSAR
Der TV-Klassiker mit Erik Ode – Das große Buch für Fans. Von Gerald Grote
Ca. 220 Seiten, Großformat 22 x 25 cm, gebunden. Mit über 400 Abbildungen.
ISBN 3-89602-311-X. ca. DM 44,00 / öS 320 / sFr 42.00

MADE IN HONG KONG - DIE FILME VON JACKIE CHAN
Von Leo Moser
Ca. 250 S., mit vielen Abbildungen, Großformat 22 x 25 cm, gebunden.
ISBN 3-89602-312-8, ca. DM 44,00 / öS 320 / sFr 42.00

FILM AB: HEINZ ERHARDT. Eine Gratulation zum 90. Geburtstag
des beliebten Komikers. Von Manfred Hobsch.
250 S., mit vielen Abbildungen, Großformat gebunden.
ISBN 3-89602-182-6. DM 44.00 / öS 321 / sFr 42.00

AL BUNDY: »EINE SCHRECKLICH NETTE FAMILIE«
Das grosse Buch für Fans
200 Seiten, Großf., gebunden. Mit 250 Abbildungen.
ISBN 3-89602-118-4. DM 38.00 / öS 278 / sFr 37.00

LEXIKON DES DDR-ALLTAGS
Von »Altstoffsammlung« bis »Zirkel
schreibender Arbeiter«. Von Stefan Sommer
352 S., mit vielen Abbildungen, ISBN 3-89602-
302-0, DM 29.80 / öS 218 / sFr 29.80

LEXIKON DER DDR-STARS:
Schauspieler aus Film und Fernsehen
Von F.-B. Habel und Volker Wachter
352 S., mit vielen Abbildungen, ISBN 3-89602-
304-7, DM 29.80 / öS 218 / sFr 29.80

DAS DDR-ROCKLEXIKON. Das Lexikon der
Bands, Interpreten, Sänger, Texter und Begriffe
der DDR-Rockgeschichte. Von Götz Hintze
352 S., mit vielen Abbildungen, ISBN 3-89602-
303-9. DM 29.80 / öS 218 / sFr 29.80

DER MUSIKER-GUIDE. Tips für Musiker
vom ersten Konzert bis zum Plattenvertrag
Von Christian Hentschel, ca. 320 Seiten,
viele Abbildungen, ISBN 3-89602-314-4,
ca. DM 29.80 / öS 218 / sFr 29.80.

WOLFGANG HARICH: AHNENPASS
Autobiographie.
480 Seiten, geb mit Schutzumschlag
Mit einem Bildteil. ISBN 3-89602-168-0.
DM 44.00 / öS 321 / sFr 42.00

ODEM: ON THE RUN
Eine Jugend in der Graffiti-Szene
320 Seiten, Broschur, mit 16 S. Farbteil,
ISBN 3-89602-124-9.
DM 29.80 / öS 218 / sFr 29.80

BOYGROUPS!
Teenager Tränen Träume
480 S., Broschur.
ISBN 3-89602-195-8.
DM 39.80 / öS 290 / sFr 38.80

WIR WOLLEN IMMER ARTIG SEIN...
Punk, New Wave, HipHop, Independent-Szene
in der DDR 1980 – 1990. Ca. 480 S., viele Abbildungen, Grossformat ISBN 3-89602-306-3.
ca. DM 39.80 / öS 290 / sFr 38.80

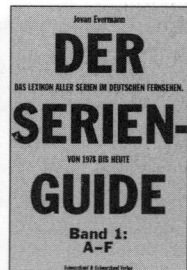

30 JAHRE PUHDYS
DIE VOLLSTÄNDIGE PUHDYS-DISKOGRAFIE
200 S., mit vielen Abbildungen,
ISBN 3-89602-187-7,
24.80 DM /180 öS /24.80 sFr

ACHIM MENTZEL: ALLES ACHIM ODER WAS?
Mein Leben zwischen Rock und Volksmusik
320 S., mit vielen Abbildungen, Gebunden
ISBN 3-89602-301-2
DM 29.80 / öS 218 / sFr 29.80

AMIGA. DIE DISKOGRAFIE DER ROCK-
1UND POP-PRODUKTIONEN 1964 – 1990.
Ca. 620 S., mit etwa 750 farbigen und
s/w Abbildungen, Hardcover
ISBN 3-89602-189-3, ca. DM 49.80

SERIEN-GUIDE. Das Lexikon aller Serien
im deutschen Fernsehen – von 1978 bis heute.
4 Bände mit ca. 2200 Seiten.
ISBN 3-89602-196-6.
DM 148.00/öS 1080/sFr 137.00

DIE GAGARIN STORY:
DIE WAHRHEIT ÜBER DEN FLUG
DES ERSTEN KOSMONAUTEN DER WELT
320 S., ISBN 3-89602-184-2,
29,80 DM/218 öS/29,80 sFr

MIT SOZIALISTISCHEM GRUSS!
PARTEIINTERNE HAUSMITTEILUNGEN
AUS DER ULBRICHT-ZEIT
320 S., ISBN 3-89602-146-X,
24,80 DM/180 öS/24,80 sFr

EINVERSTANDEN, E.H.
PARTEIINTERNE HAUSMITTEILUNGEN ...
AUS D. HONECKER-ZEIT
352 S., ISBN 3-89602-188-5,
29,80 DM/218 öS/29,80 sFr

GERHARD GUNDERMANN:
ROCKPOET UND BAGGERFAHRER
352 S., viele Abb.,
ISBN 3-89602-055-2,
29,80 DM/218 öS/29,80 sFr

KLAUS RENFT:
ZWISCHEN LIEBE UND ZORN
300 Seiten, 50 Abbildungen,
ISBN 3-89602-135-4,
29,80 DM/218 öS/29,80 sFr

NACH DER SCHLACHT.
DIE RENFT STORY –
VON DER BAND SELBST ERZÄHLT.
320 S., ISBN 3-89602-170-2,
29,80 DM/218 öS/29,80 sFr

ALS ICH WIE EIN VOGEL WAR
GERULF PANNACH DIE TEXTE
320 S., viele Abbildungen,
ISBN 3-89602-186-9,
29,80 DM/218 öS/29,80 sFr

GO WEST!
OSTDEUTSCHE IN AMERIKA
254 S., mit Abbildungen
ISBN 3-89602-147-8,
29,80 DM/218 öS/29,80 sFr

DIE OLSENBANDE – DAS GROSE BUCH FÜR FANS
256 Seiten, Großformat, gebunden mit Schutzumschlag. Mit etwa 250 Abbildungen.
ISBN 3-89602-056-0,
DM 49,80 / öS / sFr 47.80

EKEL ALFRED: »EIN HERZ UND EINE SEELE«
Das große Buch für Fans.
Von F.-B. Habel. 256 Seiten, 200 Abb.,
Großformat, geb. mit SU, ISBN 3-89602-062-5,
DM 49,80 / öS 364 / sFr 47.80

COLUMBO – DAS GROSE BUCH FÜR FANS
Von Armin Block und Stefan Fuchs, 290 Seiten,
Großformat, geb. mit SU, 250 Abb.
ISBN 3-89602-167-2,
DM 49,80 / öS 364 / sFr 47.80

GOJKO MITIC, MUSTANGS, MARTERPFÄHLE:
DIE DEFA-INDIANERFILME
280 S., geb. m. SU, ca. 250 z.T. farbige
Abbildungen. ISBN 3-89602-120-6,
DM 49,80 / öS 364 / sFr 47.80

DER AUTOR

Thomas Henschke, geboren am 27.09.1951 in Berlin. Abitur, Studium an der Fachhochschule für Verwaltung und Rechtspflege, Dipl.-Verwaltungswirt. Viele Interessengebiete wie Heimatkunde, Geschichte, Gartenliebhaberei, Reisen in ferne Länder, Rundfunkunterhaltung von ARD und ZDF, sowie Hobby-Entertainer (»Thommy's Showtime«).

Schon als Kind beeindruckte ihn der »Schwerstarbeiter der leichten Unterhaltung« Hans Rosenthal, der seinerzeit viele Radiosendungen für den RIAS produzierte. Später hat der Autor etwa 300 Veranstaltungen von Rosenthal selbst besucht. Nachdem er als Quizkandidat bei der legendären Ratesendung »Allein gegen alle« mehrere Male mitgespielt und dadurch Rosenthal auch persönlich kennengelernt hatte, begann er sich eingehender mit diesem Mann zu beschäftigen und eine einzigartige Materialsammlung aufzubauen. Daraus entstand in Zusammenarbeit mit der Familie Rosenthal dieses Buch.

IMPRESSUM

Hans Rosenthal: Ein Leben für die Unterhaltung.
Von Thomas Henschke
ISBN 3-89602-307-1
© 1999 bei Schwarzkopf & Schwarzkopf Verlag GmbH
© 1999 der Abbildungen bei den Fotografen bzw. Rechteinhabern.
Schwarzkopf & Schwarzkopf Verlag GmbH,
Kastanienallee 32, 10435 Berlin.

KATALOG

Wir senden gern unseren Gesamtkatalog. Schreiben Sie an:
Schwarzkopf & Schwarzkopf Verlag, Abt. Leserservice,
Kastanienallee 32, 10435 Berlin

LESERPOST

Briefe an den Autor bitte direkt an den Verlag.

INTERNET

www.schwarzkopf-schwarzkopf.de